KB233011

이슬람 문화와 여성의 정치참여

- 이란 사례를 중심으로 -

이슬람 문화와 여성의 정치참여

- 이란 사례를 중심으로 -

문 은 영 著

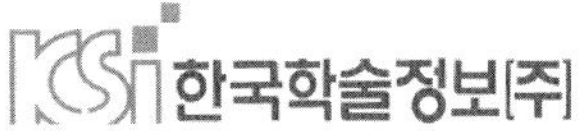

서　문

　오늘날 대부분의 국가에서 여성의 정치참여는 다양한 요인에 의해 제약을 받고 있다. 특히 정치는 남성의 영역이라는 가부장적 사고는 문화적 가치에 토대를 두고 있으며 이러한 문화의 영향이 정치 변화와 연결되어 남성 중심의 기득권층의 필요에 따라 이용되는 사례는 허다하다.

　현재 세계 곳곳에서 여성의 정치참여 의식이 고양되고 실제로 정치영역에서 여성의 대표성이 증가 추세에 있는 상황에서 여성 억압의 상징적 지역으로 각인되어온 이슬람 세계 여성의 정치참여 현황과 그 변화 요인에 주목하고자 한다. 이란은 이슬람 국가 중에서도 서구의 근대적 가치와 이슬람 원리주의 간의 갈등 양상이 첨예하게 나타나고 있는 지역으로서 여성의 공공영역 참여 문제가 근대와 전통의 상징으로서 표출되고 있는 곳이기도 하다.

　이 글은 본인이 2001년 제출한 박사학위의 논문을 한국학술정보(주) 출판기획팀의 제안으로 다시 수정 보완한 것이다. 이 연구에서는 여성의 정치참여를 논함에 있어 문화가 정치에 반영되는 과정과 그 현상 및 상호 작용에 의한 변형의 과정을 분석하는데 주안점을 두었다. 따라서 이 글에서는 이슬람의 역할이 명백히 나타나는 1979년 이란의 이슬람 혁명 이후의 시기에 초점을 두고 여성의 정치참여의 변화과정에 대한 이슬람의 영향을 뚜렷히 구분해 보기 위해 이슬람 혁명을 기점으로 혁명이전의 팔레비 정권(1925~1979)과 혁명 이후 집권한 호메이니 시기(1979~1989), 그리고 호메이니 사후(1989~2001)의 세 시기로 구분하여 분석하였다.

　팔레비 정권 시기의 근대주의 성향은 이란사회의 이슬람적인 가치관과 관행을 세속적이고 서구적인 모형으로 바꾸어 놓고자 했다. 특히 여성과 관련된 이슬람의 관행과 관습에 전반적인 수정이 가해졌다. 그러나 의식과 가치관의 변화는 이루어지지 않은 상태에서 여성이 베일을 벗고 사회 활동을 하는 것이 근대화와 사회발전의 한 양상으로 표현되어졌다. 또한 혁명 초기 호메이니의 이슬람 원리주의 성향은 이전 체제의 서구화의 잔재를 제거하고 이슬람적 원리에 부합하는 사회를 건설한다는 목적 하에 이슬람화를 강조했다. 이슬람 원리의 복귀와 강요는 현대의 여성에게도 똑같이 적용되어, 이슬람 초기의 여성상을 재현하고 쿠란에 명시된 여성의 역할관을 강조했다. 이 시기에도 무엇보다 이슬람화의 타겟이 된 대상은 여성이다. 베일을 착용한 여성이 이슬람의 가치관을 따르는 것이 표면적으로 드러나는 이슬람화의 상징적인 실례로 여겨졌다.

호메이니의 사후, 혁명 초기의 무리한 이슬람화에 따른 부작용과 모순점을 해결하기 위한 대안으로 부각된 라프산자니 대통령의 실용주의와 하타미 대통령의 이슬람 개혁주의 노선에서도 사회 전반에 걸친 문제와 더불어 여성문제는 주요 문제로 다루어졌다. 이 시기에는 국민들의 변화에 대한 요구를 반영하여 여성과 관련된 규정을 보다 완화하는 방향으로 시도되어졌다. 여성의 평등한 권리와 참여의 문제는 사회의 전 영역에 걸친 발전과 더불어 그 해결점을 모색해야 하는 과제이나, 이란의 경우 다른 것은 큰 변화를 주지 않으면서 특히 외형적인 여성의 문제만을 거론하는 경향도 간과할 수 없다.

논문을 수정한 2005년 현재의 이란은 하타미 대통령의 개혁정부가 효과를 보지 못하고 다시 강경 보수파가 장악하여 이슬람의 원리가 재강조되고 있는 가운데 여성의 정치참여는 다시금 한계에 부딪치고 있는 실정이다. 현 이란의 경우 이슬람이 체제의 지배 이데올로기로서 사회구조 전반에 미치는 문화의 역할은 더욱 포괄적이다. 이란의 정치변화 과정은 지속적으로 문화의 영향을 받아왔으며 앞으로 변화로의 움직임은 감지되지만 그 속도는 예측하기 힘든 상황이다. 이러한 제약적인 상황에서도 권리를 인식한 여성들은 보다 역동적으로 권리 획득을 위해 국내외에서 활약하고 있으며 그들이 곧 이슬람 사회의 희망인 것이다.

이 책이 나오기까지 격려와 도움을 주신 많은 분들께 이 지면을 통해 감사의 마음을 전한다. 특히 논문을 지도해 주신 전경옥 교수님과 출판을 제안해준 한국학술정보(주) 출판기획팀에 깊은 감사를 드린다.

2005년 12월 27일

문 은 영

부　록 / 215

제1장 서 론

제1절 연구의 목적

오늘날 세계적으로 민주화 확산과 더불어 여성의 정치참여는 점차 증가추세에 있다. 이는 여성의 사회역할 변화를 나타내는 일면으로서 여성 지위의 중요한 척도가 되고 있다. 이러한 변화는 한국을 포함한 아시아 국가들에서도 나타나는 현상이다. 그러나 일반적으로 중동 국가 여성의 정치적 지위를 논할 때, 통계화된 지위수준과 참여수치는 저조하다. 이러한 저조한 양상은 중동 국가들 중에서도 특히 이슬람을 고수하는 국가에서 더욱 심하게 나타나고 있다. 여성들의 높은 문맹률, 여성에 대한 교육과 취업기회의 제한, 남성 중심의 정치문화 등은 이 지역 여성의 정치참여를 비롯한 사회 진출에 장애요소로 작용한다.

그럼에도 불구하고 최근 중동 국가 중에서도 가장 이슬람적 원칙을 표방하고 있는 이란에서는 여성의 사회 활동 참여에 대한 새로운 요구가 일고 있다. 1979년 이란의 이슬람 혁명 초기에는 서구적 가치관을 배척하고 이슬람의 원리를 강조하는 이슬람화(Islamization)정책을 우선적으로 추진함으로써 여성의 사회 진출에 부정적인 영향을 끼쳐온 면도 있지만, 다른 한편으로 일부 성직자들이나 개혁성향의 정치가들과 지식층 여권주의자들에 의해 여성의 문제에 대한 새로운 이해가 대두되는 계기가 점차 마련되고 있는 측면도 있다. 즉 이슬람 혁명 이후 이란 여성의 사회 활동에 대한 이슬람의 영향은 상호 모순되는 양상으로 나타나고 있다. 이러한 현상은 정치지도자들의 성향과 당시의 정치 사회적 상황과 밀접히 관련되어 있다. 사회의 전반적인 관계를 이해하는 시각이 변한다는 점에서 이러한 변화는 그 자체가 정치적 함의를 갖는 다고 볼 수 있다.

정치참여는 민주주의에 기초한 평등한 정치적 권리 개념에서 출발하며, 현대사회에 있어 참여의 의미는 민주화를 위한 수단으로써 인식되고 있다. 즉 민주사회에서 정치참여는 사회 모든 구성원이 직접 혹은 간접적으로 가치배분의 과정에 참여하는 '일반시민'의 행위라고 할 수 있다(Huntington and Nelson, 1976: 4). 여성이 정치 영역에 참여하는 것이 사회와 경제 등 다른 영역의 참여에 비해 중요한 이유는 이를 통해 여성이 정책결정 과정에 개입할 수 있다는 점 때문이다. 그 과정에서 여성의 요구와 권리가 반영되고, 사회구조를 평등하게 변화시킬 수 있다. 즉 여성의 정치참여는 다른 영역에서 여성이 활약하는 것보다 더 효과적으로 여성의 지위를 향상시킬 수 있는 것이다.

여성의 정치참여에 영향을 미치는 요인으로는 그 사회의 정치·경제. 문화 상황 등을 들 수 있는데, 이 연구에서는 문화적 요인을 여성의 정치참여에 영향을 끼치는 포괄적이고 근원적인 요인으로 분석했다. 물론 법과 제도는 여성의 사회참여 여건을 효율적으로 개선시킬 수 있지만, 그 변화의 형태와 속도를 결정짓는 것은 결국 문화적 요인인 것이다. 이러한 문화의 정치참여에 대한 포괄적이고 지속적인 영향에 대한 체계적이고 이론적인 정치학적 연구는 미흡한 실정이다. 이슬람 사회에서 이슬람은 그 사회구성원의 가치관과 생활관습을 비롯한 사회 전반에 영향을 미치는 포괄적인 문화적 요인의 역할을 하고 있기에 이슬람 사회 여성의 정치참여에 대한 문화 중심의 접근방식은 보다 적실성을 가질 수 있다고 본다.

따라서 이 연구에서는 이슬람 문화가 현대 이란 여성의 정치참여에 어떠한 정치적 함의를 갖는 것인가에 대한 문제의식에서 출발한다. 이러한 문제의식을 바탕으로 이슬람이 이란 정치과정의 변화에 어떠한 영향을 끼치는지 분석해 보고 이란의 이슬람식 발전의 방향과 그 틀 내에서 향후 이란 여성들의 정치참여의 전망을 검토하고 이에 대한 해결 과제를 모색해 보는 데 연구의 목적을 두었다.

제2절 연구범위 및 연구방법

이 연구에서는 여성의 정치참여를 논함에 있어 문화가 정치에 반영되는 과정과 그 현상 및 상호 작용에 의한 변형의 과정을 분석하는 데 그 주안점을 두었다. 따라서 이 글에서는 이슬람의 역할이 명백히 나타나는 1979년 이란의 이슬람 혁명 이후의 시기에 초점을 두고, 여성의 정치참여의 변화 과정에 대한 이슬람의 영향을 뚜렷이 구분해 보기 위해 이슬람 혁명을 기점으로 혁명 이전의 팔레비 정권(1925~1979)과 혁명 이후 집권한 호메이니 시기(1979~1989), 그리고 호메이니 사후(1989~2001)의 세 시기로 나누어 시기별 여성의 정치참여에 대한 환경요인에 대해 고찰해 보겠다. 이란 여성에게 실질적인 정치참여의 계기가 부여된 시기는 팔레비 정권의 시기이며, 반면 혁명 이후 호메이니는 이슬람의 원리를 강조하며 이슬람화 정책을 여성에게도 적용함으로써 이슬람의 관행이 재현되고 여성에 대한 전통적인 이슬람의 역할관이 강조되어 여성의 정치참여는 팔레비 정권의 근대화 정책으로 어느 정도 허용되던 활동조차도 다시 원점으로 되돌려져 이에 대한 이슬람적 근거를 찾는 과정을 거쳐 왔다. 호메이니 사후 라프산자니 대통령과 하타미 대통령 시기에 접어들면서 이슬람의 원리주의에 대한 실용주의적이고 개혁주의적 정책이 부분적으로 실효를 거둠으로써 여성들의 정치참여도 점차 증가 추세에 있다. 그러므로 이란 여성의 정치참여는 정치변화 과정에서 위로부터의 정책 변화와 아래로부터의 요구에 따른 상황 변화가 상호 작용하며 반영되어지기에 그 방향을 제시해 보기 위하여 실제 여성의 정치참여 현황과 여성의 정치의식을 그 실례로 들어 분석해 보고자 한다.

이 연구를 위한 연구방법으로는 문헌연구와 경험적 연구를 병행하여 각각의 한계를 보완하고자 한다. 우선 문헌연구에서는 여성의 정치참여와 문화요인에 관한 이론적 논의를 검토해 보고, 이를 토대로 실제 상황에 대한 현상을 정치참여의 배경과 정치참여의 실태를 중심으로 분석했다. 현상분석은 자료 수집을 통해 분석했는데, 페르시아어로 된 1차 자료와 영어권에서 입수한 2차 자료 등을 활용했고 통계 수치는 주로 1차 자료에 많이 의존했다. 또한 이러한 문헌연구에 대한 구체적인 근거를 제시하기 위하여 실제 여성의 정치참여 태도에 대한 경험적 연구를 실시했다. 2000년 12월에서 2001년 2월 말까지 3개월에 걸쳐 이란인 남녀 441명을 대상으로 현지 조사한 설문자료를 근거로 하여 여성의 정치참여에 대한 인식과 태도를 통계 분석해 봄으로써 문헌연구를 토대로 한 실상을 보완적으로 뒷받침하고자 한다.

이 글의 구성은 다음과 같다. 본 서론에 이어 제2장 이론적 논의에서는 정치참여에 관한 제 논의 및 문화와 정치와의 관계를 분석하고자 한다. 우선 정치참여는 일반론을 중심으로 참여에 대한 도덕적 근거를 살펴보고 이를 근거로 여성의 정치참여에 대한 의미를 도출해 보겠다. 또한 이슬람 문화와 정치와의 관계는 이슬람 사회에서의 근대화에 대한 수용과 관계가 있기에 이슬람주의에서 서로 다르게 표출되고 있는 근대주의와 원리주의 성향에 대하여 살펴보고 문화와 정치와의 관계에 대해 검토해 보겠다. 즉 이슬람의 입장에서 보는 발전과 여성의 역할에 대한 문헌연구를 통해 이슬람 사회 여성의 정치참여에 대한 이론적 토대를 제시코자 한다.

제3장에서는 이란 여성의 정치참여에 미친 이슬람의 영향을 분석해 보기 위해 이란의 정치변화 과정에서 나타나는 환경요인을 중심으로 고찰해 보겠다. 이란의 정치변화 과정은 1979년 이슬람 혁명을 기점으로 혁명 이전의 팔레비 정권과 혁명 이후 호메이니 정권, 그리고 호메이니 사후의 세 시기로 구분하여 각 시기별로 정부의 형태 및 성격, 국내외 상황, 또 그에 따른 여성관련 정책의 특징과 여성의 정치참여 상황 그리고 일련의 정부정책에 대한 여성들의 요구와 운동 그에 따른 정책의 변화 내용을 비교 검토해 보겠다.

또한 제4장에서는 혁명 이후 이란 여성의 정치참여 현황과 여성의 역할관 재정립 과정을 고찰해보기 위해 우선 현 체제에서의 헌법상의 여성의 지위를 항목별로 분류하여 분석해 본 뒤 이러한 법적 지위를 토대로 한 실제 여성의 정치참여 현황을 행정부, 입법부, 사법부에서의 여성의 지도자 수준의 참여와 투표 및 단체 활동을 통한 일반적 수준에서의 참여로 분류하여 조사해 보았다.

제5장에서는 이란 여성의 정치의식을 경험적으로 조사하기 위해, 이란에서 현지 조사한 설문자료를 근거로 하여 여성의 역할에 대한 이슬람적 가치관, 여성의 정치참여에 대한 인식, 정치적 관심과 성향 그리고 참여의 태도에 대한 조사분석을 하였다.

제6장에서는 위의 연구를 토대로 이란 여성의 정치참여에 대한 평가와 전망을 분석해 보고 제7장은 앞의 논의와 현상에 대한 결론 부분이다.

제3절 기존연구 현황과 연구의 의의

1979년 이란의 이슬람 혁명 이후 '이슬람 공화국'이라는 20세기의 유래 없는 강력한 이슬람 원리주의 국가가 수립되면서 정치 및 사회적으로 새로운 상황을 설명하는 연구물들이 비교적 많이 나왔다. 이슬람 혁명 이전 팔레비 체제의 이란은 전형적인 제3세계의 서구지향형 발전모델을 답습하는 국가 중의 하나였으나, 혁명은 이슬람이라는 큰 슬로건 하에 성공하게 되어 성직자들이 세력을 잡게 되면서 기존의 사회발전 이론으로는 설명이 어려운 세속주의에서 종교부흥주의로의 복귀를 시도했다.

이 현상과 관련하여 이슬람적 전통에 초점을 맞춰 상황을 분석한 저술(Arjomand 1984; Bakhasi 1984; Keddie 1981; Mottahedeh 1985)과 더불어 혁명전후의 이란 내의 사회구조 및 이데올로기의 상태를 평가한 저술(Abrahamian 1982; Ashraf 1981)이 있다.[1] 또한 국내에서도 이란의 혁명 원인 및 이슬람 원리주의의 근원과 현황 또 이란체제의 특성에 대한 연구 논문이 발표된 바 있다.[2] 이들 연구서는 주로 혁명의 원인과 이슬람 원리주의의 배경에 초점이 맞추어져 문화적 현상이 정치에 반영되어지는 과정을 설명하고 있다. 그러나 이란 사회의 현상

---

1) 이와 관련한 국외 논문 및 저술로는 Said Amir Arjomand(1984) *The Shadow of God and the Hidden Imam*, Chicago: University of Chicago Press. Shaul Bakhash(1984) *The Reign of the Ayatollahs: Iran and the Islamic Revolution*, New York: Basic Books. Nikki Keddie(1981) *Roots of Revolution: An Interpretive History of Modern Iran*, New Heaven: Yale University Press. Roy Mottahedeh(1985) *The Mantle of the Prophet: Religion and Politics in Iran*, New York: Simson and Schuster. Ervand Abrahamian(1982) *Iran Between Two Revolutions*, Princeton: Preinceton University Press. Ahmad Ashraf(1981) "The Roots of Emerging Dual Class Structure in the Twentieth Century Iran" *Iranian Studies*. 14 Winter-Spring 을 들 수 있다..

2) 이와 관련된 국내 논문으로는 김정위(1993) "이슬람 원리주의", 『한국이슬람학회논총』 제3집, 한국이슬람학회. 김정위(1998) "전통적 최고 종교지도자와 헌법상의 최고 종교지도자의 관계연구" 『한국이슬람학회논총』 제7집. 장병옥(1994) "호메이니의 이슬람 원리주의 운동과 비아랍무슬림국가의 사회운동", 『국제정치와 이슬람 원리주의 운동』(김정위 외 공저, 서울: 민맥) 등을 들 수 있다. .

을 문화적 요인과 더불어 사회과학적 시각에서 발전이론과 연관시킨 논문은 드물다고 볼 수 있다.

한편, 여성과 정치를 대상으로 한 연구는 1970년대 이래 미국을 비롯한 서구국가를 중심으로 활발히 진행되어왔다. 특히 1980년대 이후로는 여성의 정치문제를 사회구조상의 문제와 연관시킨 연구물들이 많이 등장한다. 한국에서 여성정치 문제를 주제로 한 외국에 대한 연구는 1970년대부터 지속적으로 진행되어왔는데 주로 한국과 같은 유교권에 속한 일본이나 중국을 포함한 아시아권에 대한 연구가 많았고 최근 1990년대 들어서는 스웨덴, 노르웨이, 프랑스 등 선진국 유형에서부터 아프리카, 필리핀 등 다양한 국가들의 여성연구가 이루어지고 있다.

중동의 여성과 관련된 연구는 중동지역 혹은 이슬람권 연구와 맥을 같이한다. 이슬람권 여성과 관련해서는 문학적 관점에서 이슬람 전후 시대의 여성상을 논한 논문과 종교적 관점에서 이슬람교의 여성관을 논한 논문 등이 나와 있다. 그러나 이란 여성을 비롯한 이슬람 사회의 여성과 관련하여 사회과학적 시각에서 특히 정치학적 관점에서 논한 연구는 국내외적으로 드물게 이루어지고 있는 실정이다.

이슬람 혁명 이후 페미니스트의 관점에서 나온 일부 저서들(Ahmad 1986; Mernisi 1991; Moghadam 1995; Afshar 1999)[3]은 사실 혁명 초기의 이슬람화 정책으로 인한 이란 여성의 부당한 처우와 여성운동에 초점을 맞추고 있는데, 이는 이란의 전반적인 사회발전과 여성을 설명하기에 한계가 있는 것도 사실이다. 또한 이란 현지에서 발간되는 여성

---

3) 이와 관련해서는 Leila Ahmed(1992) *Women and Gender in Islam*, New Haven & London: Yale University Press. Haleh Afshar(1999) *Islam and Feminisms An Iranian Case-Study*, London: Macmillan Press Ltd. Fatima Mernissi(1991) *The Veil and the Male Elite-A Feminist Interpretation of Women's Rights in Islam*-Addison-Wesley Publishing Company. Valentine M. Moghadam(1993) *Modernizing Women-Gender & Social Change in the Middle East*, London, Lynne Rienner Publishers, Inc. 등이 있다.

관련 자료들은 대체로 이란 여성의 사회 활동 참여를 이슬람적 관점에서 논하면서 서구적 페미니즘을 비판하고 지나치게 이슬람을 미화시키는 경향도 간과할 수 없다.

따라서 이 연구는 첫째, 문화와 정치에 관련된 이론적 논의를 토대로 하여 이란 여성의 정치참여 문제를 이슬람 문화와 정치와의 관계에서 설명하고 그 문제점과 한계를 조명해 보고자 하는 데 의미가 있다.

둘째, 여성의 정치참여를 민주화 수준으로 가정하여 특정국가의 사례를 실제 적용해 본 바, 현재 국내에서는 지역이나 문화적 구분을 중심으로 한 심도 깊은 여성연구가 많이 이루어지고 있지 않은 현 실정에서 연구의 의의가 있으며 지역연구를 위한 기초 자료로도 활용될 수 있으리라 사료된다.

셋째, 이 연구의 내용을 경험적으로 증명해 보기 위해 시도한 정치의식 조사가 조사과정의 많은 어려움에도 불구하고 성공적으로 이루어져서 논문의 일부를 구성할 수 있었다는 것도 의의가 있다. 아직까지 이란 내에서는 개방적이지 못한 사회적 분위기와 서구식 학문 접근 방식에 대한 배타성으로 인해 조사연구 방식이 많이 이루어지지 않고 있는 상황이며, 현지에서 수집한 일부 조사 자료는 표본의 수와 분석 수준에 있어 초보적인 단계에 있다. 이 연구의 조사 준비 과정에서도 현지 사정의 제약으로 인해 설문지의 질문 문항이 많이 삭제되고 표본 선정이 제한되어 연구의 초기 의도가 충분히 반영되지는 못했지만, 이란의 현 상황을 감안할 때, 이 연구의 조사는 이란 여성의 정치참여에 대한 경험적 분석을 위한 작은 초석이 되기를 기대한다.

제2장 이론적 논의

제1절 정치참여에 관한 제 논의

1. 정치참여와 민주주의

여성의 정치참여를 논하기에 앞서 일반적으로 인식되고 있는 정치참여에 대한 개념 정의가 선행되어야 한다. 정치참여의 도덕적 근거는 민주주의가 포함하는 평등한 정치적 권리에서 출발한다. 정치를 "전체 사회를 위한 가치의 권위적 배분"(the authoritative allocation of values for a society)[4]으로 정의하는데, 이 과정에서의 참여는 평등한 기회와 동의 절차, 또 사회의 제 재화(財貨)의 정의로운 분배를 내포하는 참여민주주의의 실현을 전제로 한다.

기본적으로 민주주의 개념에는 참여와 평등의 개념이 내재해 있다. 민주주의가 전체 국민에 의한 지배, 통제 또는 의사결정과 관련되어 있는 한 그것은 당연히 개개인의 자유와 자율을 논리적으로 요구한다. 그리고 여기서 자유의 핵심적 내용은 국가의 부당한 간섭과 침해로부터

---

4) 여기서 가치의 권위적 배분이란 사회정책(social policy)의 형성과 집행, 또는 정책형성과정(policy-making process)에 관련되는 모든 활동을 뜻하며 특히 '권위적'이란 용어는 어떤 정책이 결정되면 그 적용을 받아들인다는 것을 의미한다.(David Easton, 1953, The Political System: An Inquiry into the State of Political Science, New Youk: Alfred A. Knopf pp.106-124) 즉, 사회의 모든 구성원들이 그러한 결정을 받아들이며 사회를 위한 권위적 배분은 정책의 내용이 어떤 특정 집단이나 조직에만 국한되지 않는 보다 광범위한 성격을 지닌 것을 의미한다.

개인의 권리와 이익을 보장할 것을 목적으로 하는 것이며 또 적극적으로 공동체의 의사결정에 참여한다는 의미에서의 참여에 대한 권리와 자격이다(강정인, 1997: 175~176). 즉 민주주의는 사회구성원 누구나 의사결정과정에 참여할 수 있음을 전제로 하기에 정치적 평등의 개념을 내포하고 있는 것이다.

평등이 없는 곳에서 개인의 기본 권리인 존엄성과 자유의 실현은 어렵다. 일반적으로 평등은 모든 사회 구성원에게 구조적인 기회균등을 의미하므로 사회목적에 반하지 않는 한 어떤 기회도 타인의 요구에 희생되어서는 안 된다. '모든 인간은 법 앞에서 평등하고, 평등하게 대우받아야 한다'라는 법 앞에서의 평등이 단지 법적으로 모든 사람에게 '상해에 관하여 제소할 권리'나 '변호를 받을 권리'를 허용한다고 해서 보장되는 것은 아니며, 성인 각자에게 선거에서의 한 표를 허용하고 공직에 취임할 수 있는 권리를 보장한다고 해서 정치적 평등이 보장되는 것도 아니다(Nagel, 1986: 212). 즉 평등의 개념은 규범적인 측면과 더불어 실질적 시각에서 논의될 필요가 있다. 현재 어떤 사회에 있어서 어떠한 평등이 보장되어 있는지 아닌지를 분석하는 것도 중요하지만 이를 이루고 있는 실질적 내용이 평등한가 혹은 사회 구성원들이 불합리한 차별 없이 평등한 대우를 받고 있는 가도 중요하다.

개인이 평등하다는 것은 모든 사람이 차이가 없다는 뜻이 아니라 다만 모든 사람이 평등한 대우를 받을 권리에 있어서 다른 사람과 자격이 같다는 것을 뜻한다(전경옥, 1999: 27). 여기서 다른 사람과 자격이 같다면 이러한 자격을 가진 개인들은 균등한 기회를 가져야 할 것이며, 이러한 균등한 기회를 보장하는 것이 민주적 시민사회에서 구성원들이 평등으로부터 배제 당하지 않게 하는 실질상의 절차적 장치가 될 수 있다. 인간은 태어나면서부터 인간이기에 당연히 지니는 권리가 있는데, 이는 관습이나 법, 개인 간의 차이 등과 무관하며 모든 이에게 자연적으로 주어지는 것을 말한다. 또한 모든 인간은 만약 평등의 기회가 주어지지 않을 경우 이의 시정을 요구할 자격을 가지고 있는 것이다.

헬드(David Held)는 개인이 자신의 삶의 조건들을 결정하는 데 있어 자유롭고 평등해야 한다는 것을 강조한다. 곧 다른 사람의 권리를 무효화시키기 위한 것이 아닌 한 자기들에게 유용한 기회를 만들거나 제한하는 구조를 지정하는 데 있어 평등한 권리를 누려야 한다는 것이다(Held, 1987: 271). 헬드는 정치적 민주주의의 확대라는 측면에서 더 큰 자유화와 더 많은 참여를 강조했다. 즉 정치적 민주주의에 이르면 더 큰 민주화가 가능하다는 것이다. 헬드가 민주적 자치제라 부른 이 원칙이 수행되어지기 위해서는 시민들이 보다 실질적인 면에서 평등권을 보장받지 않으면 형식상의 정치적 권리와 자유는 가치가 없다고 주장한다.

정치적 참여의 권리는 평등한 정치적 권리를 의미하는 것이며, 이는 시민권 확립의 조건이다. 정치과정이 일반 대중의 참여를 보장하는 방향으로 발전하는 것이 결국에는 시민사회의 목표이기 때문이다. 정치적 권리는 정책 결정과정에 참여하고 정책이 정해지는 목표, 방향, 결과에 영향력을 발휘하는 것을 말한다(전경옥, 1999: 45). 따라서 모든 인간은 정치적 권리로서의 정치참여에서 배제되어서는 안 되며, 참여와 관련하여 불평등한 대우를 받아서도 안 된다.

또한 권리의 도덕적인 성격은 의무와의 균형에서 이루어진다. 권리는 의무와 권위에의 복종과 관련되어 의미가 더욱 명확해 진다. 권리는 의무와 동전의 양면과 같아 하나가 인식되려면 다른 하나가 있다는 것을 전제로 한다. 따라서 모든 권리는 적극적 참여와 기여의 도덕적 의무를 수반한다(Bunge, 1991: 50~54). 이러한 권리와 의무의 기준이 되는 것은 법이며 개인의 권리와 의무는 법에 의해 경계가 정해진다.

민주주의는 이러한 정치적 권리에 기초하여 권력을 부여하는 절차로

만 설명되는 것은 아니다. 정당한 권력이 도출되고 행사될 때만 민주적 절차를 통한 진정한 민주주의가 실현된다는 것이다. 권력이 정당해지기 위해서는 피지배자의 동의를 바탕으로 해야 한다. 사회구성원이 정치권력에 대한 동의권을 장악하게 된 것은 자연법과 사회계약이론에 의한 인민주권론의 결과이다(Rilley, 1982: 7~9). 이러한 이론들은 정치체제의 정당성이 시민의 동의에서 발생한다는 것을 요지로 하고 있다. 즉 정치권력이 정당성을 부여받기 위해서는 통치권력을 행사하는 사람이 그 행사할 자격을 피통치자로부터 인정받아야 한다는 것이다. 따라서 정치참여는 피치자의 동의라는 목적을 실현시켜 나가는 중요한 요소이며 동등한 참여기회의 보장은 민주정치의 필수적인 요건이 된다고 볼 수 있다.

또 정치참여는 사회구성원에게 동등한 기회를 부여하는 기본적인 형태이며, 사회적 평등을 이룰 수 있는 것이어야 한다. 이러한 참여에 사회 구성원의 일부가 배제될 경우 이를 통한 정치 행위는 진정한 의미의 사회 구성원의 동의를 획득한 정치 행위가 될 수 없는 것이다. 즉 참여는 정치권력이 소수에게 집중되는 것을 최소화할 수 있다는 데 그 정당성이 있다.

현대 대의민주주의는 그 가능성과 그에 대한 기대에도 불구하고 한층 많은 비판에 노출되어 있다. 그것은 무엇보다도 소수에게 집중된 참여 기회 때문이다. 소수 엘리트는 논의 주제를 선정하고 상의 과정과 산출되는 결정에 영향력을 발휘한다. 다수가 소외되는 정치과정이 드러나는 예가 증가하는 것이 현대 대의민주제에 대한 회의를 불러일으키는 것이다. 특히 오늘날 정보화 사회에 정보의 공유가 일반화되면서 대의제의 문제점을 보완하고 참여민주주의를 실현하고자 하는 노력이 다시 관심을 끈다. 다방면에서의 일반대중의 정치참여는 국민의 의사가 정부의 정책결정과정에 반영됨으로써 대의민주주의의 한계를 보완하여 다수이익의 증진에 기여하기 때문이다.

또한 정치참여는 정치발전의 척도이며 이는 곧 민주주의의 척도가 된다. 파이(Lucian W. Pye)는 정치발전에 관한 다양한 정의와 개념들을 정리해서 공통점을 추려냈는데, 그중 특히 강조하는 요소로 평등화(equality)를 지향하는 일반적인 정신 또는 태도를 꼽고 있다. 즉 정치활동에의 대중참여의 증대, 법 앞의 평등으로 법의 적용의 보편화 및 이에 수반하는 참여적 시민에의 변용과 직업주의에 의한 정치적 직위에의 충원 등을 지적하고 있다(Pye, 1966: 45~47). 파이는 이외에도 정치발전을 정치체계의 능력과 분화와 전문화로서도 설명하고 있지만 이보다는 평등화 또는 정치 활동에의 대중의 참여확대의 중요성을 강조하고 있다.

정치참여 행태의 범주는 관점에 따라 다르게 이해될 수 있다. 여기서는 통례에 따라 광의(廣義)로 이해하는 관점과 협의(狹義)로 이해하는 관점을 검토한다. 정치참여는 다양한 의미를 가지고 있기에 어느 한 가지 특성으로 그 범주를 규정하기는 쉽지 않다. 특히 정치참여는 정치체계의 모든 단계에서 전개되고 있는 일체의 활동을 포괄하는 의미를 가지고 있기에 어떤 의미에서는 그 범주가 규정되기 어렵다.

우선 정치참여를 광의의 개념으로 정의하는 학자들은 정치참여를 정부의 정책결정이나 집행, 정치지도자의 선출 등에 영향을 미치려는 국민들의 모든 행위로 정의하고 있다(Huntington & Nelson, 1982; Milbrath & Goel, 1977). 즉 이러한 개념규정은 결국 정치과정 및 정책결정에 영향을 미침으로써 자신의 이해를 관철시킬 목적으로 행하는 의사표시 행동을 모두 포함한다. 여기에는 선거, 공직 참여뿐 아니라 시위, 저항, 일반 참여의 모든 형태를 포함한다.

한편 위의 개념정의와 비슷하지만, 특히 정치참여에서 자발적 성격을 강조하거나 앞의 정의보다 더 한정적인 협의의 개념으로 정의하는 학자들도 있다. 즉 정책결정이나 정치지도자의 선택 등에 영향을 미칠 의도하에 행해지는 참여만을 정치참여로 간주하거나(Weiner, 1971: 164), 혹은 직업적으로 연관되거나 동원의 성격에 의한 참여를 제외시키고 체제의 영역 안에서 합법적이고 정상적인 방법으로 나타나는 행동만을 정치참여로 규정(Nie & Verba, 1975: 46~48)하기도 한다. 통상 이러한 참여는 표출된 행위에 한정되며, 의식이나 관심 혹은 태도 등은 제외된다. 그리고 전문적인 정치인에 의해서 이루어지는 행동은 제외하고 일반시민으로서의 개인이나 집단을 통해서 이루어지는 행동만을 가리키기도 한다. 예컨대, 협의의 개념은 주로 합법적이고 민주주의적 질서에 위배되지 않는 체제 내적 참여 행태에 국한시킨 반면, 광의의 개념은 비합법적인 행동까지 포함시켜 조금이라도 정부의 정책결정에 영향을 미칠 의도를 가진 정치적, 사회적, 경제적 활동을 모두 포괄한다고 볼 수 있다.

정치참여에 대한 학자들의 정의의 공통적인 특성을 보면 정치참여는 정치나 정부의 정책결정에 영향을 미치는 행동이다. 영향을 미친다는 것은 기존질서의 유지, 변경, 당국자의 존속, 교체 그리고 정책의 유지, 변경을 포함하며 그 주된 내용은 정치와 정부에 관한 지지, 비판 및 반응과 관계가 있다.

이 연구에서는 정치참여를 민주주의 정치과정의 중요한 요소로 강조하여 그 참여 활동의 범주를 포괄적인 개념으로 정의하여 사용하였다. 즉 정치참여를 정책의 목표, 전략 및 결과에 관련된 결정과정에 직접 혹은 간접적으로 영향을 미칠 수 있는 행위를 모두 포함하는 것으로 보았다. 또한 정치참여의 실제를 분류함에 있어 공직진출과 충원과정에 의한 적극적인 참여를 지도자수준의 참여로 또 선거참여, 단체를 통한 참여 활동을 일반적 수준의 참여로 분류한다.

2. 정치참여와 여성

앞서 정치참여의 근거를 인간의 존엄성과 자유와 평등의 가치를 내재하고 있는 민주사회와 연관하여 지적하였다. 정치참여는 '인간의 사회적 가치의 권위적 재분배'란 측면에서 중시될 뿐만 아니라, 민주사회의 기본원리인 주권재민의 원칙을 바탕으로 하고 있다. 이러한 정치참여에 대한 일반론을 토대로 여성의 정치참여의 의미를 도출할 수 있다. 즉 여성의 정치참여에 대한 요구의 당위성은 정치가 발전되고 민주주의가 실현되면 여성을 비롯한 소외계층의 정치참여가 활발해진다는 논리에서 출발한다.

민주사회는 사회구성원 모두가 소외되지 않고 모든 사회분야에 참여하여 개인의 능력을 발휘하고 그 능력을 인정받는 사회이다. 따라서 여성에게 있어서 정치참여는 남성과 평등한 정치적 권리와 기회를 갖는 것이며 불평등한 관계를 제도를 통해 개정할 수 있는 통로이다. 특히 여성의 문제는 여성과 관련된 문제들이 사적인 문제의 범위를 넘어서 사회적, 국가적 차원에서 거론되고 해결되어야 하는 문제이기 때문에 공적 관계에서 해결할 수 있는 여건이 조성되어야 한다.

그러나 정치 일반에서 여성이 정치참여의 당위성을 확보하게 되는 분위기가 조성된 것은 비교적 최근에 이르러서이다. 여성이 남성과는 본성적으로 달라 사회적 역할에 적합하지 않다는 가부장적 인식론은 근대 정치사상의 정치적 사고를 정립하는 기초가 되었다. 대체로 정치이론가들은 여성이 시민의 지위를 획득할 수 있는 능력 즉 합의 및 실천에 참여할 수 있는 능력조차도 결여되어 있다고 간주해 왔다.

실상 정치이론가 중에는 극소수를 제외하고는 여성도 정치에 참여할 수 있다는 사실조차도 진지하게 고려해 보거나 그 가능성을 예견한 사람은 거의 없었다. 그 소수의 예외로서 서양의 초기 정치사상가인 플라

톤(Plato)과 근대에는 자신이 직접 여성의 참정권 운동에 참여한 존 스튜어트 밀(John Stuart Mill)을 꼽을 수 있다. 이 두 사상가 사이의 2천년 이상의 중간 시기에는 오늘날과 같은 정치제도 즉 여성이 남성과 동등하게 참여할 수 있는 그러한 정치제도를 내다 본 사상가는 찾아볼 수 없었다(Darcy & Wehch &. Clark, 1987: 14). 따라서 여성은 정치철학에 있어 정치학에서 일반적으로 전제하던 자연 상태에서의 인간 즉 자유롭고 평등한 개인으로부터도 배제되어 왔던 것이다.

플라톤은 이미 기원전에 그의 저서『공화국』에서 남성과 여성이 능력을 적절히 개발한다면 대체로 동등한 정치적 능력을 지닌다고 보았으며 이상적인 국가는 남성과 여성이 대체로 동등한 비율로 통치하는 국가라고 보았다. 그렇다면 당시 희랍사회의 여성의 정치적 영향력의 결핍은 적어도 플라톤에 있어서는 이상적인 것은 아니라고 말할 수 있을 것이다.

그러나 수세기 동안 여성의 본질에 대한 보수적 사고는 여성을 사회활동에서 제외시켜왔다(Jordan & Weedon, 1995: 4). 19세기 말 가부장적인 사회관계에 대한 비판이 제기되기까지 가부장제는 사회관계를 설명하는 일반적인 틀이었다. 창조이론과 더불어 왕과 신하, 아버지와 자녀, 주인과 하인의 관계는 남성과 여성의 관계로까지 적용되었다. 이렇게 지배하는 자와 복종하는 자와의 관계는 당연한 자연의 질서로 받아들여졌다. 또한 이러한 가부장적 권위는 절대왕권을 유지하기 위한 근거를 제공해 주었고, 여성의 역할 역시 그 틀 내에서 규정되어졌다.

특히 루소(Jean-Jacques Rousseau)는『에밀』에서 본성과 능력의 차이와 그에 따른 다른 내용의 교육을 주장하는데, 여성은 감성과 욕망에 빠져 합리적인 판단을 하고 일반의사라는 단일의 의사를 이해하거나 형성하는 데 참여할 수 없다고 강조했다(Lange, 1991: 96). 즉 루소는 정치적 질서는 본성의 우열에 따라 이루어진다고 주장하면서 여성은 시민이 될 자질이 없다고 보았고 여성의 정치적 역할 행사는 비도덕적인 것으로 간주했다. 그에게 있어 여성은 본성적으로 다른 역할에 적합하며 교육을 받는다 해서 남성과 같은 일을 하게 되는 것은 아니라는 것이다. 오히려 여성의 역할에 적합한 교육을 받는 것이 마땅하다고 강조한다.

이렇게 루소가 여성이 감성에 치우쳐 일반의사에 참여할 수 없다고 주장한 데 대해 페이트먼(Carol Pateman)은 이를 비논리적이라고 비판하면서, 여성의 능력과 본성적인 동등함 혹은 어느 면에서의 우월함을 정확히 인정하는 새로운 패러다임으로 민주주의 이론의 철학적 근거인 동의, 평등, 정치적 복종, 공적 영역과 사적 영역, 복지개념 등을 재정립해야 한다고 주장하였다(Pateman, 1989: 17~29).

여성의 정치적 권리와 참여에 대한 논의가 보다 진지하게 다루어진 것은 존 스튜어트 밀의 『여성의 종속에 관하여』라는 저서가 출간되면서부터이다. 이 저서에서 밀은 참정권뿐만 아니라 여성의 법적, 경제적, 정치적 권리를 강조하였으며 여성은 완전한 평등에 입각하여 정부기관의 모든 수준에서 참여하여야 한다고 쓰고 있다(Darcy & Wehch &. Clark, 1987: 35~57). 밀은 이전의 사상가들과는 달리 여성의 정치적 능력을 인정하였으며, 제도 때문에 여성의 능력을 활용하지 못한다면 그것은 결국 사회의 손해인 것으로 논리를 전개하였다.

여성의 정치참여가 확대되어야 한다는 것은 현재 전 세계적으로 보편적인 현상으로 받아들여지고 있다. 자유와 평등을 원칙으로 하는 민주사회에서 여성의 정치참여 확대는 여성의 사회, 경제, 정치적 지위향상을 위해 중요한 의미를 갖기 때문에 여성의 노력이 절대적인 역할을 할 수밖에 없다는 논리이다. 즉 여성의 정치참여는 다른 영역의 참여에 비해 여성 지위 향상에 실질적인 영향을 줄 수 있기에 여권주의자들 역시 정치참여 이슈를 최종적인 해결점으로 제시하고 있는 것이다.

여성의 적극적인 정치참여가 여권주의자들에게 관심의 초점이 되고 있는 이유는 첫째, 형식상의 정치 권리인 선거권의 행사만으로는 더 이상 여성의 지위 향상에 실질적인 영향을 줄 수 없음을 인식했으며, 둘째, 성 차별을 근간으로 하고 있는 가부장적 문화를 벗어나 자유와 평등을 찾기 위해서는 정치권력의 필요성을 절실히 인식했기 때문이다 (Amundsen, 1971). 아문젠(Kirsten Amudsen)은 정계에서의 여성의 소외현상에 주목하면서, 성에 대한 편견이 현대사회에서 잔존하는 유일한 편견이며 여성문제의 해결을 정치에서 찾아야 한다고 강조한다.

따라서 지난 세기 동안 여성의 정책 결정 과정에의 참여 문제는 하나의 중요한 쟁점으로 부각되고 있다. 이러한 주장들은 설득력이 강한 것도 있고, 약한 것도 있었지만 결국 하나의 중요한 이슈로 등장했다 (Darcy & Wehch &. Clark, 1987: 26~29). 이러한 논의는 여성의 정치참여 확대가 어느 한 쪽에 가져다 줄 정당하고 이념적인 이점에 관련된 것과 여성의 전문성 혹은 이보다 더 설득력 있는 이유로서 여성의 공직진출이 공직에 대한 경쟁을 증가시키는 것이므로 사회를 그만큼 유익하게 할 수 있다는 관점을 들 수 있다.

종합해 보면, 여성의 정치참여가 중요한 이유는 여성이 정치에 참여함으로써 모든 분야의 정책결정과정에서 여성의 요구와 권리가 반영될 수 있기 때문에 이러한 과정에서 전반적인 여성지위 향상의 조건을 구비할 수 있다. 그러므로 여성의 정치참여는 어떤 다른 분야에 있어서의 참여보다 여성문제를 해결하는 데 효과적인 수단이 될 수 있다.

많은 여성운동가들과 정치학자들은 여성의 정치적 대표성 문제에 관심을 보여 왔고 세계여성들의 단결된 행동과 연구결과는 여성들의 지위 향상뿐만 아니라 여성의 의식, 특히 정치의식에 많은 변화를 초래하게 되었다. 특히 유엔(United Nations)이 1975년을 세계여성의 해로 정하고 1986~1995년을 유엔여성 10년으로 정하면서 여성의 정치적 대표성을 확보하기 위한 일련의 활동이 폭넓게 전개되었다. 1975년 멕시코 세계 여성대회의 행동계획, 1980년 코펜하겐 세계여성대회의 행동계획, 1985년 나이로비 세계여성대회의 미래전략, 1995년 북경여성대회 등을 추진하면서 여성들은 사회 내에 존재하는 성 차별적 요소를 제거하고 여성의 지위를 높여 나가기 위해서는 무엇보다 '정치 및 정책결정과정'에 여성의 참여가 확대되어야 한다는 기본 원칙을 주장하고 있다.

국제의원연맹(IPU: Inter-Parliamentary Union)에서는 민주주의를 여성의 대표성 문제와 결부하여 다음과 같이 정의하였다. "민주주의란 인구의 양쪽 절반으로서의 동등한 이해관계와 능력이 고려된 남성과 여성이 공동으로 참여하여 그 나라의 정책과 입법을 할 때에만 비로소 진정한 의미를 가진다"(IPU, 1997: 3). 즉 민주주의는 소속원 모두가 의사결정과정에 참여할 수 있는 동등한 권리와 참여의식을 가질 때 실현 가능한 것이다. 이것이 여성의 평등한 정치참여에의 권리가 정당화되는 근거이다.

현재 대부분의 국가에서 법적 측면에서는 남녀평등이 명시되어 있고, 정치적, 공적 생활에서 남녀의 평등한 기회가 보장되어있지만, 현실적으로 여성의 정치참여는 그 사회의 문화적 요인의 제약을 받는 실정이다. 일반적으로 정치참여는 참여를 하는 사회구성원의 조건과 또 그것을 둘러싸고 있는 환경적 요인의 영향을 받는다. 따라서 정치참여에 미치는 보다 포괄적인 변수로서 환경에 따른 요인의 역할은 중요하다고 볼 수 있다.

사회적으로 규정지어지는 역할은 본성에서 기인하기보다는 문화의 영향이 더 크다 하겠다. 사회화에 의해 고정된 여성의 본질은 성의 불평등관계를 정당화하는 데 활용되어왔다(Jordan & Weedon, 1995: 4). 사실상 한 사회의 문화와 문화적 규범에 의해 규정되어지는 성 역할은 서로 밀접한 관련이 있다. 사회구조는 문화가 규정하는 정체성, 목표,

규범과 믿음과 일치된 역할을 제공함으로써 문화적 요소를 강화한다. 문화는 역할 선택의 가장 중요한 결정요소이며 개인에게 사회적 기대감을 부여한다. 문화는 정체와 동기를 주며 역할은 행동을 취하는 기회를 부여한다.

기존의 연구에서 직접적으로 정치참여에 영향을 미칠 수 있는 환경적 변수로는 정치적 요인과 경제적 요인, 사회문화적 요인 등을 주로 꼽고 있다.[5] 이 중에서도 문화적 요인은 다른 제 요인을 형성하는 데 지속적이고 광범위하게 영향을 미친다. 그러나 그 중요성에 비추어 볼 때 문화적 요인에 관한 정치학적 연구는 미흡한 실정이다.

이 글에서 다루고자 하는 '이슬람 문화와 여성의 정치참여'에 관한 연구는 여성들의 정치참여에 대한 이슬람 문화의 영향을 파악해 보는 데

---

5) 기존의 연구에서는 정치참여에 영향을 미치는 환경적 변수로서 크게 정치적 요인, 경제적 요인을 들고 있다. 우선 정치참여에 영향을 미치는 정치적 요인과 관련해서는 학자들 간에 다양한 논의를 전개한다. 즉 정치구조, 정치제도, 정당체계, 정치적 가치와 신념, 정치적 쟁점 등을 포괄하는 정치환경의 중요성을 강조하는 논의(H. Meclosky, 1974), 정치엘리트의 선택, 정치구조, 정치적 가치, 정치발전 수준 등을 중시하는 연구(Huntington & Nelson, 1982), 또 정당의 자발적 결사체의 영향 및 정치지도자의 반응 형태 등을 강조하는 연구(Nie & Verba, 1975), 그리고 정부능력, 정부구조, 가치체계 등을 언급하는 연구(Weiner, 1971)와 이러한 연구들에 바탕을 두고 종합적으로 접근하는 연구 등을 들 수 있다. 두 번째로 경제적 요인은 사회경제적 발전이나 근대화가 정치참여를 증가시킨다는 견해로 이 역시 많은 비교정치학자들이 논의해 왔다. 그들의 논의는 주로 발전 내지 평등이 정치참여수준과 참여유형에 미치는 영향(Huntington, 1982), 근대화와 도시화가 정치참여에 미치는 영향(Nie & Verba, 1975, G. B. Powell) 등을 분석하는 데 있었다. 발전이 정치참여에 미치는 영향은 정치적 지식과 심리적 관련, 이차집단이나 정당 그리고 사회적 지위와의 관계를 통하여 나타나는데 발전의 정도가 클수록 보다 어려운 정치참여 행태를 통하여 정치참여수준이 증가한다는 것이다. 즉 우선 경제적 요인에서 산업화가 정치참여에 미치는 영향은 경제발전이 국민의 생활을 개선시키고 산업화와 함께 정치참여에 긍정적인 영향을 미칠 수 있는 요인으로 꼽는다.

중점을 두었다. 특히 이슬람 사회에서 이슬람은 그 사회 구성원의 가치관과 생활관습을 비롯한 사회전반에 영향을 미치는 포괄적인 문화의 역할을 하고 있기에 문화중심의 접근은 문제의 본질을 파악하고 분석하는데 보다 효과적이라고 사료된다.

제2절 이슬람 문화와 여성의 정치 참여

1. 이슬람과 문화정치

이란에서의 여성의 정치참여 문제는 결국 이슬람 사회의 여성이 이슬람 문화의 전통적인 관점에서의 여성의 역할을 벗어나 현대사회에 적합한 여성관을 정립해 나가는 과정을 나타내는 실례가 될 수 있기 때문에 근대화와 정치발전의 맥락에서 접근할 필요가 있다고 본다. 즉 여성의 정치참여는 정치적 근대화 및 정치발전과 밀접한 관계가 있다.

초기 근대화이론은 모든 사회가 궁극적으로는 서구사회가 그랬던 것같이 전통적 단계에서 '근대'의 단계로 변화하는 것과 같은 과정을 경험할 것이라는 것이 그 이론의 골자이다.[6] 그러나 결국 서구에 의한 진보와 발전의 확산이 저발전 세계를 변형시킬 것이고 이에 따라 20세기

---

6) 예컨대 쉴즈(Shils)는 근대화를 전통에서 궁극적으로는 서구민주주의에 유사한 상태를 의미하는 근대성으로의 이행이라고 보고(Edward Shils, 1962 *Political Development in the New States*, Hague: Monton & Co, pp.9-12), 무어(Moore)도 "근대화란 전통성 내지 전 근대적 사회가 경제적으로 번영하고 정치적으로 비교적 안정된 서구선진국들을 특징짓고 있는 과학공업과 이에 관련된 사회조직으로 총체적으로 변형하는 것이다"(Wilbert E. Moore, 1963 *Social Change*, New Jersey: Prentice-Hall, pp.89)라고 보았다. 이들은 발전에 대한 서구적 시각으로 근대화와 서구화를 동일하게 간주했다.

는 진척되어 나갈 것이라는 이러한 논리는 저발전 세계에 이를 실제 적용하는 데 있어 문제가 제기되었다. 즉, '제3세계에 대한 근대화의 영향이 긍정적인가?'라는 의문이 제기되어온 것이다. 이 이론들의 특징은 근대화를 불만족과 사회적, 정치적 투쟁의 원인으로 파악했다. 따라서 근대화가 민주주의의 확산에 기여한 면도 있지만 한편 혁명, 폭력, 쿠테타 등 급속한 사회발전 방향으로 나아가고자 하는 세력에 의한 정치적 불안정과 분배의 불균등 등 사회, 정치적 긴장을 야기시킨다는 주장들이다.

이러한 '제3세계 발전론'의 대두와 더불어 근대화에 대한 서구적 시각도 변화되었다. 에드윈 라이샤우어(E. O. Reischauer)는 근대화와 서구화는 어느 정도 중첩되면서 진행되는 것이 사실이지만 양자를 서로 다른 과정으로 규정해야 한다고(Reischauer, 1965: 9~12) 하여 양자 간의 구별을 분명히 제시했다. 거스필드(J. Gusfield)는 전통적 문화가 규범과 가치만을 강조하는 것이 아니며 전통문화의 어떤 요소들은 근대화에 긍정적이라고 강조하였다. 그는 전통사회가 동질의 사회이면서, 전통적 문화는 규범과 가치관이 변치 않는 집합체라는 사고와, 전통적 형태와 근대적 형태가 항상 갈등관계에 있으며 상호 배타적이며 근대화가 전통을 약화시킨다는 생각들은 오류라고 지적하였다(Gusfield, 1973: 266). 이러한 근대화에 대한 수정 이론들은 근대화가 서구화가 아님은 물론이며 근대화를 전통성과 근대성의 대립에서 설명하는 이분법에 대한 비판에서 대두되었다. 그러나 비록 근대화를 서구화와 동일시하려는 태도는 많이 불식되었다 할지라도 근대화를 과거에 대한 단절로 보는 이원론은 아직도 서구적 시각에서의 편견을 부분적이나마 반영하고 있다.

근대화에 대한 수정 이론가들 중에서 특히 헌팅턴(Huntington)은 비서구사회는 자신의 고유문화를 포기하지 않고 또는 서구의 가치, 제도, 관습을 전폭적으로 수용하지 않고도 근대화 할 수 있고 그렇게 발전해

왔다고 주장한다(Huntington, 1997: 99~100). 따라서 이러한 근대화에 대한 수정이론들은 지역 내의 고유한 가치체계와 문화를 인정하고 서구의 모방형 발전모델을 답습하지 않고도 토착적 발전유형에 의한 근대화가 가능하다는 사실을 시사하고 있다.

근대화 이론에서의 토착적 발전유형에 대한 제시와 마찬가지로 이슬람 사회에서의 근대화 문제에 대한 정치적 쟁점 역시 이슬람 국가가 '서구화'되지 않고도 근대화를 달성할 수 있겠는가에 있다. 즉 고유의 종교와 문화를 잃지 않고도 사회의 발전을 이룩할 수 있는가에 그 논쟁의 초점이 있다. 이슬람 사회에서 발전의 문제는 서구문물의 유입 이래 항상 논란이 되어왔고 또 현대 사회에서는 보다 중요한 문제로 부각되고 있다. 이제 번영되고 발전된 사회에 대한 국민적 욕구들은 현실적 문제이기 때문이다. 지난 1~2세기 동안 근대화의 물결 속에서 이슬람 사회도 시대의 흐름에 부응해야 하는 문제에 직면했다. 유럽의 과학과 기술을 수용하여 이슬람 사회를 개혁해야 한다는 사고가 팽배했다. 이슬람 사회의 근대화는 그 영향을 받아들이는 국가에 따라 다양하게 전개되어 왔다. 서구의 근대화에 비해 이슬람 사회의 근대화 과정은 외부의 작용에 의하여 생성된 것이었기 때문에 새로운 문물의 도입과 더불어 그들 전통사회와의 사회적 문화적 갈등이 필연적으로 따랐다.

이슬람을 고수하는 성향을 이슬람주의(Islamism)라 일컬으며, 이는 다양한 유형으로 표출되고 있다. 특히 근대화에 대한 대처 반응과 관련하여, 이슬람주의를 크게 두 주류[7]로 구분해 볼 수 있다. 첫째는 이슬

---

7) Shepard는 이슬람의 정치이데올로기 유형을 세속주의(Secularism), 근대주의(Modernism), 급진주의(Radicalism), 신전통주의(Neo-Traditionalism), 전통주의(Traditionalism)로 분류하였고 근대주의를 급진주의와 세속주의의 중간적 경향으로 설명하였다(William Shepard, (1987) "Islam and Ideology: Towards a Typology", *International Journal of Middle East Studies*, 19, Summer, pp.307-336). 이 글에서는 이란 내에서 나타나는 이슬람주의의 실례로서 근대주의적 성향과 원리주의적 성향을 크게 구분하였고 개혁주의 성향과 세속

람을 유지하면서 서구의 발전된 문물을 도입하여 이슬람 사회에 조화시키려는 이슬람 근대주의(Islamic Modernism) 성향이다. 둘째는 서구적 사고와 가치관에 배타적이며 이슬람의 원리와 원칙을 강조하면서 과거로의 회귀를 추구하는 이슬람 원리주의(Islamic Fundamentalism) 성향을 들 수 있다.

이슬람 근대주의는 19세기부터의 서구문물의 유입과 식민제국주의 같은 외부적 위협에 대처하기 위해 전개되었다. 이슬람 근대주의자들은 근대주의적 사고에 기반을 두고 있지만, 전통적 문화가치 즉 이슬람이라는 기본 틀을 유지하면서, 이슬람 사회의 후진성을 퇴치하기 위해 근대문명의 발전에 부응하도록 사회를 개혁해야 한다고 주장한다. 따라서 이들은 이슬람 교리와 경전의 현대적 해석, 이슬람법의 현대화, 종교교육과 과학교육의 병행, 과학기술의 도입 등 정통이슬람 문화와 현대문화의 조화와 절충을 시도한다.

20세기 초반에서 중반까지 이슬람신도들의 근대주의와 반식민제국주의의 정서를 이끄는 주된 원동력이 된 사상가로 아프가니(Sayyid Jamal al-Din al-Afghani, b.1838~d.1897)를 들 수 있다. 아프가니는 보수주의 경향의 이슬람 성직자들이 근대화를 서구화와 동일시하여 서구과학과 기술을 도외시하고 거부해 오는 데 대해서 비난하고 이슬람 사회에도 과학과 기술은 필수적이라고 강조했다. 또한 이슬람에는 현대가 요구하는 모든 상황에 대처할 수 있는 역동성, 진취성, 창의성이 내재하며 이슬람이 바로 과학과 이성의 종교라고 그는 주장했다(Tabrizi, 1998: 24~25). 아프가니는 서구로부터 유입된 과학과 기술은 이슬람에 위해하지 않을 뿐 아니라 오히려 연구되어야 하고 응용되어야 한다고 주장하고 이슬람 공동체가 힘을 키우고 이슬람 부활을 위해선 이슬람 신도들이 정체성을 확

주의 성향은 근대주의에 포함시켜서 다루었다. 또한 전통주의와 정통주의의 성향은 원리주의적 성향으로 더욱 구체화되어서 표출되고 있기에 이 글에서는 원리주의에 포함시켜 표현하였다.

립하고 내구력을 길러야 한다고 생각했다. 결국 아프가니는 근대화와 서구화의 구분을 명백히 한 바, 그 이후의 이슬람 개혁 성향의 이론가들은 대부분 아프가니의 영향을 받았다고 해도 과언이 아니다. 세속주의 성향은 사실상 이 이슬람 근대주의에서 갈라져 나간 성향으로 볼 수 있으며, 서구의 사상과 제도를 전적으로 수용하는 데 있어서 보다 급진적인 성향을 띠어 종교의 영역과 정치·경제 등 세속적 영역은 분리되어져야 한다는 입장을 취한다. 세속주의는 국가가 종교제도를 지배하고 규제하는 형태를 모색한다.

한편 근대화에 대해 이슬람 근대주의와는 다른 견해를 보이고 있는 이슬람 원리주의[8] 성향은 이미 2세기 이전부터 전통 이슬람이 부패하고 무능하여 이슬람 사회가 쇠퇴하자 이를 재생해야 되겠다는 개혁 차원에서 이슬람 사회에서 자발적으로 시작되었다. 또한 서구의 중동진출 이후 이슬람사회가 외압에 적절히 대응하지 못하고 이슬람 국가 대부분이 서구의 식민지 또는 그 영향권 내에 들어감으로써 사회적 파탄을 가져오게 되자 이 성향은 더욱 강화되었다(김정위, 1993: 102). 이슬람 원리주의는 이슬람 부흥 성향을 더욱 강조하여 본래의 이슬람으로 돌아가자는 구호를 통하여 이미 이슬람 사회에 침투해 있는 외래적이고 이질적인 요소들을 이슬람에서 제거하여 정화하는 데 그 목적을 두고 있다. 이 이슬람 원리주의 운동이 20세기 후반기에 들어 더욱 강화되었는데 그 절정에 달한 것이 1979년 이란의 이슬람 혁명과 이에 따른 이

---

8) 이슬람 원리주의(fundamentalism)라는 용어는 사실 이슬람 사회에서 비롯된 용어라기보다는 청교도에 기원을 둔 차용어이다. 원리주의는 원래 1920년대 앵글로색슨 프로테스탄트(Anglo-Saxon Protestant)의 용어로써 특히 성경을 문자 그대로 받아들이고 해석해야 된다고 주장하는 사람들에게 적용되었다. 또한 원리주의는 정작 이슬람세계에서는 아랍어로 우술리야(usuliyyah)라는 단어로 번역하고 있으며, 이 명칭보다 요즈음 이슬람 원리주의자들은 자신들의 운동을 이슬람 부흥(nahdah)운동이라는 이름을 더 선호하고 있다(이와 관련해서는 김정위, 1993, "이슬람 원리주의" 이슬람학회논총, 101-114 참조).

슬람 공화국의 수립이다.

이슬람 원리주의는 1970년대 이후 근대화에 대한 반동으로 급팽창했다고 볼 수 있다. 그들의 주장에 의하면 이슬람 사회가 2세기에 걸쳐 서구제도의 수용과 모방에 급급했지만 그 발전 속도는 느려 서구와의 격차는 더욱 증가되는 상황이라는 것이다. 이러한 비판적 맥락에서, 서구의 물질문명은 받아들이지만 이슬람 고유의 신학과 사상에 바탕을 둔 정치, 사회체제로 돌아가야 한다고 원리주의자들은 주장한다. 즉 수입된 이념들의 토착화는 성공적이지 못했기에 이슬람 전통으로의 회귀를 더욱 재촉했다.

이 원리주의의 급진사상을 발전시킨 인물로 사이드 쿠틉(Sayyid Qutb, d.1966)을 들 수 있다. 사이드 쿠틉은 이슬람의 근대화 시도에 대해 강력히 반대했다. 그는 이슬람을 '삶에 대한 실용적 행동체계'라고 봄에도 불구하고, 이슬람의 가치를 유럽적 사고와 융화시키려는 근대주의자들에 대해서는 비난했다. 쿠틉에게 있어서 서구문물의 도입은 포괄적인 이슬람의 원칙에서의 또 다른 일탈행위였던 것이다. 그는 이슬람이 실용적이며, 포괄적이고, 또 적극적임을 주장한다. 쿠틉은 원리주의 방식에 입각하여 초기 이슬람 근대주의운동을 비난하였는데, 우선 그는 혼합성을 이슬람의 포괄성(shumul)에 위배되는 것으로 비난했다(Grunebaum, 1970). 즉 이슬람은 포괄적이고 보편적이기 때문에 이슬람의 가치에 외부의 이질적인 것이 섞이는 융화를 반대했다.

그는 오늘날의 다양한 이념과 이데올로기의 등장과 관련하여 이슬람 이외의 사상과 이념을 자힐리야(Jahiliya, 종교에 대한 무지)의 재현 형태로 규정했다. 그는 이슬람 이전의 상황을 일컫는 이 자힐리야의 개념을 오늘날의 무신론적 실태의 상황에 적용시켰다(Tabrizi, 1998: 41). 즉 자힐리야는 시간과 장소에 관계없이 다양한 모습으로 나타날 수 있는데, 현대의 사상체계에서도 이슬람 이외의 이념 즉 자본주의, 민족주의

등은 자힐리야가 재현한 형태라는 주장이다.

이슬람 사회의 근대화와 관련된 초기 사상적 성향들의 움직임은 근대화에 긍정적인 반응을 보인 반면 이슬람 원리주의는 서구식 모방형의 근대화를 문제화하여 이슬람 사회에 적합한 문화 원칙을 새로이 규정하고 있다. 이란의 이슬람 혁명은 팔레비조 50년 동안 많은 영역에 침투되어 있던 서구의 잔재를 일소하고 이슬람 사회질서를 강조하는 헌법과 이슬람 국가를 창설함으로서 세속화된 이란을 이슬람화시켰다. 호메이니는 팔레비의 강요된 근대화 정책이 이란에 서구화 중독(gharbzadehghi) 증세를 불러왔다고 비난하면서 이슬람의 정체성을 회복할 것을 호소하였다. 전통을 고수하려는 이슬람주의자들에게 있어 이슬람 사회 내에 이질적인 요소가 가미되면 이를 전통에 대한 위협으로 간주하여, 이에 대응하고 투쟁해 온 현상은 역사적으로 나타나고 있다. 이슬람 원리주의는 매우 토착적이어서 외래적인 것 특히 서구정치사상과 사회제도를 경원시하고 배척하지만 자연과학과 새로운 기술은 적용할 수 있다고 강조한다.

이슬람 원리주의 성향은 이슬람화 기획(Islamization project)을 주도한다. 이슬람화(Islamization)는 사회변화와 발전이 포함되는 이슈를 통한 이데올로기적 견지로 이해된다(Tabrizi, 1998: 98). 19세기 후반 이래 서구화되지 않고 근대화하는 방법에 대한 모색은 이슬람 사회개혁가들에게 있어 주요 안건이었다. 이슬람화는 '서구화'와 '근대화' 사이를 구분하는 논쟁에 대한 반응으로 더욱 부각되었다. 서구화도 근대화도 이슬람 사회 변화에 대한 역동성의 적절한 개념을 제공하지 못하고 있기에 이슬람 전통으로의 회귀를 재촉했고 새로운 대안이념으로 이슬람주의가 등장하게 되었다.

이슬람 원리주의자의 이슬람화에 대한 담화에서는 이슬람의 세계관인 타우히드(tawhid)의 개념을 강조하면서 이 개념을 이슬람화의 기본 원칙으로 여긴다. 즉 타우히드는 아랍어로 '하나' 또는 '하나가 된다'는

42

뜻인데 여기서는 신이 유일한 우주만물의 주인임을 시인하는 행위이다. 타우히드9)는 실재, 진실, 세계, 공간과 시간 및 인류역사에 대한 종합적 견해로서 결국 이슬람적 세계관에 입각한 해석을 의미한다. 타우히드의 적용은 이슬람적 사고에 입각한 발전의 근거가 되고 있다.

그렇다면, 이슬람 사회도 근대사회가 될 수 있고 민주주의 이념이 확산될 수 있는가에 대해 문제가 제기될 수 있다. 이슬람이 민주주의와 인권에 미치는 영향을 연구한 프라이스(Daniel Price)는 이슬람을 정치권력으로서 강조하고는 있지만, 이슬람이 민주주의와 인권의 수준에 중요한 영향을 미치지 않는다고 논했다(Price, 1996). 즉 이슬람이 서구사회의 가치와는 달리 권위주의를 조장하는 것으로 여기어져 왔는데, 이슬람 국가들에 있어서 이러한 현상은 이슬람적 요인에서 비롯되었다기보다는 오히려 다른 요인들 예컨대, 경제의 급속한 변화와 체제의 능력, 근대화의 실패 등을 꼽고 있다. 사실상 이슬람학자들은 이슬람 내에 있는 민주적인 요소를 강조하면서 이슬람식의 발전논리를 전개하고 있다.

이슬람 학자인 라리자니(Lalijani)에 의하면, 이슬람 사회는 성직자 혹은 교회가 제도로서 국가 혹은 정치제도를 지배하는 공동체가 아니라, 오히려 이슬람이 자연스러운 방식으로 개인 혹은 집단의 행동에 영향을 미치는 사회라고 주장했다. 그는 서구적 사회구조에 적합한 합리성을 기술적 합리성으로 일컬었는데, 이슬람 사회는 기술적 합리성과 쉽게 어우러지지는 않지만, 그 스스로 진정한 것과의 조화를 모색한다고 언급하였다(Larijani, 1995: 18~19). 이는 근대성은 합리성에 근거하는데 이슬람도 합리성의 영역에 들어가고 이 합리성은 행위의 구조에

---

9) 타우히드(tawhid)는 두 가지 차원 또는 측면을 가지고 있다. 즉 방법적 차원과 내용적 차원으로 전자는 이슬람 문명의 기본원리를 이행 내지 적용하는 형식이고 후자는 이 기본원리 자체를 결정하는 것이다. 방법적 차원에는 세 가지 원칙을 포괄하고 있는데 곧 통합성(융화력), 관용성, 및 합리성(우월성)이다(이와 관련해서는 김정위, 1987 『이슬람사상사』, 민음사 참조).

영향을 미치게 된다는 것이다.

이슬람주의자들의 견해 차이는 근대화의 수용과 이를 둘러싼 재해석의 문제와 관련지어 볼 수 있다. 즉 서구적 사고를 거부하는 성향과 이와 융화를 모색하는 성향으로 분류해 볼 수 있다. 이 두 성향은 모두 이슬람을 공통분모로 하고 있지만 서구적 사고와 가치관을 받아들이는 데 있어 입장 차이를 보이고 있다. 결국 이 두 성향은 이슬람의 틀 내에서의 발전이라는 공통된 방향으로 자신들의 입장을 피력하면서도 한편 서구적 사고와 가치관의 수용에 대한 입장 차이로 인하여 여성문제에 있어서도 서로 다른 입장을 표출하고 있다.

근대화 논의 과정에서 볼 수 있는 것은 이슬람이 단순히 종교가 아니라 보다 포괄적인 문화라는 것이다. 이슬람 사회에서 이슬람은 단지 협의의 종교적 신앙 개념을 초월해서 이는 사회질서이고, 인생철학이며 통치철학으로 간주된다. 일반적으로 종교는 인간의 정신적 영역에 한정되어 있고 문화의 개념은 보다 포괄적인 영역과 가치관을 포함하는 개념이다. 따라서 여기에서는 이슬람을 문화로써 정의하는 근거를 찾기 위해 우선 문화에 대한 개념을 검토해 보고, 이슬람과 정치와의 관계를 문화와 정치와의 관계라는 틀 내에서 분석하겠다.

오늘날 사회과학에서 사용하는 문화의 개념은 인류학에서 도입된 것이다. 모든 문화는 각기 독특한 것이며 역사적인 전개과정과 구조적인 기반을 가지고 있기에 우열을 가릴 수 없다는 문화적 상대주의 개념이 인류학에서 발전되었다. 사회과학 여러 분야에서도 문화는 주된 관심의 대상이 되어왔다. 문화의 개념은 역사적인 전통과 밀접한 관련을 맺고 있으며 사회 전체와 연결되는 대단히 폭이 넓은 개념이며 여기에는 시기마다의 문제의식과 해결 과정과 차이 심지어 역설까지도 포함되어 있어 그것을 구성하는 사실이 무엇이든 간에 문화 개념 자체는 역사적으로 다양하게 변천해 왔다.

깃츠(Clifford Geertz)는 문화를 "한 사회의 구성원 모두에 의하여 공유되고 있으며 구성원들이 실존에 대한 자신들의 지식과 입장을 교환, 유지, 발전시키기 위하여 그들 사이의 상호 관계와 상호 행위에 사용하는 의미의 체계(system of signification)"라고 규정하였다(Geertz, 1973: 89). 또한 문화는 타일러(E. Tylor)가 정의하듯이 "지식, 신앙, 예술, 도덕, 법률, 관습 및 사회의 한 구성원으로서 인간에 의하여 획득된 기타 모든 능력과 습관을 포함하는 복합총체"(안계춘 외, 1988: 71)로서 인간들이 사회생활을 통해 후천적으로 획득하는 모든 생활양식으로 이해된다.

어떤 사회의 구성원이든 그들은 그 사회의 기존 가치체계, 신념, 정서적 태도, 행동양식 등에 적응해 가면서 성장하며 사회화된다. 사회화란 현존체제에 의해 용인되고 실천되는 규범 및 가치와 행위를 받아들이고 배우는 과정이다(Pierce and Hagner 1982: 70~71). 즉 사회화는 인간이 학습을 통해 가치체계를 습득하는 것으로 그러한 습득과정을 통해 그 자신이 일정한 태도성향을 형성하게 된다. 따라서 문화는 부단히 사회성원들에게 전달될 뿐만 아니라 그것을 따르도록 권유하는 때로는 강제력을 수반한 교육을 통해서 가능하다.

한편 윌리암스(Raymond Williams)는 문화의 개념을 네 가지로 구분하여 문화개념의 다양성을 보다 체계적으로 설명하고 있다(Jordan & Weedon 1995, 6~8). 첫째 문화란 지적, 정신적 그리고 미적인 부분의 일반적 발전 과정이다. 둘째로 사람들이나 어떤 집단에 있어서의 삶의 독특한 방식을 말하는 것으로 공통된 정신에 의하여 형성된 삶의 방식을 말하는 것이다. 이는 다원적 개념으로서 문화의 인류학적인 개념이다. 셋째로 문화란 지적, 예술적 행위와 그 작품들을 말하는 것으로써 현재 우리가 가장 널리 사용하고 있는 문화의 의미이다. 이는 교육제도나 방송매체, 예술단체들, 출판사 등과 같은 문화 제도의 중심이 되는 영역에서 찾아 볼 수 있는 문화의 지배적 시각을 말하는 것이다. 마지막으로 문화란 사회질서가 상호 교류되고, 유지되며 경험되고 분석되는 데 필수 불가결한 의미화된 체제이다. 이 경우 문화란 독립된 영역의 것이 아니라 경제적, 사회적, 정치적 차원 즉, 모든 제도와 관습의 차원이다.

이처럼 문화는 보는 시각에 따라 다양하게 정의될 수 있지만 공통적으로 인간이 특정한 사회에 적응하는 과정에서 받아들인 생활양식의 총체를 일컬을 수 있다. 그렇기 때문에 인간의 행위 양식에서는 어떤 질서 또는 규칙성이 발견되는데 이러한 경향을 일반화시킨 개념이 문화라고 할 수 있다. 여기서는 문화를 가장 일반적이고 일상적인 용어의 이해 안에서 포괄적인 개념으로 파악하여, 동일한 지역 내의 사람들의 행동방식, 사고방식, 가치관, 상징의 총체적 의미로 보았다. 이슬람 사회에서 이슬람을 문화로 규정할 수 있는 근거는 이슬람이 그 신도들에게 동일한 행동방식과 가치관 또 상징의 역할을 한다는 데 있다. 즉 이슬람 사회에 있어서 이슬람은 단순한 믿음과 의식 체계 이상이다. 이슬람은 단지 종교라는 범주에 국한시킬 수 없는 인간사의 총체를 다 포괄할 수 있는 가치체계로서 국가, 사회, 법률, 사상 및 예술에 이르기까지 광범위하게 영향을 미친다. 따라서 이슬람은 정치·경제, 사회, 종교, 군사 등 제반 영역에 대한 고유한 사상과 이념, 원리, 제도가 다 포함되어 있는 총체적인 문화인 것이다.

이러한 문화의 개념을 토대로 정치학의 새로운 영역으로 주의를 모으는 문화정치(Cultural Politics)는 문화를 논함에 있어 역사와 권력 등 문화에서 파생되는 사회문제의 중요성을 강조한다. 개인의 기호와 성향, 정체성을 포함한 일상생활의 의미 실천이 권력과 지배, 불평등에서 파생된 정치문제와 분리될 수 없다는 주장이다. 문화정치를 문화를 통한 지배와 저항의 정치과정으로 볼 때 상호 작용의 지층은 다양하고 복잡하다. 또 기능적 면에서 볼 때 긍정적인 기여와 부정적인 기여 모두를

46

포함한다.

문화정치는 특정 문화적 특징 혹은 현상이 정치적인 의미를 담고 있는 것을 말한다. 즉 "누구의 문화가 공식적인 것이 되고 누구의 것이 이에 종속되는가 또는 어떤 문화가 가치 있는 것으로 드러나고 또한 어떤 것이 사회로부터 은폐되는가와 누구의 역사가 기억되고 누구의 것이 잊혀지는가, 왜 어떤 사회적 삶은 그 이미지가 크게 투사되는 반면 어떤 이미지는 주변화 되는가, 어떤 목소리는 들을 수 있고 어떤 목소리는 왜 침묵을 강요당하는가, 누가 누구를 어떠한 근거로 표상화하는가"를 묻는다(Jordan & Weedon, 1995: 4). 따라서 문화정치의 관심의 대상은 성(gender)과, 세대, 인종, 민족, 지역 등을 포함해서 매우 광범위하다. 이러한 사회의 광범위한 문제들에 대한 분석과 이에 내재되어 있는 사회적 합의의 긍정적 면뿐 아니라 불평등과 위험요소 그리고 이의 바람직한 개선 방향 등을 포함하고 있는 것이다.

문화적인 것이 정치적인 이유 중 하나는 사회의 불평등과 그 불평등한 관계의 변화를 정당화하는 것이 정치의 영역이라면 그 불평등의 원인과 유지가 문화를 구성하기 때문이다(전경옥, 2000: 279). 문화는 사회적 지배가 유지되는 영역이면서 동시에 이에 대한 저항의 움직임이 유발되는 공간이기에 문화정치는 바로 이처럼 문화를 통해 이루어지는 사회적 불평등 관계의 유지 및 변화의 상호 대치적 움직임과 이에 대한 비판 등에 관심을 나타낸다. 또한 문화정치는 문화적 실천이 기본적으로 사회맥락의 다양한 권력 양상과 관계를 맺는다는 점을 강조한다. 이렇게 본다면 권력은 문화의 필수요소이며 문화는 권력행사의 장이다. 모든 '의미를 나타내는 실천'이 나름의 권력관계를 수반한다. 이는 의미와 상징, 사회적 가치를 규정할 수 있는 수단의 확보가 모두 권력의 문제와 결부되어 있음을 뜻한다.

정치학의 연구주제로서의 문화정치란 문화가 정치에 반영되는 것으로서 기존 정치 이론들이 권력을 가진 집단에 의해 형성된 문화 내지는 사회에 있어서의 정치이론을 합리화시키기 위한 것이었다면, 문화정치 연구는 지금까지 상대적으로 불리한 위치에 있던 집단들의 문화 또한 정치에 반영시키는 데 기여한다. 그렇기 때문에 여성의 정치참여나, 노조의 정치참여 나아가 대중들의 정치참여는 결국 문화를 이루고 있는 구성원들의 정치참여를 말하는 것이며, 권력을 가진 자에 의하여 지배되는 정치가 전체 사회 구성원들의 정치로 전환되는 것을 의미하는 것이 될 것이다.

따라서 여성의 정치참여에 대한 이슬람을 매개로 한 문화정치의 논의 방향은 사회적 불평등 관계를 정당화하고 있는 요소들을 찾아서 이의 불합리한 요소들을 분석하고 변화시키기 위한 방안을 모색하는 것으로서 한 사회의 기본을 형성하고 우월한 지위의 문화가 규정하고 있는 사회의 관습이 의미하는 것들과 이러한 관습의 의미를 정한 우월한 지위의 집단에 대한 성격을 분석하고자 하는 것이다.

이슬람문화와 정치와의 관계는 서구문화에서 나타나는 종교 혹은 문화와 정치의 관계와는 다르다. 기독교 문화에서의 이원론적 의미의 체계는 정치를 자율적 영역으로 간주한 반면 이슬람의 단원론적 문화는 정치 영역이 별개로 구분되지 않는다(Badie, 1983: 81). 사실 이슬람에서는 정치를 초기부터 분리하지 않았기에 이원화에 대한 발상 자체가 없었다고 보는 것이 타당하다.

이슬람과 정치와의 관계 설정에 대한 구체적인 실례는 이슬람 공동체인 움마(Ummah)[10]이다. 7세기 초 이슬람의 창시자 무함마드(Muhammad)는 이슬람 공동체를 형성했는데, 이 공동체는 종래의 혈연적 부족 공동체

---

10) 움마(Ummah)는 신앙의 끈에 의해 묶여진 '이슬람공동체'로 이는 다른 모든 공동체와 뚜렷이 구분된다(이와 관련해서는 Ann K. S. Lambton, 1981, *State and Government in Medieval Islam*, 김정위 역, 1992, 『중세이슬람의 국가와 정부』, 민음사, 47-88 참조).

에서 이슬람에 바탕을 둔 종교 공동체로 발전된 형태이다. 또한 움마는 신의 절대성이 반영되고 무함마드에게 통치권을 위임한 초기 국가형태이기도 하다. 여기에서 이슬람과 정치의 합일사상이 나타난다. 왜냐하면, 이슬람교도들에게 이 움마는 신앙공동체임과 동시에 정치공동체이며 경제공동체이면서 군사공동체의 역할을 병행했기 때문이다. 따라서 이슬람 사상가들과 정치가들은 초기 이슬람공동체를 근거로 정치와 종교의 통일성을 주장해 왔다. 이슬람의 이러한 정교일치사상은 결국 오늘날 이슬람이이란 내에서 문화정치의 장치로서 역할을 할 수 있는 정당성의 근거를 마련해 준다.

이란의 경우 여성의 역할관을 비롯한 가치체계는 모두 이슬람을 통해 정당화되고 있으며 이에 대한 저항 혹은 재정립 과정 역시 이슬람을 통해 이루어진다. 예컨대, 이슬람 문화에서 비롯되는 하위문화의 실례로서 여권 문제와 관련하여 많은 논란을 빚고 있는 베일 착용의 문제를 들 수 있다. 베일은 이슬람 이전부터 이 지역사회에 있었던 문화적 관행이기는 하지만 그 의미가 다르게 이슬람에서 출현됐다. 이슬람에서 여성이 베일을 착용하는 것은 쿠란이나 이슬람법에 기인해 의무사항으로 여겨진다. 최근 들어 중동에서 개방정책을 추진하는 일부 이슬람 국가에서는 베일을 법적으로 강요하지 않아 베일을 쓰지 않은 여성들이 많이 나타나고 있다. 반면, 베일을 착용하는 여성들 중에는 이지역의 관습처럼 되어버린 베일 착용에 거부감이 없거나 그 관습에 익숙한 경우도 있다.

그러나 오늘날 베일이 여성의 인권문제로 대두하고 있는 이유는 베일로 인해 여성의 사회 활동이 구속을 받기 때문이다. 초기에 여성이 보호 차원에서 얼굴을 가려야 한다는 권장 사항은 이슬람이 전파되는 과정에서 점차 여성이 베일을 써야만 한다는 주장을 정당화시켜주는 근거가 된 것이다. 이러한 가치관의 주입은 결국 문화가 특정 관습에 대해 억압이나 강요의 수단이 될 수 있는 것을 보여주는 실례이다. 또한 이러한 문화적 가치관을 지배체제가 강요한다면 그것 역시 문화정치의 일면으로 간주될 수 있다.

2. 쿠란의 여성관과 전통적 역할관에 대한 재해석

이슬람 사회에서 여성의 정치참여 개념은 이슬람의 전통적 여성관에서는 생소한 개념으로 이와 관련된 가치관 정립과 현대사회에 있어서의 여성의 역할에 대한 새로운 시도가 현재도 지속되고 있다. 사회의 변화와 더불어 현 사회 구조에 적합한 여성 역할의 재정립에 대한 시도와 여성의 정치역할과 관련된 논의들은 최근 수십 년간 이슬람학자들 간에도 특별한 관심을 가져온 문제이다. 일부 이슬람 학자들은 여성이 정치 영역에 발을 들여놓는 데 대해 지지의 입장을 표하고 또 일부 강경 보수 성향의 이슬람 학자들은 이 영역에서의 여성의 역할 배제의 필요성을 언급한다. 이들은 각기 자신들의 입장에 대한 논증과 근거의 토대를 이슬람의 근원에서 제시한다. 이는 해석의 차이에 대한 이견으로 나타난다.

이슬람은 단지 종교로 국한시킬 수 없는 그 사회의 가치체계이며, 문화적 영역이기에 결국 이슬람 사회의 여성에 관한 사고는 이슬람의 틀을 벗어날 수 없다. 이슬람의 가치체계와 규범의 근거가 되는 것은 이슬람의 경전 쿠란(Quran)과 예언자의 전승(傳承)인 하디스(Hadith)와 이 둘을 기초로 한 이슬람법(Shari'a)이다. 쿠란에는 여성과 관련된 많은 구절이 있으나 그 내용은 해석 여부에 따라 가부장적 개념으로 혹은 단지 사회문화적 여건의 차이를 반영하는 것으로 받아들여질 수 있다.

여기서는 쿠란에서 언급한 여성의 지위를 본질적 평등관과 남녀 역할에 대한 차별관을 중심으로 분석해 보고 이러한 여성관을 기초로 이슬람 사회에서 어떻게 현대사회의 여성관을 정립해 나가는가를 검토해 보고자 한다.

1) 쿠란의 성 역할관

(1) 쿠란에 나타난 남녀평등관

쿠란의 내용은 대체로 이슬람 생성 당시의 시대상을 반영하는 내용들로 이루어져 있다. 쿠란에서는 이슬람 이전의 시대와 당시의 시대 상황을 설명하면서 그 시대의 부조리와 모순을 지적하고 부정의를 수정하고 개혁하고자 하는 의도들이 드러난다. 같은 맥락에서 쿠란에 나타난 여성의 지위가 이슬람 이전에 비해 크게 개선된 점은 확실하다.

이슬람에서 무지의 시대(Jahilliya)로 불리는 이슬람 이전의 부족적 사회질서 아래에서 여성은 실질적으로 법적 지위는 물론 인간다운 대우를 받지 못했으나 이슬람이 등장함으로써 이런 면이 대폭 수정되었다. 예컨대, 이슬람이 출현하기 이전 여성들은 거의 권리를 누리지 못한 상태에서 매매의 대상이 되기도 했고, 여아 기피사상으로 인해 딸을 낳으면 생매장하는 관행도 공공연히 행해진 것으로 알려져 있다. 쿠란에서는 여아 살해행위를 금지하는 내용뿐 아니라 남성 위주로 되어있던 결혼, 이혼제도를 수정하고 여성의 상속권도 일부 인정하고 있다. 이슬람 이전 시대의 여성상에 관해서는 이슬람 학자들 간에도 많은 논란이 있다. 일부 학자들은 이슬람 이전 시대의 여성들도 매우 제한적이기는 하나 일정한 사회적 역할이 있었고, 혹은 이 시대의 여성들이 오히려 이슬람 출현 이후보다 가정이나 사회적 역할에서 나은 위치에 있었다고 주장한다.[11] 그러나 이 시대에 여성을 경시했던 일부 관행들이 이슬람 이후에 대폭 수정되었고, 쿠란이 아랍 여성들의 운명을 괄목할 정도로 개선하였다는 데 대해 대부분의 종교학자들은 동조하고 있다.

그러나 여성주의 입장에서 볼 때, 전반적으로 쿠란의 여성관은 부정적인 경향을 지니고 있으며 여성에 대한 부정적인 견해를 강화한다. 즉 남녀의 평등은 종교적인 평등으로서 오직 신 앞에서만 가능한 것이며 남녀의 사회적 평등 또는 권력을 소유할 수 있는 기회에 대한 평등은 불가능하였다(Carmody, 1979: 172). 또한 중요한 점은 이슬람이 근대적인 여성들의 역할 변화를 포용하지 못하고 있다는 점이다.

쿠란[12]에 근거하면, 이슬람에서는 인간을 삶 속에서 신을 만나는 한 영혼으로 본다. 이 영혼은 신을 믿고 순종함으로써 천국에 들어가 생명을 얻는다고 여긴다. 따라서 신 앞에서 남성과 여성은 대등한 존재이다. 쿠란에서는 남성과 여성이 '하나의 영혼'으로 창조되었다고 언급하고 있다.

> "사람들이여 주님을 공경하라. 한 몸에서 너희를 창조하사 그로부터 배우자를 두었고 또한 그들로부터 많은 남자와 여자가 펴졌으니 ……"(쿠란 4장 1절)

이는 본질적으로 남성과 여성을 동일시하는 구절로서 여성은 본래 남성과 동격으로 창조되었기에 본질적인 면에서 여성을 남성과 대등하

---

11) 고대 아라비아는 모권적(母權的)이었거나 아니면 적어도 모계사회였을 것이라는 몇몇 증거가 남아있다. 가장 초기의 시들은 여성을 용감한 전사(戰士)나 사회적으로 신분이 높은 사람으로 묘사하고 있다(D. L. Carmody, 1979 Women and World Religion, p.168). 혹은 이슬람에서 무지의 시대로 불리는 이 시기는 사실 문명과 문화와도 고립된 무지의 시대라기보다는 이슬람에서 주장하는 도덕적 분별력에서 벗어난 시기, 즉 신에 대한 믿음이 없던 시기로 보는 것도 타당할 것이다.(이와 관련해서는 조희선, (1994) "아랍문학에 나타난 자힐리야 시대의 여성상", 한국이슬람학회논총, 제4집, pp.285-308, 참조).

12) 쿠란관련 구절은 『성쿠란』, 최영길(역)(1988)과 *The Holy Quran: Translation and Commentary*, A. Yusuf Ali, H.(1993), Ashraf Printing Press, Lahore를 참조하였다.

게 존재한다는 믿음에서 출발하고 있다. 또한 쿠란에서는 종교의무의 이행과 그에 대한 보상 혹은 권리부여와 행사에 있어 여성과 남성을 대등하게 말한다.

"그들의 주님께서 그들에게 응하사 하나님은 남녀를 불문하고 그들이 행한 어떠한 일도 방임치 않으니 너희는 서로이니라 …… 그들을 속죄하여 줄 것이며 그들이 강이 흐르는 천국으로 들어가게 하리니 이는 하나님으로부터 보상이니라 ……."(쿠란 3장 195절)

"믿는 자로서 옳은 일을 행하는 남녀 모두에게 우리는 복된 삶을 줄 것이며 또한 그들이 행한 최상의 일에 대해 보답해 줄 것이다 ……."(쿠란 16장 97절)

"실로 무슬림 남녀에게 믿음이 있는 남녀에게, 순종하는 남녀에게, 진실한 남녀와 인내하는 남녀에게 두려워하는 남녀와 자선을 베푸는 남녀에게, 단식을 행하는 남녀와 정조를 지키는 남녀에게, 하나님을 염원하는 남녀에게 하나님은 크나 큰 보상을 준비하셨느니라"(쿠란 33장 35절)

위의 구절에서 믿는 남녀라는 표현은 믿음의 테두리 내에서 남성과 여성을 대등한 인격체로 다루고 있음을 의미하며 더불어 남성과 여성을 신 앞에서 동등하게 보았음을 나타낸다. 여성도 남성과 마찬가지로 신에게 복종하는 존재이기 때문에 남성과 동등한 종교적 권리를 향유하게 되는 것이다. 또한 여성은 신앙과 그로부터 오는 보상을 남성과 똑같이 받을 권리를 가지고 있다. 즉 남성과 여성은 신 앞에서 동등한 인격체로서 신앙에 충실하기만 하면 성의 차별 없이 같은 보상을 받으며, 또 구원의 관점에서도 동등하다고 여긴다.

따라서 이슬람 사회의 규범의 근거가 되는 쿠란에서는 여성과 남성이 원래 동격으로 창조되었으며, 신자로서 종교의무를 이행하고 그에 대한 보상을 받는 데 있어서도 남녀 간의 구별을 두지 않고 있기에 본질적으로는 평등관을 가지고 있다는 해석이 가능하다.

(2) 남녀 역할에 대한 차별관

쿠란에서는 남녀를 본질적으로 평등한 존재로 보는가 하면 또 다른 한편으로는 남녀 간의 역할과 기능에 대해서 차이를 두는 내용이 있다. 후자의 경우는 그 해석 여하에 따라 단지 역할에 대한 제한인지 아니면 남녀를 차별하는 내용인지에 대해 논란의 여지가 있다.

쿠란 제4장은 니사아(Nisa'a)라는 '여인의 장'이 별도의 장으로 기록되어 있다. 이 장은 예언자 무함마드가 메디나(Medina)에 있으면서 계시를 받은 내용들로 이루어져 있다. 이 장에는 초기 이슬람 공동체가 형성되어 가는 과정에서 겪는 전쟁과 투쟁을 배경으로 하는 가르침들로 여성에 관한 가르침이 많기 때문에 여성의 장으로 알려졌고, 고아, 결혼, 이혼, 유산, 가족의 권리에 관하여 다루고 있다.[13] 이 장을 비롯한 쿠란 전체의 여성관련 구절에서 그 표현상으로 여성의 위치를 파악해 보면 여성은 대체로 가족과의 관계 내에서 그 역할과 위치가 이해되어진다. 즉 여성의 역할과 책임에 대한 쿠란의 내용은 주로 남편에게 보조하는 '아내'와 자식의 양육책임자로서의 어머니로서 전통적인 여성의 역할상을 강조하고 있다.

쿠란에는 단어 그대로의 뜻을 이해할 때 명백히 남녀 간의 불평등을 나타내는 구절들이 있다. 예컨대 다음의 구절은 남성이 여성보다 우월하다는 의미로 해석될 수 있다.

---

13) 『성쿠란』 최영길(역), 1988, 128~171 참조.

"…… 남성이 여성보다 위에 있나니 ……"(쿠란 2장 228절),
"남성은 여성의 보호자라 이는 하나님께서 여성들보다 강한 힘을 주었기 때문이라 남성은 여성을 그들의 모든 수단으로써 부양하나니 여성은 헌신적으로 남성을 따를 것이며 ……"(쿠란 4장 34절).

이 구절들은 명백히 내용상으로 남성이 여성보다 우월하고 여성은 남성의 보호를 받으며, 헌신적으로 순종하는 여성의 역할을 강조하고 있다. 위의 쿠란의 2장 228절은 이혼과 관련된 구절로 이혼한 여성이 3개월을 기다리되, 남편과 아내는 이 기간에 돌아올 권리가 있는데, 남성이 여성보다 위에 있다는 내용이다. 이 구절에 대해 쿠란의 주석에서는 "남성이 여성 위에 있다" 함은 남성이 신체의 구조상 여성보다 강하고 통솔력과 지도력이 감성에 치우치지 아니하고 냉철하며 생활의 양식은 대부분 남성의 노동력으로 얻어진다는 점에서 남성이 여성 위에 있다는 뜻이라고 풀이하고 있다.[14) 그러나 초기에 생물학적으로 기인된 역할의 구분과 유별의 의미가 가부장적 사회구조에서 불평등의 사례로 거론되는 예는 허다하다.

또한, 쿠란에서 여성은 사회적으로 독립적이지 못하고 합법적으로 여성을 대신하여 행동할 남성이 필요하다. 예컨대 쿠란에서는 법정에서의 증언과 관련하여, "한 남성의 증언은 두 여성의 증언으로 간주한다"(쿠란 2장 282절)라고 언급하고 있는데, 이는 법정에서 여성의 증언은 남성의 증언보다 효력이 적다는 것을 의미한다. 왜냐하면 여성들의 가정생활은 세상이 남성에게 판단의 객관성을 강요하는 것만큼 여성자신을 객관화시키지 못한다고 여겨지기 때문이다.

또한 여성들이 교육을 받고 사회 활동을 하는 데 문제가 되는 다른 구절은 예언자 무함마드가 아내들에게 계시의 내용을 전한 대목 중 "여성들이여, 너희 가정에 머물러 있으라"(쿠란 33장 33절)라는 구절이

---

14) 『쿠란』, 최영길(역), p.56 참조.

있다. 이 명령형의 문장은 여성을 사회로부터 격리시키는 내용으로 해석되어 지기도 한다. 이 구절들이 단지 남녀의 우열에 대한 문제를 가리기보다는 당시의 사회상을 반영하여 여성을 보호하고 또 사회적으로 활동을 하지 않던 여성상을 반영하는 내용일지라도, 이러한 내용들이 여성들의 사회 활동을 저해하고 여성을 격리시키는 당위성을 제공한다면 거기서 비롯되는 파장은 큰 것이다. 이슬람이 전파되는 과정에서 초기에 여성을 보호한다는 차원에서 여성이 얼굴을 가려야 한다는 구절은 점차 여성이 베일을 써야만 한다는 주장을 정당화시켜주는 것이 하나의 예가 될 수 있다.

사실 쿠란의 내용에서는 종교 의무 이행과 공동체에 대한 의무사항 이외에 적극적 참여의식에 기초한 여성의 사회적 역할에 대해서는 별다른 내용이 없다. 오늘날의 이슬람 사회에서 여성의 사회 활동 참여를 논함에 있어 소위 '이슬람적 시각'에 입각한 여성관은 본질적으로 여성을 남성과 동등시하는 쿠란의 계시에 준하여 현실적인 남녀 간의 차이와 불평등을 그들 나름의 유별관 혹은 여성 보호관 등의 용어로 미화시켜 나가는 경향이 있다. 하지만 이 유별적 개념은 일부 이슬람 학자들이 주장하는 여성에 대한 배려와 보호 차원의 관례로써 발전되었다기보다는 사실상 여성의 자유로운 행동을 규제하는 사회적 제도로 정착되어 남녀의 역할에 대한 차별관을 강화하여 여성의 사회 참여에 부정적으로 작용한 측면도 간과할 수 없다.

2) 여성의 전통적 역할관에 대한 논의

이슬람(Shari'a)법의 가장 기본 근거가 되는 것은 쿠란의 내용이기에, 이의 재해석과 관련된 논의는 현재의 상황에 맞추어 나가는 이슬람법의 새로운 적용과도 관련지을 수 있다. 이란은 헌법에 기초한 공화정이기는 하지만 헌법상으로도 헌법의 내용이 이슬람의 원칙에 기초한다는 항목이 있으며, 국회를 통과한 모든 법안에 대해서 이슬람 교리에 저촉되는지의 여부를 심의하는 '헌법수호위원회'라는 제도적 장치가 있다. 오늘날 대부분의 중동국가의 경우 이슬람법은 가족법과 종교적 관행문제에 한정되어 있지만, 이란의 경우 이슬람법이 미치는 영역은 보다 넓다. 1979년 이슬람 혁명 이후, 이슬람화 과정에서 팔레비 왕 체제하에서 실시되던 기존의 가족법을 폐지하고 이슬람법을 그대로 적용함으로써 여성의 문제와 관련해서 지속적으로 논란이 펼쳐지고 있다. 즉 현대사회에서 여성에게 이슬람의 전통적 역할을 강요함으로써 서구적인 근대화의 영향을 제거하려고 했지만, 이러한 일련의 움직임들은 결국 이슬람이 현대사회에 적응하기 위해 여성의 역할에 대한 교리를 재정립해야 하는 계기를 마련하였다.

따라서 최근 이란 내에서 여성의 사회 활동 참여와 관련된 실용주의와 개혁주의적 경향은 이슬람을 배제시킨 성향이기보다는 이슬람의 틀 내에서의 개혁을 추구한다. 즉 일부 개혁주의 인사들은 쿠란의 가부장적 해석의 재고를 주장하고 이슬람이라는 이름 아래 관행화 된 관습의 수정을 주장한다. 이러한 개혁을 뒷받침하는 사례가 여성관에 대한 재해석이다. 재해석을 언급하기 위해 이슬람신도들이 현행 헌법보다 더 중요시하고 원칙적으로 따라야 하는 이슬람법의 기본 근거와 그 해석 과정에 대한 검토가 필요하다.

이슬람법(Shari'a)은 이슬람 신도이면 누구나 복종하고 따라야 할 길로서 이슬람 사회에서 최고의 권위를 가지며 생활의 중심이 되어왔다. 이슬람법의 기본 근거를 세부적으로 구분해 본다면, 크게는 일차 근거(一次 根據)와 이차 근거(二次 根據)로 나눈다. 일차 근거는 이슬람법의 기본원칙이 되고 있는 쿠란(Quran)과 예언자의 전승(전승)인 하디스(Hadith)를 들고 있다. 그런데 만약 이 일차 근거인 쿠란과 하디스에

서 판결의 법적 근거를 찾지 못할 경우 이차 근거에서 근거를 찾게 된
다. 우선 이슬람법의 가장 기본 근원이 되는 일차 근거로서의 쿠란은
신이 예언자 무함마드(Muhammad, b.570~d.632)를 통해 계시를 내린
내용들로 알려져 있다. 쿠란의 내용은 무함마드가 신이 내린 계시를 낭
독한 것이 전해지다가 오스만 할리파 시대(644년 경)에 정리되어 경전
으로 완성되었다. 쿠란은 다양한 사건의 내용과 질문에 대한 답변의 형
식으로 구성되어 있다. 쿠란은 전체가 114장으로 구성되어 있으며 신의
계시를 담아 불변의 형태로 계승된 이슬람의 절대적 경전으로 간주된
다. 쿠란은 아랍어로 계시된 것을 내용으로 하며 다른 언어로 번역되어
서는 안 되며 번역될 수 없다고 이슬람 신도들은 주장한다. 다른 언어
로 번역이 되면 그것을 '쿠란의 해석' 또는 '쿠란의 의미'라고 하며 '쿠
란 경전'이라고는 하지 않는다.

쿠란 이외에 일차 근거로서 이슬람 신도들은 하디스(Hadith) 혹은
순나(Sunna)를 따라야 한다. 이 하디스는 무함마드의 언행과 행동, 그
리고 무함마드가 내렸던 결정사항을 따르는 것이다. 쿠란이 기록으로
남아 있다가 무함마드의 사후에 집대성된 것과는 달리 하디스는 이슬
람 신도 사이에 구전되다가 기록으로 남겨지게 되었다. 쿠란이 이슬람
생활의 지침이 되는 기본원리와 이념을 담고 있는 것이라면, 하디스는
이 총체를 상세히 세분하고 보다 구체화시키는 방법이다. 즉 하디스는
대부분의 판결의 기둥역할을 한다고 볼 수 있다. 예를 들어 쿠란이 기
도를 하라고 명령을 내렸지만 몇 번 기도를 할 것이며 언제 어떻게 꼭
해야 하는 것인지 아닌지에 대해 명확하게 언급하지는 않고 있지만 하
디스는 그것에 대한 보다 세부 사항을 언급하고 있다.

이슬람법은 위의 일차 근거인 쿠란과 하디스를 기초로 하여, 이차 근
거인 이슬람 법학자들의 유추(qiyas)와 합의(ijma)를 통해서도 해석된
다. 즉 이차 근거에는 이미 만들어진 법적 결정 속에서 유사한 상황을

찾아내어 적용하거나 관행에 비추어 결정하는 유추 해석과 또 공동체에서의 합의나 법학자들의 집단적 협의에 의해 법결정에 도달하는 합의가 있다. 이것 역시 일차 근거에 토대를 두었기에 일차 근거의 판결에 예외가 되는 상황이 발생했을 경우에만 이슬람학자들이 유추 해석하고 합의 일치를 보아 판결을 내린다. 이차 근거는 일차 근거보다 유동적이어서 이슬람법이 융통성이 있고 일반적이라는 이론을 뒷받침해 준다.

이 이차 근거와 관련해서 이슬람 내의 종파인 순니파(Sunni')와 시아파(Shi'a)간에 의견의 차이가 있다. 이슬람 세계 내에서 이란은 사우디아라비아, 이집트를 비롯한 대다수의 국가들이 따르고 있는 순니파와는 다른 시아파15)를 신봉하고 있다. 이슬람의 주류파인 순니파에서 갈라져 나간 시아파는 이슬람에서 소수파이지만 이란인의 95%를 차지한다. 시아파는 그들 나름의 법학체계를 형성하고 법 이론을 발전시켰다. 시아파 역시 쿠란과 하디스(순나)를 법원으로 삼는 것은 순니파와 동일하다. 그러나 순나에 대한 해석과 적용 그리고 채택에서 두 파 사이에는 상당한 차이를 보인다. 시아파에서는 이 이차 근거로서의 합의와 유추도 어느 정도 사용하지만, 이성(aql)을 더 중요시한다. 시아파들은 가장 정당한 것은 이성적인 것(resonable)이며, 모든 이성적인 것은 합리적(legitimate)이라고 논한다. 즉 시아파는 그것을 이슬람공동체의 최고 지도자이며, 과오가 없는 무오류(無誤謬)의 이맘(Imam)16)의 역할이자

---

15) 시아파는 이슬람의 한 종파로 전체 이슬람 신도의 약 10% 내외이다. 시아파의 교리는 대다수의 순니파의 것과는 상당히 다르다. 시아파는 그 내부에서 또다시 세 분파로 나뉘어 지는데 그중 가장 큰 종파가 '열두이맘시아파'이다. 이 종파는 16세기 이란의 사파비조 이래 이란의 국교가 되어왔다(B. Lewis, The Encyclopaedia of Islam, Leiden: E.J.Brill).

16) 시아파에서 지도자의 역할을 하는 최고 종교지도자를 의미한다. 시아파의 교리에 의하면 예언자 무함마드의 권위는 4대 할리파 알리(Ali) 이후에 열두 명의 이맘에게 전승되었다고 주장한다.

몫으로 대체했다. 그들은 이맘에게 신자들이 해야 할 것과 하지 말아야 할 것을 결정하게 하는 독점적인 법 판결의 특권을 부여했다. 이맘은 법 해석의 권리를 갖고 높이 존경받는 신성한 지도자로 대우받는다. 시아파는 그들의 전통을 중시하고 시아 법학자와 신학자에 의해 구체화된 그들의 법전을 갖게 되었다. 그러나 비록 시아파와 순니파 간에 전통적 유산과 공동체에서의 법 해석은 다를지라도 일반적인 종교적 관점은 기본적으로 똑같다. 시아파의 주장에 따르면 무오류의 이맘의 역할은 그의 기능을 대행하는 마르자에 타클리드(Marja-e Taqlid, 모방 혹은 따름의 원천) 즉 최고 종교지도자에게 위임한다.

시아파 교리에 따라 신자들은 당대에 살아있는 최고 종교지도자의 견해를 따르고 모방한다. 즉 이미 지난 시대의 최고 성직자의 견해나 행동은 이미 상황이 변하여 시대적응성이 떨어지기 때문에 이 시대에 살아있는 이의 의견을 중요시한다. 이 최고 종교지도자는 한 시대에 한 사람이 나올 수도 혹은 여러 명이 나올 수도 있으며, 또는 없을 수도 있다.17) 만일 한 시대에 여러 명이 나올 경우에 신도들은 자신이 믿고 따를 수 있는 모방의 원천을 선택하여 그를 추종한다. 신도들만이 그를 일방적으로 추종하는 의무가 부여되는 것이 아니라 그 시대의 최고 종교지도자는 여론을 수렴하여 다수가 원하는 방향으로 의견을 제시해주어야 한다.

따라서 시아(Shi'a) 신앙을 국교로 삼는 이란의 경우 이 최고 종교지도자의 견해는 매우 중요하다. 법원을 근거로 한 재해석의 가능성을 열어주기 때문이다. 역사적으로도 국가의 새로운 상황이나 위기 상황에 대해 의견을 밝히면 신도들이 그를 따랐던 사례들이 있다.18) 따라서 여

---

17) 이와 관련해서는 Moojan Momen, 1985 *An Introduction to Shi'i Islam: The History and Doctrines of Twelver Shi'ism*, Yale University Press, New Haven and London pp.203-204 참조.

18) 1891년 당시 최고 종교지도자(마르자에 타클리드)였던 시라지(Shirazi)는

성문제와 관련된 논의에 있어서도 종종 최고 종교지도자의 견해는 신자들에게 사고의 기준으로서 중요하게 받아들여지곤 했다. 예컨대 1979년 이슬람 혁명 이후 최고 종교지도자인 호메이니는 초기 여성의 참정권 혹은 피선거권과 관련된 논란이 있었음에도 여성이 선거에 적극적으로 참여하는 것은 '종교의 의무'라는 발언을 했고 그의 추종자들은 이 발언에 따랐다. 호메이니는 여성들에게 선거에 참여할 것을 권장하면서 다음과 같이 말했다.

> "투쟁적이고 용감한 여성들이 투표에 참여할 것을 권장한다. 여성들은 남성들과 더불어 아니 보다 더 앞서서 이슬람 혁명의 승리에 중요한 역할을 해왔다. 이 여성들이 오늘날 이슬람 공화국에서도 남성들과 더불어 국가를 만들어 가고 있다. 이것이 의미하는 것은 여성들의 자유이며 남성들의 자유이다"(Vejārat Ershād Eslāmi, 1983: 149).

여성의 투표권을 권장하는 호메이니의 이 발언은 이슬람법에 근거가 없는 여성의 참정권에 대한 재해석을 의미하는 발언이다. 이러한 법적 견해는 신자들에게 일종의 법적인 강제성과는 달리 그 행위의 타당성 여부에 대한 도덕적이고 윤리적 토대를 마련해 주는 것으로 여겨진다.

또한 이란-이라크 전쟁 기간 중에도 이슬람법으로는 여성의 전쟁참여가 허용되지 않았음에도 불구하고, 호메이니는 최고 종교지도자의 자격으로서 방어적 전쟁에 동참하기 위한 여성의 동원령을 발표했다. 이때에도 그의 추종자들은 호메이니의 발언에 적극 지지하고 나왔다. 혁명과정과 체제의 정착과정에서 국가의 최고 지도자로서 호메이니가 여성과 관련하여 언급한 말들에 대해 현 체제는 큰 의미를 부여하고 있

정부가 영국계 회사에게 이란의 담배재배 및 수출관련 특허권을 준 데 항의하여 신도들에게 담배 보이콧트에 대한 법령을 발표했는데, 이때 그의 추종자들은 그의 견해를 따라 이 운동이 전국적으로 확산되었던 사례가 있다(Moojan Momen, op.cit., p.142 참조).

으며 이슬람 여권주의자들도 호메이니가 기본적으로 남녀 간의 권리에 차이가 없음을 강조했다고 주장한다.

"인간의 권리에 있어 여성과 남성은 차이가 없다. 왜냐하면 이 둘은 모두 같은 인간이기 때문에 여성도 남성과 마찬가지로 자신의 운명에 관여할 권리가 있다." 또한 남녀 간의 동등한 권리와 관련하여서도, "여성과 남성은 모두 동등한 권리를 가져야 한다. 이슬람은 여성과 남성의 평등함을 강조하며 이들은 모두 자신의 운명에 대한 결정권이 있다. 즉 모든 자유를 누릴 수 있어야 한다. 선택의 자유, 선택될 수 있는 자유, 교육받을 수 있는 자유, 일에 대한 자유와 모든 경제활동에 대한 자유 등이 포함 된다"(Vejārat Ershād Eslāmi, 1983:11).

호메이니는 여성의 정치 분야 및 사회 각 분야에서의 참여에 대해서도 이렇게 언급하고 있다.

"이슬람에서는 기본적으로 여성들이 학문적으로 지적으로 성숙한 단계에 도달하여 사회 내에서 이들을 최대한 활용하기를 바란다. …… 우리는 이슬람의 가르침에 기초하여 특히 여성의 문제에 있어서 여성은 어디에서나 사회, 정치 발전을 위해 노력하고 이에 대한 책임을 지어야 한다. 그리고 이러한 분야에서 필요한 기회도 획득할 수 있어야 한다"(Zan-e Ruz, 1993).

이러한 '최고 종교지도자'로서의 호메이니의 발언은 쿠란에서 나타나는 전통적인 여성의 역할을 현대사회에서 새롭게 정립해가는 과정으로 볼 수 있다. 즉 현대사회에서 여성의 역할 변화에 대한 이슬람적 근거를 제시하는 것이다. 이렇게 이슬람학자들의 견해는 시대적 상황의 변화와 더불어 변화해왔고 특히 이슬람 사회가 문제에 직면하게 되면 이에 대한 반응과 대응책으로 또 다른 획기적인 이론을 제시해왔다. 그러나 이들은 기본적으로 이슬람이라는 공통분모를 유지시켜왔으며 변화하는 이슬람 사회에 부합하는 발전유형을 제시하고자 노력했다.

아즈마(Azmeh)는 유일한 이슬람이 존재하기보다는 상황에 적응하는 다양한 이슬람이 존재함을 주장하고 있다. 이는 이슬람법은 지침으로서의 그 단단한 원칙에도 불구하고, 융통성이 있으며, 일부학자들이 생각하는 것보다 변화에 개방되어 있음을 나타낸다(Azmeh, 1993:60). 그러나 이러한 융통성에도 불구하고 이슬람주의자들은 변화에 대한 이론적 근거를 찾기 위해 항상 이슬람의 성전인 쿠란과 예언자 무함마드가 살던 초기의 이슬람 시대 관행으로 돌아가곤 한다. 이 복귀에 대한 가능성은 원리주의자들에 의해 초기 이슬람 시대로 복귀하려는 경향을 나타내는가 하면 또 한편으로는 시대를 뛰어넘어 이슬람 국가에서 잘못된 해석과 부적절한 관습을 제거하고자하는 시도로도 나타난다.

따라서 이슬람을 고수하는 이슬람주의 내에서도 개혁성향을 띤 이론가 또는 정치인들은 쿠란 그 자체가 보편적 원리로서 남녀의 평등을 주장한다는 사실을 강조하지만, 쿠란 이외의 모든 윤리적 규범은 시간 속에서 상황에 따라 발생한 것이므로 이는 상황적으로 설명되어야 한다고 주장한다. 즉 이 규범은 이슬람 자체의 본질적 것이 아니며 변화하는 상황 속에서 야기된 결과라는 것이다. 따라서 현재 나타나는 불평등의 상황이 이슬람 자체에 근거한 것이 아니라 상황에 따라 발생한 왜곡된 조건들에 근거를 둔 것이며 이로 인해 이슬람의 역사 속에서 이슬람의 본래의 이상과는 다른 규범들이 진행되어 왔다는 것이다.

최근 이슬람 여권주의자들도 이와 견해를 같이한다. 즉 이슬람의 융통성과 유동성에도 불구하고, 약 14세기가 넘게 이슬람 사회 내에서는 여성의 권리가 무시된 사회구조가 형성되어 왔다는 것이다(Mernissi, 1991; Sabbah, 1984). 그들은 이슬람 초기에는 여성의 권리가 기본적으로 더욱 보장이 되어있었음을 강조한다. 예언자 무함마드가 이슬람을 전파하는 과정에서 제일 먼저 이슬람에 전향한 이는 바로 그의 부인 하디자(Khadija)였으며, 그의 또 다른 부인인 아이샤(A'isha)는 군을 모아 알리 이븐 아비 탈립(Ali Ibn Abi Talib)과의 전쟁을 직접 이끌기도 했으나 예언자의 사후, 이슬람 사회 여성들에게 암흑의 시대가 진행되었다는 논리이다.

그 결과 여성들의 지위는 무함마드 사후 계속 하락하였는데, 이 시기를 10세기에서 14세기에 걸친 기간으로 보고 있다. 그 이유로 이슬람이 전파되는 과정에서 당시 중동지역에 만연되어 있던 여성을 열등시하는 문화 혹은 남성들에 의한 종교적인 권위의 독점과 무함마드의 언행록인 하디스(Hadith)의 영향 등을 들고 있다(Carmody, 1979:173). 즉 여성의 사회적 지위가 초기 이슬람 시대보다도 더 악화되어 왔고 쿠란에 명시된 당시 여성상에 대한 일부 구절들은 여성의 권리에 모순되게 적용되어 왔다는 것이다. 예컨대 쿠란에는 성직자는 남성만이 되어야 한다거나, 여성이 교육을 받아서는 안 된다는 금지 조항이 없음에도 불구하고 이후 수세기 동안에 걸쳐서 여성들은 교육 기회에 있어서 남성과 대등한 혜택을 누리지 못해왔다.

또한 이슬람에서 여성들의 권리는 그 해석의 권리를 장악한 남성에 의해 지속적으로 짓밟혀왔으며, 신에 의해 주어진 권리마저도 남성들에 의해 부정되었다는 논리이다. 메르니시(Mernissi)는 일부 근대주의자들이 문제 삼는 여성 권리문제의 원인은 쿠란 때문도, 예언자 때문도, 이슬람의 전통 때문도 아니며 이는 단순히 여성의 권리가 남성 엘리트의 이익에 충돌하기 때문이라고 피력하고 있다(Mernissi, 1991:ix). 즉 이슬람법의 영역은 오랜 기간 남성에 의해 조정되어 왔으나 점차 여성들도 이 과정을 변화시켜 나갈 수 있음을 강조한다.

아프샤르(Afshar)는 재해석주의자들이 본래 전통주의자들이 했던 것과는 다르게 여성에게 부당하게 여겨지는 본문 내용에 대한 새로운 해석과 재구성(reconstruction)을 시도하고 있으며 기본적으로 이슬람 법률의 융통성은 여성들이 재해석을 하고 분석하는데 제한적 사항은 없으며 사실상 개방되어 있다고 주장한다(Afshar, 1999:4~6). 이렇게 이슬람 여권주의자들은 오늘날 여성의 권리와 사회 활동에 장애가 되는 이슬람적 요인이 본래의 이슬람에서 기인한 것이 아니라, 쿠란의 해석과 이슬람법의 적용이 가부장적 사회구조에 의해 비합리적으로 진행되어 왔음을 지적하고 이에 대한 새로운 해석의 필요성을 강조하고 있다.

요컨대, 이슬람주의자들은 이슬람은 이론상으로 결함이 없는 완전한 것으로 간주하며 오늘날의 모순된 상황을 그 이념의 잘못된 해석과 적용으로 지적하고 있다. 또한 최근 들어 이란의 이슬람 개혁주의자들은 새로운 해석과 인식의 틀의 전환을 시도하고 있다. 그들에 의하면 남녀평등 개념은 서구적 개념만이 아니라 이슬람적 개념이기도 하다. 그러나 오늘날 현실적으로 불평등한 제도와 관습들은 쿠란의 윤리적 원리들과 남성 중심적 해석 사이에 존재하는 차이들이다. 그들에게 쿠란은 완전하고 보편주의에 기초하고 있기에 그 해석 과정에서의 문제점을 지적하며 고전적 해석에 대한 재검토의 필요성을 강조하고 있다. 따라서 이란 내 현대여성의 역할정립에 있어 개혁성향 인사들의 새로운 해석과 인식의 틀의 전환은 중요한 요인으로 작용할 것으로 보인다.

제3장 이란의 정치변화 과정과 여성의 정치참여

본 장에서는 이란 여성의 정치참여에 미친 이슬람의 영향을 분석해 보기 위해 이란의 정치변화 과정에서 나타나는 환경적 요인을 중심으로 검토해 보겠다. 이란의 정치변화 과정은 1979년 이란의 이슬람 혁명을 기점으로 혁명 이전의 팔레비 정권(1925~1979)과 혁명 이후 집권한 호메이니 정권시기(1979~1989), 그리고 호메이니 사후(1989~2001)의 세 시기로 구분하고, 각 시기별로 정부의 형태 및 성격, 국내외 상황, 또 그에 따른 여성관련 정책의 특징과 여성의 정치참여 상황 그리고 일련의 정부정책에 대한 여성들의 요구와 운동 그에 따른 정책의 변화내용을 비교 검토해 보겠다.

이러한 고찰을 통하여 상황변화에 따른 위로부터의 정부정책과 아래로부터의 여성자신의 반응이 여성의 정치참여 변화에 어떻게 상호 작용해 왔는지를 분석해 볼 수 있다. 또한 이 시기를 통해 이슬람은 정부정책에 대한 정당성을 부여하는데 혹은 여성의 요구를 표현하는 수단으로서의 역할을 해왔음을 파악하는 데 초점을 두었다.

제1절 팔레비 정권(1925~1979)과 근대화 정책

1. 정부의 형태 및 성격

1979년 이슬람 혁명이 일어나기 이전의 이란은 팔레비 왕조(Pahlavid, 1925~1979)에 의한 입헌군주제 체제가 유지되어왔다. 팔레비조의 창시자인 레자 샤(Reza Shah)는 1921년 쿠테타를 일으켜 세력을 확보하자 국왕으로 추대되었는데 그는 왕위에 오르기 전에 자신의 지지기반을 위해 성직자들의 지지를 받으려고 노력했던 것과는 달리 권력을 장악한 후에는 이란의 근대화를 강조하면서 종교 세력을 위축시키려고 시도했다.

레자 샤는 제2차대전 중 중립을 표방한다고 하면서도 친독일정책을 전개한 결과, 영국과 소련의 군대가 1941년 이란으로 진입하자, 그 압력에 못 이겨 퇴위를 당했고 그 결과 그의 아들 레자 팔레비가 국왕의 자리를 계승했다.

팔레비 정권하에서 채택한 입헌군주제는 1906년의 입헌혁명(立憲革命)[19] 후에 채택된 헌법에 법적 근거를 두고 있다. 그러나 팔레비 왕은 이 헌법의 많은 부분을 도외시했는데, 이 점이 이슬람 세력을 비롯한 체제의 반대세력과의 갈등요인으로 발전되었다(Huter, 1992: 6~7). 1906년의 헌법에는 '어떠한 법률도 이슬람법에 위배될 수 없다'(제5조)는 조항과 개인의 자유는 이슬람적 도덕관념과 일치해야 한다는 내용이 반영되어있다. 즉 1906년의 헌법은 이슬람법과 도덕성의 토대 위에 현대적인 정부의 체제와 구조를 기본적으로 강조하고 있다.

그러나 팔레비 왕은 이 헌법 조항에서 이슬람 성직자의 역할, 군주의 권력 제한에 대한 헌법 조항과 의회에 대한 행정부의 책임 등을 무시하고 강력한 군주체제를 확립하기 위해 이슬람 이전의 페르시아 제국

---

19) 1906년 입헌혁명은 보수주의적 시아성직자 세력과 세속적인 개혁세력이 연합하여 국력증강을 위해 입헌제도를 도입할 것을 강력히 주장하며, 제헌의회의 선거와 조속한 헌정을 요구한 운동이다(김정위, 1897, 『중동사』 대한교과서주식회사 pp.275~285 참조). 이슬람성원을 근거로 하여 일반시민들이 대거 참여 항거한 결과 1906년 국왕은 의회소집에 동의했다. 1906년 10월에 소집된 의회는 벨지움 헌법을 모형으로 하여 헌법을 제정했다. 그러나 이 의회는 헌정주의자들의 경험 미숙과 내부갈등 등으로 인하여 결국 1911년 해산되었고, 3년 뒤인 1914년 11월 재소집되었으나 곧 제1차세계대전이 발발하여 제구실을 제대로 못했다.

과 2500년간의 이란 왕조의 역사를 강조하였다. 그는 이란의 민족주의를 고취시키고 이를 통치이데올로기의 기초로 만들고 이를 이용해 정책을 합리화하고 권력을 정당화시켰다.

이란의 민족주의의 정체성 확립을 위해 이슬람 이전 이란의 토대를 부활시키고자 했던 팔레비 왕의 노력은 일반 국민들이 수용하기에 과도한 것이었다(Hunter, 1992: 9~13). 즉 팔레비가 조장하려 했던 '순수한 페르시아화'의 의미는 7세기 이슬람의 전파 이래 이슬람을 자신들의 생활방식과 가치관으로 받아들여오던 이란인들에게 다소 생소한 것이었으며 또 그들의 종교적 신념에 역행하는 것이었다. 성직자들을 포함한 대다수의 이란인들은 자국의 찬란했던 역사에 대한 자부심을 가지고는 있었지만, 이슬람 이전시대의 가치가 이슬람보다 우월하다는 주장은 대중들에게 쉽게 받아들여지지 않았다.

1979년 혁명이 일어나기 이전까지 이란의 정치제도는 1906년 헌법의 취지를 거의 살리지 못했고 모든 권력은 군주에게 집중되어 있어 의회는 사실상 유명무실했고 어떠한 독립정당도 존재하지 못했다. 사실 이란 내에서 정당 활동은 '라스타히즈'(Rastakhiz) 당에 국한되어 있었고 정치적 논쟁의 범위도 제한되어 이에 반대하는 종교집단 혹은 세속집단은 지하에서 조직화되거나 비밀 무장단체로써 활동했다.

따라서 팔레비 왕은 강력한 전제체제하에서 반종교정책을 확산시켜 나갔지만, 현대적 의미에서의 여성의 사회진출의 활성화 계기가 마련된 것은 이 시기이기도 하다. 팔레비조의 근대화 정책의 특징은 이슬람의 영향력을 위축시키면서 전면적 서구식 발전의 유형을 도입하려는 데 있었기에 여성에 대한 정책 역시 이러한 면이 부각되고 있다.

2. 국내외 상황

　1950년대 이래 팔레비 국왕은 자신이 구상했던 개혁을 진행하여 국민들의 지지를 얻는 동시에 자신의 절대 권력의 기반을 굳히고자 했다. 국왕은 페르시아의 전통을 이어받은 이란을 20세기 말까지 선진공업국가 대열에 올려놓겠다는 목표로 의욕적인 근대화작업을 적극 추진했는데 이로 인해 이슬람전통사회의 붕괴를 가져오자 종교 세력의 완강한 저항과 반발에 부딪쳤다. 이러한 저항에 대한 억압은 결국 정권의 붕괴를 가져오게 된다. 국왕은 적극적인 근대화를 받아들여 '백색혁명(White Revolution)'을 추진했다. 백색혁명은 국민투표에서는 압도적인 지지를 받았으나 이 개혁은 자신의 입지에 위험을 느낀 종교 세력의 강한 반발에 부딪쳤다. 이들은 사유나 성원 소유의 토지를 빼앗기게 되어 물질적인 발판을 잃었기 때문이다.

　백색혁명의 주요골자를 보면 사회혁명, 공업화 및 군사력 강화에 그 목적을 두고 있으며 주요 과업으로는 초기의 6개 항목으로 농지개혁, 산림국유화, 국영기업체의 민영화, 노동자에게 이윤환원, 여성참정권 부여를 위한 선거법개정 및 교육확대와 문맹퇴치운동 전개 등이었다(Pahlavi, 1976). 그 이후 1965년에 들어와 다시 3개 항목이 추가 발표되었는데, 첫째가 농촌의료대 창설, 둘째가 기술 교육 촉진이며, 셋째가 농촌재판소 설립이었다. 이어 2년 후에는 또 3개 항목이 추가 발표되었는데, 이들은 수자원의 국유화, 도시 및 농촌재건 및 관료기구의 재편성 등이었다. 1975년에는 최종적인 5개 사업이 추가되었는데, 더욱 구체적인 과업으로 정부기업의 일반 공개, 물가 적정가격 유지 및 고가화 방지, 교육 무료화, 유아들에 대한 무료급식과 보건위생 제도의 확충 등 국가의 전반적인 발전에 초점을 두고 있다.

　백색혁명 실시와 더불어 경제성장률은 1950년대에 4.5%였으나, 60년대에는 9~10%, 71년에는 14.3%, 74년에는 51%로 고도성장을 실현했다. 특히 석유수출에 의존하는 이란경제는 1973년 원유가 폭등으로 경제의 최고 호황기를 누렸다. 산업이 활기를 띤 기간에는 여성의 노동력이 필요했기에 취업률도 증가했다. 당시 여성 경제활동 인구의 취업률을 살펴보면 1956년의 경우 9.1%에서 1966년 12.5% 그리고 1976년 12.9%로 다소 수치가 증가되었음을 알 수 있다. 석유수입이 증가하자 이란은 21세기 초에 예상되는 석유자원의 고갈에 대비해서 조속한 공업화를 달성하기 위해 5차, 6차 경제개발계획을 과감히 추진했다. 그러나 기능 인력의 부족과 1976년 이후 석유판매액의 감소로 경기가 침체되면서 투자계획에 차질을 겪었다.

한편 팔레비 왕은 표면상의 근대화 추진과는 달리 체제의 정당성과 근대화의 문제점을 거론하는 반대세력에 대해 강력한 탄압과 전제정치를 실시했다. 특히 국왕은 체제수호를 위해 방대한 첩보와 보안조직을 만들었는데, 이중 강력한 비밀경찰(savak)에 의한 폭행과 고문은 국민들에게 공포의 대상이 되었고 정치적 자유를 열망하는 반정부 세력은 확산되어 갔다. 이에 대해 해외로부터의 인권존중에 대한 각종 압력을 받아왔고 특히 1975년 이후 엠네스티 국제위원회(Amnesty International)와 국제법학자위원회 등 국제기구에서는 이란을 세계에서 가장 극심한 인권침해국가의 하나로 발표하고 그러한 인권침해에 대해 이란정부를 비난하였다. 또한 1977년에는 국제 인권연맹이 팔레비 국왕에게 공개서한을 보내어 이란에서의 인권상황을 개선할 것을 요구했다.

또한 중요한 국제적 환경의 변화로 1976년 카터(Jimmy Carter) 대통령의 당선을 꼽을 수 있다. 카터는 인권정책의 실현을 표명하였으며 특히 선거 말기에 시민권과 정치적 자유를 보장해 주어야 할 나라로 이란을 지목하였다(Abrahamian, 1982: 500). 그가 실제로 이란정부에 대해 자유화와 압력을 가하였는지의 여부와는 상관없이 그의 당선은 국왕과 체제에 불만을 가진 반대세력에 힘을 심어주었다.

3. 여성관련 정책과 여성의 정치참여

팔레비조의 창시자 레자 샤(Reza Shah, 1925~1941재위)는 국왕에 오르자 중동에서 가장 먼저 근대화를 받아들인 터키의 케말 아타튀르크(Kamal Ataturk)의 정책을 답습했다. 그러나 종교 분야에서는 성직자들에 대한 정책은 탄압은 아니었고 그 영향력을 위축시키는 데 두었다. 그는 우선 유럽의 법제를 도입하여 이슬람법(Shari'a)을 대체했다. 즉 사회의 규범과 법적 근거가 되었던 이슬람법을 결혼, 이혼, 상속 등과 관련된 개인의 사생활 영역에만 한정시키자, 종교 세력은 이에 크게 반발하였다.

레자 샤의 통치 기간 중 '여성들의 해방'은 개혁 구호 중의 하나가 되었다. 그는 전통적인 이슬람식 복장인 여성의 베일(veil) 착용을 시대에 뒤떨어진 전통의 상징으로 보았으며 이로 인해 여성의 사회생활에 장애요인이 된다고 간주하여 1935년 베일 착용을 금지시키는 조치를 취하고 그해에 여성에게 동등한 교육의 기회를 부여하기 위해 여성의 대학 입학도 허용했다. 특히 이 이슬람복장 착용금지 조치는 근대화 정책을 추진해 나감에 있어 종교 세력과 첨예하게 부딪친 중요한 문제 중의 하나였다. 레자 샤가 강력하게 이 조치를 강행한 이유 중의 하나는 이슬람 성직자들의 영향력을 제한하려는 데 있었다. 1929년에 이란 남성들에게 서양식 양복을 권장하고 여성들에게도 베일을 벗고 양장을 입을 것을 권장했다. 그러다 1935년에는 아예 베일 착용을 금지하는 법률을 제정하여 시행했다. 베일 착용금지는 심지어 군에 의해 강제로 실시되기까지 했다.

이란에 앞서 이미 베일 착용을 금지했던 터키도 이렇게 과격한 조치는 취하지 않았기에. 전통적인 종교사회에서 여성이 베일을 쓰면 안 된다는 '베일 착용 금지'(kashf-e hejab) 정책에 대한 파장은 컸다. 종교

계층과 보수적 여성신도들의 강한 반발에 1941년 이 법률의 강제 집행은 중단되었고, 일부 여성들은 다시 베일을 착용하기 시작했다.

사실상 베일 착용을 강제로 금지하는 조치는 일부 여성들에게는 부정적 결과를 초래했다. 특히 노년층의 여성들이 공공장소에 베일을 벗고 나간다는 것은 생각조차 할 수 없는 일이었다. 베일 착용에 익숙해 있던 많은 여성들이 외출조차 할 수 없었다. 그들에게 베일을 벗는 것은 벌거벗은 것이나 다름없었다(Lewiston, 1995:5). 특히 지방에서는 여성아이를 학교에 보내지 않는 이유가 되었다. 독실한 이슬람 신도들에게 베일을 쓰지 않는 것은 명백히 이슬람법에 위배되는 사항이므로 이러한 조치에 반발하여 직장이나 사회적 활동을 그만두는 여성들도 있었다. 그러나 도시에서 당시의 양장차림은 곧 엘리트의 상징이었다. 이때부터 여성의 사회 활동이 공개적으로 허용되었고 극소수는 전문교육도 받았다.

이란은 1906년 입헌혁명 이후 최초로 헌법을 제정했는데, 여기에는 전 국민에 대한 선거권과 피선거권이 헌법에 명시되어 있다. 법과 정치 문제에 있어서 여성에 대한 제한적인 내용은 없으나, 사실상 선거 관련 규정은 1938년이 되어서야 마련되었고 여성이 투표권을 행사한 것은 1963년에 이르러서이고, 이 이후 비로소 실질적인 여권의 신장이 있었다고 볼 수 있다.

레자 샤의 뒤를 이은 그의 아들 무함마드 레자 팔레비(Muhammad Reza Pahlavi, 1925~1979 재위) 국왕은 이슬람 성직자들의 반대에도 불구하고 백색혁명을 통해 1963년 선거법을 개혁함으로써 여성에게 선거권을 이란에서 최초로 부여했다. 팔레비 국왕은 자신의 저서 『백색혁명』에서 선거법의 개혁에 대해, "헌법이 제정된 지 60년이 되었지만 1963년 당시까지 이 헌법에 진정한 의의가 없었다고 강조하면서 변화가 민주적으로 그리고 헌법의 진정한 뜻에 따라 이루어지려면 이란 국민 전체를 대표하는 의회를 조성하는 것이 분명히 필요하고, 이를 달성하기 위하여 선거법을 개혁하여 인구의 절반을 구성하는 여성에게 남성과 대등한 의원의 선거권과 피선거권을 부여하는 것은 필수적"이라고 피력했다.

여성에게 선거권이 주어진 후 치러진 1963년 제21회 의회선거에서 최초로 6명의 여성의원이 선출되었다. 또한 행정 부서에서 몇몇 여성이 고위직책에도 임명되었다. 1965년 파르사이(Farrokhru Parsay)가 교육부 차관에 임명되고, 정부요직에 여성들이 임명되었다(Bagley, 1971:54). 또한 1967년 헌법이 개정되어 남녀의 정치적 평등에 관한 조항을 명시하였다.

팔레비 왕 시기의 여성의 의회 진출 현황은 〈표 1〉과 같다. 제24회기의 선거에서는 99명의 여성후보가 출마하여 그중 20명이 선출되었으며 또 2명은 상원에 당선되었다.

〈표 1〉 팔레비 왕 시기의 여성의회진출현황 (단위: 명, %)

회 기	년 도	여성의원 수	전체 의석	여성의원비율
21	1963	6	198	3.03
22	1967	7	219	3.19
23	1971	18	268	6.71
24	1975	20	268	7.46

자료: Zarāh Shoja'i, (1992) *Moshārekat Siyasi Zanān dar Irān*, Tehran p.96 참조.

또한 1967년에는 가족보호법이 시행되었다. 이 법률은 여성의 이혼소송 제기권과 일부다처제도가 가족보호법정의 규제를 받도록 명시하고 있다(Pahlavi, 1976:92~96). 결국 이러한 개혁안들은 여성의 사회 활동 참여를 위한 계기가 되었다. 그러나 이러한 법률의 시행보다 더 긴요한 것은 극심한 문맹률을 해소하고 여성의 의식을 고양시키기 위한 광범위한 계몽운동이었다. 그래서 여권의 신장과 더불어 문맹퇴치운동도 팔레비 왕의 백색혁명의 주요 항목이 되었다. 즉 문맹퇴치 계몽대를 조직하여 지방으로 파견하고 초등학교를 전국적으로 보급하여 근대화에 박차를 가했다.

여성들의 교육의 기회가 확장되면서 여성의 사회 활동에도 변화가 왔다. 1960년 학교와 대학교에 다니는 여학생은 전체 학생의 10%에 해당되는 185,700명에 불과했으나, 1976년 여학생의 수는 2백만을 넘어섰다. 이는 남성에 대한 여성의 비율이 35%를 넘어선 수치이며, 고등교육을 받은 여학생의 수가 년 평균 65%를 넘어섰다. 노동인구에서 여성이 차지하는 비율이 10년 내 7%에서 13%로 상승하였으며, 여성들은 노동시장에 있어 보다 높은 기술을 필요로 하거나 경쟁이 필요한 폭넓은 시장으로의 진출이 가능하였다.

4. 근대화 정책과 여성운동

팔레비조의 근대화 정책 추진의 결과 여성의 사회진출은 더욱 권장되었으며, 1960년도 이래 이슬람 혁명 이전까지 이란 여성의 사회참여 현황은 타 중동국가에 비해 비교적 높은 수치를 기록했다. 그러나 팔레비 정권에서 사실상 여성에 대한 교육과 고용의 기회는 증가했지만, 여성의 지위향상을 위한 기본적인 변화는 아직 마련되어 있지 않았다.

그러나 팔레비조의 반이슬람적 서구화정책 추진은 이란의 사회와 문화적 요인을 충분히 고려치 않음으로써, 종교계의 거센 반발에 직면했고, 또 외향적 서구모방형 근대화였다는 평가를 받기도 한다. 위로부터 시도된 이란의 급격한 근대화 정책은 전통사회의 붕괴를 우려한 종교

계층의 강한 반발과 도시집중현상으로 인한 사회문제를 야기시켰다. 결국 이 근대화는 도시와 지방 간의 거리감과 부의 편중현상을 야기시켜 이로 인해 빈부 차의 심화를 가져왔다. 특히 행정관료들의 부패와 정치적 압력행사는 이 문제를 더욱 악화시켰다. 산업생산 현장에서는 작업의 기회나, 수입 면에 있어 남성에게 더 혜택이 돌아감으로써 남성에 대한 여성의 경제적 의존도는 더욱 높아졌다. 높은 비율의 문맹률, 결혼연령의 감소와 직업을 찾아 시골에서 도시로 인구가 이주해 옴으로써 도시의 문제는 심각해졌다. 따라서 도시주변에 모여든 소외계층은 후에 중요한 혁명세력이 되었다.

팔레비 정권에서 여성들은 전통적인 이슬람의 규범을 우선적으로 벗어나야 하는 대상으로 정부가 추구하는 근대화의 상징으로 여기었다. 특히 이슬람의 전통의상인 베일 착용의 금지는 외형적 근대화의 절정이었다. 이 움직임은 위의 두 세력 간의 갈등과 분열을 더욱 촉진시켰다. 19세기 말 이란 여성들의 초기 사회 활동[20]들은 종교의 특성을 유지하면서 병행한데 그 특징이 있다. 이란의 최초의 여성협회인 '나스번

---

20) 19세기 말 여성들의 활약은 지도자적 수준보다는 대중적 수준에서 외세에 대한 반발에서 시작되었다. 여성의 집단적 움직임을 두 가지 성향으로 분류해서 살펴보면, 첫째는 외국의 침략에 대해 무능하고 전제적 정부에 대한 정치적 사회적 불만으로 인해 남성들과 함께 사회운동(1891년 연초 불매운동, 1906년 입헌혁명 등)에 동참한 사례로서 그들은 국가적 위기에 대한 대의에 지지를 했지만, 여성만의 구분된 요구는 없었다. 두 번째 성향은 이 변화의 과정에서 여성이 여성만의 구분된 요구사항을 위해 운동을 전개해 간 실례이다. 이 단계에서 여성들은 더욱 의식이 성숙되어, 영향력 있는 사회의 한 집단으로서 활약한다(Nasrin Mosafā, 1997 Moshārekat Siyasi Zanān dar Irān, Tehran, pp.109-110). 이렇게 이전에는 언급조차 되지 않았던 여성들의 권리를 주장하는 과정에서 여성들은 문화적 어려움을 극복해야만 했다. 당시의 사회적 분위기는 가부장적 가치관 아래에서 기본적으로 여성의 운동을 이단시(bed'at)했기 때문이다. 예컨대 여성을 위한 학교의 설립이나 여성관련 신문의 발간 등 사실상 전통적 이란사회는 이러한 도약을 받아들이지 못했다.

바 탄허흐(Nasvan va Tanha)'의 협회지침서 표제에는 이슬람법과 관습 유지를 강조하고 있다. 그러나 팔레비 정권에서 이 변화는 정부의 관여하에 강제적으로 부과되었다는 데 차이가 있다.

레자 샤의 집권 초기 1925년부터 1930년대에 다양한 여성 활동이 있었다. 그러나 국가 통치권과 정책에 대한 억제력이 커지면서 여성단체의 활동은 제한을 받았다. 국왕은 직업여성의 활동을 권장하면서도 모순되게도 여성단체 활동은 억제하였던 것이다. 1932년 테헤란에서 개최된 아시아 여성회의 직전에 설립된 바 있는 여성단체인 PWL(Patrioic Women's League)도 1932년 1년 동안만 활동을 했을 뿐 결국 정부에 의해 해체되었다. 2년 뒤 국왕의 지시로 여성협회(Kanoon-e Banavan)가 결성되었다. 이 여성기구의 주요 목표는 여성에게 윤리관, 육아법 등을 교육시키기 위한 것이었다. 여성협회는 이미 해체된 PWL와 마찬가지로 여성운동단체를 대변하였다. 당시 이란의 다른 여성단체들은 정부에 의하여 심하게 통제받았으며, 특별한 활동성과도 없었다. 헤이다(Haideh Mughisi)는 이러한 여성단체의 신규 회원 모집은 단체의 활동과는 거리가 먼 것이며, 오히려 이러한 단체를 통해 여성의 활동을 비정치화시켰고 여성운동을 불신하게 만들었다고 논평하였다(Haideh, 1994). 사실상 여성단체의 활약은 정부와의 연계하에 정부 정책을 반영하는 역할을 하였다. 여성운동은 오히려 다른 정당 활동의 과정에서 부각되어졌고, 최소한 이를 문제화시키려고 노력하였다.

여성협회는 국왕의 퇴위 후에도 계속 활동을 하였으며, 여성의 권리에 대한 전통적 입장에 옹호했다. 따라서 이 단체에서는 여성의 사회활동 참여보다는 여성에게 문자 읽는 법과 가사에 필요한 교육을 우선시했다. 그들은 '여성의 목소리'라는 신문도 발간을 했지만, 1945년까지 그 회원은 60명에 불과했다.

그 후 여성협회는 활약이 미비한 가운데 없어졌고 대신 2개의 새로운 여성단체가 생겼다. 하나는 피루즈(Safiyeh Firouz)가 설립한 '여성당'(Hejb-e Zanan)이고 다른 하나는 여성연맹(Jamiet Zanan)이다. 여성당의 목표는 여성협회와 비슷하게 여성에 대한 교육을 강조했다. 또한 여성연맹은 1942년에 설립되었는데, 이전의 단체들보다는 진보적인 성향을 나타냈다. 이 연맹은 여성의 법적 지위의 개선을 주요 목표로 했다. 특히 이 단체는 '오늘날의 여성'(Zan Emrus)이라는 신문을 1944년부터 1945년에 걸쳐 발간하였는데 그 주요 주제는 여성의 법적 권리에 관한 것이다.

1941년부터 1952년 동안 여성기구는 보다 독립적이었는데, 이는 팔레비 정부가 여성 활동을 어느 정도 허용해 주었기 때문이다. 이 기간 동안 여성 조직들의 중요 특성들은 다양한 정치조직들과의 불가피한 밀착이었다. 각 조직은 특정 정당에 헌신적으로 밀착되어 있었으며, 사실상 활동영역에서도 여성문제는 확연히 드러나지 못했고 그들에게는 응집력 있는 사상적 연대가 부족했다.

팔레비 왕의 정책은 여성운동을 점차 통합시켜 정치의 통제하에 두는 것이었다. 그는 레자 샤와 마찬가지로 여성단체들을 모두 정부의 기구 관할 아래에 두려 했고 여성단체들도 명맥을 유지하기 위해 정부의 정책에 맞추어나갔다. 1959년 국왕은 '여성단체 최고 회의'를 설립하였는데 이는 17개의 여성단체를 통합한 형태로서 국왕의 여동생이 의장직을 맡았다.

또한 1967년 국왕의 여동생인 아시라프 팔레비(Ashraf Pahlavi)는 이란의 여성기구(WOI, Women's Organization of Iran)를 창설하였다. 1975년 멕시코에서 열린 여성의 권리에 대한 UN 회의에서, 아샤라프 팔레비는 여성의 사회, 경제적 활동과 참여를 권장하고 강조하는 연설을 했다(http//www.sedona.net, 검색일: 2001. 6. 19).

WOI는 가족 복지 센터를 운영하였는데, 1976년에는 97개의 산하 센터를 두었다. 이 센터에서는 어린이 보호, 언어 교육, 가족계획 그리고 법률 서비스를 제공하였다. WOI는 또한 이란 여성들에게 문맹 퇴치 운동의 일환으로서 문자를 깨우치고 직업 기회 마련을 위한 기술교육을 하였다. WOI가 실시한 연구 계획 중에는 정책에 반영하기 위해 여성이 직면한 사회, 정치 그리고 경제에 대한 연구가 포함되어 있었다.

요컨대 팔레비 정권하에서의 여성운동은 국왕이 근대화 정책에서 여성들의 사회 활동을 강조했던 것과는 달리 여성의 단체 결성 자체가 자유롭게 허용되어지지 않았고, 정부의 인정하에 설립된 소수의 단체들은 모두 정부의 관할하에서 활동할 수 있었다. 또한 1950년대에 들어서면서 왕실여성의 적극적 활동에 의해 여성단체가 활성화하여 여권에 관심을 나타냈지만 실질적인 활동은 미약한 상황이었다.

전통적인 관습을 제거하고 서구적 문물을 정착시키려 했던 팔레비 왕조의 초기 근대화 정책에 대해 국민들은 쉽게 호응하지 못했다. 당시까지만 해도 사회적 분위기나 여성들 자신들의 의식은 성숙되어있지 않았기에 정치참여의 의미는 소수의 고위층 여성들에게 주어지는 특혜에 불과했다. 그러나 근대적 의미에서 여성의 사회참여 분위기가 마련된 것은 이 시기이며, 혁명 과정을 통한 여성들의 정치적 관심과 참여, 또 혁명 이후 국내외의 여성단체들의 움직임은 모두 이 시기에 근대적 교육을 받은 여성들의 기여가 컸다는 점을 간과해선 안 된다.

제2절 호메이니 정권(1979~1989)과
이슬람화(Islamization) 정책

1. 정부의 형태 및 성격

1979년 이슬람 혁명 이후 이란에는 이슬람 원리주의를 근간으로 하는 이슬람 공화국이 수립되었다. 이란에서 일어난 이슬람 혁명의 성격에 대해서는 이를 보는 각도에 따라서 여러 의미로 해석되고 있다. 따라서 혁명의 분석도 학자들의 시각에 따라 여러 방면에서 시도되고 있다. 사실 이 혁명은 20세기 제3세계에서 일어난 민중혁명으로도 일컬어진다. 이렇게 대다수의 민중이 참여해 일어난 혁명이, 혁명 이후에는 이슬람의 이름으로 종교 세력에 의해 완전 지배를 받는 체제가 형성된 것이다. 이는 이슬람이 정치 분야에서 수행하는 역할에 대한 이해를 전제로 한다고 해도 이미 근대화를 경험한 국가에서 종교의 부흥운동이라는 경향을 띠고 있기에 매우 독특한 현상이 아닐 수 없다.

이란의 이슬람 혁명에 대한 견해들을 종합해 보면 그 핵심은 과연 혁명의 궁극적 목표는 무엇인가 하는 물음에 집약될 수 있다. 즉 이 혁명이 원래 추구했던 이상적 정치체제는 과연 무엇이었을까 하는 것이 문제가 되고 있는데 이러한 문제가 학자들 간에 대두되고 있는 이유는 최초의 혁명 세력들이 가지고 있었던 성격과 또 혁명의 결과로써 나타난 실재 세력의 성격이 서로 다른 데서 기인하는 것이다. 이 문제에 대한 학자들의 견해는 크게 두 가지로 나타난다. 첫째는 이슬람 혁명의 주 원인을 팔레비 정권 당시의 정치·경제적 요인과 외세의 과다한 침투에 대한 이란국민들의 거부 반응적 요인 등에서 찾는 것이고(Afrachteh, 1981:98), 둘째는 이란의 혁명을 이슬람 혁명으로 규정함으로써 혁명의 주요 원인을 이란과 시아파(Shi'a)와의 역사적 관계와 팔레비 치하의 종교정책에서 찾고자 하는 것(Muhajeri, 1987:18~20)이다. 첫 번째 요인은 전제체제에 대한 민중의 역할을 강조하고 있으며, 두 번째 요인은 이란 역사에서 시아파의 역할을 강조하고 있다. 종합컨대 이란의 혁명이 성공하기까지에는 이슬람 원리주의의 확산과 더불어 위의 두 요인들이 모두 복합적으로 작용했다고 보는 것이 보다 타당할 것이다.

이란에서 1979년 이슬람 혁명에 뒤이은 이슬람 공화국은 호메이니(Khomeini)의 '법학자 통치론'(Velayat-e Faqih)을 그 체제의 이론으로 삼고 있다. 호메이니에 의하면, 이슬람 정부는 이슬람법에 의한 정부로서 통치자는 이슬람법에 대한 해박한 지식이 필요한데, 이 이슬람법을 잘 아는 이가 이슬람 법학자이다. 따라서 진정한 통치자란 이슬람법학자들 자신이며 통치자의 지위는 공식적으로 그들의 것이 아니면 안 된다(Khomeini, 1978:44)는 주장이다. 호메이니는 이슬람정치를 구현하기 위해 이슬람 국가의 건설을 주장하였고, 실제로 7세기의 이슬람 공동체를 이상적 모델로 하는 이슬람 법학자에 의한 통치체제를 20세기에 들어와서 현실적으로 실현한 것이다.

이란의 헌법에서는 '유일신과 그 신의 의지에 대한 복종'을 건국이념으로 규정하고 있고 특히 이슬람의 기본원리에 기초하여 이슬람법을 올바르게 해석할 수 있는 이슬람 법학자(Faqih)가 국가를 통치(헌법 제5조)해야 한다는 조항이 명시되어있다. 이슬람 공화제는 다른 일반적 민주제와는 다르다. 일반 비이슬람 국가에서는 정부의 원칙이나 지배체제의 기본 틀까지도 행정권과 정부형태를 결정하는 국민의 뜻에 따르지만 이슬람공화제는 행정권과 정부형태의 결정에만 국민의 뜻이 관여하며 체제의 원칙이나 기본 틀은 이미 이슬람 규범과 신의 명령을 기초로 결정되어 있다는 것이다. 따라서 호메이니 정권하에서의 이란정부는 이슬람 원리를 고수하는 강력한 이슬람체제로서 이슬람 원리주의 성향을 방영하고 있다.

2. 국내외 상황

이란은 이슬람 혁명과 이슬람 공화국의 수립이라는 일대 전환기를 거치면서 국내외적으로 전반적인 변화에 직면해야만 했다. 우선 체제성향의 변화로 인해 이슬람 원리주의를 강조함으로써 국민생활 전반에 변화를 시도했다. 이슬람 원리주의는 세속적인 것에 명백히 반대하며 매우 토착적이어서 외래적인 것 특히 서구정치사상과 사회제도를 경원시하고 배척한다. 따라서 이슬람 원리주의 성향은 본래의 이슬람을 가장 완전한 것으로 보며 현대사회에서 이슬람화 기획(Islamization project)을 주도한다. 이란은 이슬람의 회귀를 위한 첫 단계로서 혁명 초기 문화혁명을 실행하였다. 문화혁명은 기본적으로 이슬람적이지 않은 요소들 특히 세속적 반대집단을 제거하기 위해 계획되었다. 또한 여성문제와 관련해서도 사회전반의 이슬람화를 위한 중요한 이슈로서 여성의 역할에 대한 재정립을 시도했다.

한편 이란은 혁명 직후 1980년에서 1988년까지 이라크와 8년여의 장기간의 전쟁을 치렀다. 1980년 9월 이라크의 침공으로 시작된 이 전쟁의 원인은 매우 복합적이다. 이란-이라크전은 표면적으로 볼 때, 샤트 알 아랍(Shatt al-Arab) 수로의 영유권 문제와 이란에 의해 강제로 점령당한 호르무즈 해협의 3개 도서의 반환문제로 야기되었으나, 그 이면에는 종교적, 이념적, 종족적 차원의 복합적인 분쟁요소가 얽혀 있었다(송민호, 1992:168~177). 특히 이란의 혁명이념 확산 움직임에 대한 같은 이슬람권 국가의 대응으로서 이 전쟁을 궁극적으로 걸프만의 지배권을 둘러싼 패권 경쟁으로도 볼 수 있다. 즉 이라크의 후세인 대통령의 정치적 야망과 이란 이슬람 혁명의 수출을 집요하게 노리는 호메이니의 혁명관이 충돌한 것으로 보는 견해도 있다.

이란이 이 전쟁으로 막대한 피해를 본 것은 사실이나, 혁명 초기 걸잡을 수 없이 많았던 비 종교단체와 이슬람 정책에 반대하는 집단들의 요구사항과 불만들을 국가의 위기 상황이라는 긴박한 사항과 또 '대 제국주의(미국과 소련 등 강대국과의 종속적 관계를 의미) 잔재와의 전쟁'이라는 대의 아래 모두 묶어 둘 수 있었다. 실재로 종교 세력과 더불어 혁명에 몸을 아끼지 않고 그 선두에 가담했던 비종교 단체들(예컨대, 마르크스주의, 사회주의 단체)은 혁명이 끝나자 모두 자신들의 목소리를 높였으며, 이란의 성직체제가 이들 세력을 누르고 정권을 장악하기까지는 또 다른 명분이 필요했던 것도 사실이다.

이 시기의 경제상황은 혁명으로 인한 혼란과 이란-이라크 전쟁 등으로 인하여 경제활동은 정체되었다. 이란의 정부 총세입의 60%, 총수출의 90% 이상을 석유수출에 의존하고 있었는데, 석유수출로 인한 수입은 1982년과 1983년의 192억 달러를 정점으로 하여 1986년 66억 달러로 감소했다. 1970년대에 연평균 20% 이상의 고도성장을 하던 이란 경제는 혁명과 대이라크 전쟁으로 인해 마이너스 성장을 기록했다. 특히 1986년 세계적인 유가 폭락과 이라크의 석유 생산시설 집중 포격으로 이란의 경제는 사실상 열악한 상황에 처해졌다.

또한 이란의 경제사정을 보다 악화시킨 큰 요인은 이란의 미국 대사관 인질사건 등 반미감정으로 인한 적대행위에 대해 미국이 경제적 제재 조치를 취해 이란산 원유 구입 거부, 미국 내 이란 재산의 동결, 이란에 대한 국제 무역 제재 조치 등에서 비롯된다.

혁명 직후의 이란이 처한 대외상황은 서구강대국들에 대한 반감과 저항으로 집약된다. 호메이니는 미국과 이전 체제인 팔레비 국왕과의 관계를 완전한 종속관계로 파악하고, 미국이 이란 내정을 간섭하고 팔레비 정권의 탄압정책을 지원해 왔다고 주장하면서 미국을 '거대한 악마'로 간주하였다. 혁명 이후 호메이니 정권은 팔레비 왕 시기에 미국을 위시한 서방세계와 체결하였던 모든 조약을 파기하였고, 특히 미대사관

인질사건 이후 미국과의 관계는 더욱 악화되어 외교관계가 단절되는 지경에까지 이르렀다. 이란의 서방세계에 대한 이러한 태도는 결국 이란의 혁명과 이슬람의 성격을 도전적이고 반항적이라는 편향된 시선으로 평가하는 원인으로 작용했다고 본다.

3. 여성관련 정책과 여성의 정치참여

1979년 이슬람 혁명 이후 수립된 이슬람 공화국은 이슬람 원리에 맞는 체제정비에 착수했는데, 여성에 대한 정책 역시 예외는 아니었다. 이슬람 공화국 정부가 초기에 시행한 여성관련 정책은 여성의 사회 활동 참여와 관련하여 상호 모순되는 두 가지 양상을 띠었다.

첫 번째 양상은 이전 체제였던 팔레비 왕정의 잔재와 그 서구화 작업의 영향을 제거하기 위한 일환으로서의 이슬람화(Islamization) 정책이다. 이 정책시행에서는 이슬람의 가르침과 원칙을 무엇보다 우선시했다. 따라서 이슬람적 관행이 다시 재현되고 여성에 대한 전형적인 이슬람적 역할관을 강조함으로써 이슬람화 정책은 사실상 여성의 사회 활동 참여에 부정적으로 작용했다고 볼 수 있다.

두 번째 양상은 전형적인 여성의 역할에 대한 이슬람의 원칙을 조심스럽게 시정하면서 여성을 인원충원과 전쟁에 동원시키기 위한 일련의 움직임들이다. 특히 여성의 사회적, 정치적 참여는 국가의 이슬람 정책을 합법화시켜주고 국내외적으로 정부에 대한 대중적인 지지의 이미지를 창출해 내는 데 큰 역할을 할 수 있었다. 또한 1980년에서 1988년에 걸쳐 약 8년이 넘게 지속된 이란-이라크 전쟁 말기에 가서는 여성인력의 충원이 필요했다. 따라서 혁명 초기의 상황에 따른 일련의 여성충원 및 동원 정책과 움직임들은 결과적으로 여성이 사회 활동에 관심을 갖고 참여를 할 수 있는 기회를 만들어 주었다.

1) 이슬람화(Islamization) 정책

혁명 초기 이슬람 정부가 추진한 일련의 이슬람화 정책은 사회 전반에 걸쳐 나타났는데, 이로 인해 여성의 공적, 사적 영역에 있어 부정적인 영향을 미친 점도 간과할 수 없다. 따라서 혁명 초기 정부차원에서 취해진 여성에 대한 이슬람화 정책에 대해 구체적으로 검토해볼 필요가 있다. 여성관련 정책은 여성의 교육기회에 관련된 교육정책, 여성의 고용기회와 연관된 고용정책, 공공장소에서의 성의 구분과 격리와 이슬람복의 착용과 관련된 정책, 또 여성의 가정생활과 관련된 가족정책에서 이슬람관습의 부활을 중심으로 설명할 수 있다.

첫째, 혁명정부는 공공교육에 있어서 이슬람화 원칙을 표방했다. 즉 교육의 전 과정에 있어서 이슬람에 위배되는 모든 교과목 및 교과과정을 폐지하고 이슬람 교과과정으로 대치하였다. 또한 이를 위해 소위 '이슬람을 진정으로 이해하는 교사'들을 교직에 대체했다. 교육정책에 있어서 여성관련 정책은 우선 교육현장에서 성의 구분과 격리로 나타났다. 이를 위해 1935년 레자 샤의 근대화 정책 이래 시행해오던 초등학교의 남녀공학을 폐지하고, 사립학교의 남녀 혼합반도 금지시켰다. 그러나 이러한 남녀격리정책은 초기에 농촌의 소규모 학교와 사립학교, 여학생의 수가 적은 학부 등에서 문제에 직면할 수밖에 없었다. 이러한 교육현장의 남녀격리는 학생들 뿐 아니라, 교원에게도 적용되어, 여교사는 여학교에만, 남자 교사는 남자학교에만 배속되었다. 이로 인해 일부 여학교에서는 여교사의 부족으로 인해 폐교를 하는 경우도 속출했다(Tohidi, 1991:253). 이와 더불어 또 하나는 뒤의 이슬람복 착용 관련 정책에서도 설명하겠지만, 학교에서도 여학생들과 여교사는 이슬람복을 착용할 것을 의무화하였다.

한편 1980년 소위 '문화혁명'으로 일컫는 고등교육의 이슬람화 추진은

84

더욱 폭넓게 전개되었다. 대학 교육제도 개혁을 놓고 이슬람주의 학생들과 서구화된 세속주의 학생들 간에 대립 양상[21]이 나타났으며 이는 결국 유혈충돌 사태로까지 이어져 혁명 정부는 1980년 4월 약 200개에 달했던 대학교 및 전문대학에 휴교령의 조치를 내렸다. 이러한 휴교 조치는 1983년 가을에 가서도 완전히 해제되지 않았고 종교적으로 이슬람 의식이 강하지 않은 교수나 학생들은 대학에서 추방되었다. 학생 수는 급격히 감소해, 테헤란 대학의 경우 혁명 전에 17,000명에 달하던 학생 수가 혁명 후에 4,500명으로 줄었다. 여학생의 감소는 더욱 두드러져, 혁명 전 전체 학생의 40%에 달하던 여학생 수가 교육정책 이후에는 10%에 불과했다. 이 대학교육 개편 이후 여학생들은 우선 학과 선택에서 제한을 받아야 했다. 여학생들에게 법률, 농학, 지질학, 고고학 그리고 광물공학 등 일부학과는 아예 선택이 금지되었다. 또한 기혼여성은 공립학교에 다니는 것이 허용되지 않았다(Tohidi, 1991:253). 결국 문화혁명의 결과 혁명 초기 여학생들은 교육기회에 제한을 받았고 실재로 여학생의 수가 감소되었다.

둘째는 여성의 사회 활동 참여에 대한 제한 정책으로 특히 고용정책이 이에 해당된다. 혁명 초기 정부는 여성들에 대해 일련의 이슬람정책들 즉 ① 여성들에게 조기 퇴직을 권장, ② 여성들에게 주변적(혹은 보조적) 업무의 권장, ③ 여성의 반나절 근무, ④ 여성에게 부서의 장급

---

21) 혁명정부는 당시 교육제도를 개혁하기 위해 이슬람 교육전문가 평의회인 문화혁명 배심원을 두어 대학 교과과정과 입학절차를 변화시켰지만, 그 변화는 교육제도의 근본적인 재정비와 좌파의 정치적 활동에 대한 단속을 요구하는 이슬람주의 학생들의 기대에는 미치지 못하였다. 결국 혁명을 지지하며 대학 행정 및 교과과정의 탈세속화를 부르짖는 이슬람 원리주의 학생들과 기존의 제도를 존속시켜야 한다고 주장하는 서구화된 세속주의 학생들이 첨예하게 대립했으며, 그 결과 혁명 직후인 1979-80학년도에 몇몇 대학에서 양파 간의 학생들 사이에 유혈충돌까지 발생했다(이와 관련해서는 장병옥, 2000, "이란의 종교정책", 『중동연구』 제19-1권, 한국외국어대학교 중동연구소, 190-191 참조).

임명의 삼가, ⑤ 정부가 운영하던 보육소 폐업 등 조치를 취하였다
(Mosafa, 1997:140). 이는 사실 여성고용의 여건을 제한하는 요인들로
작용했다. 예컨대, 1979년 3월 혁명정부는 여성은 재판관이 될 수 없다
고 발표하고 여성판사 및 여성변호사를 폐직시켰다.

  실제로 이 시기에 여성의 사회 활동 참여를 여성 경제활동 인구로
분석해볼 때 통계상으로 혁명 이전에 비해 감소되었음을 알 수 있다.
물론 경제활동 인구가 감소된 원인에는 혁명 이후와 이란-이라크 전
쟁으로 인한 국가경제와 산업의 침체현상도 주 요인으로 들 수 있지만,
이슬람화 정책으로 인한 여성의 사회 활동 제한 요인 역시 큰 변수로
작용한 점을 우선 지적해야 한다.

〈표 2〉 여성 경제활동 인구의 취업률　　　　　　　　(단위: 명, %)

년　도	1956	1966	1976	1986	1991
여성 경제활동 인구(천명)	6,242	8,206	11,206	16,033	18,658
여성취업률(%)	9.1	12.5	12.9	8.1	8.7

자료: Markaz Amār Irān, (1990) *Amār*, Tehran.
　　　 Moghadam, 1995, "Women and the labor Market in the Islamic.
　　　 Republic of Iran", *Iran Nameh* 참조 재작성.

  여성 경제활동 인구의 취업률을 혁명 이전과 이후의 시기를 비교해
볼 때, 팔레비 국왕이 근대화 정책을 추진하던 1960년대와 70년대 여성
취업률이 상승세에 있다가 혁명 초기인 1986년에는 30년 이전보다도 더
감소되었음을 알 수 있다. 즉 1956년에도 9.1%에 달했던 여성취업률이
혁명 이후 1986년에는 8.1%에 그친다. 그러나 90년대 들어서면서 정부
정책의 시정으로 인해 여성취업률도 점차 증가되고 있음을 알 수 있다.
  셋째는 공공장소에서의 베일(veil, 이슬람식 복장) 착용 강요 정책이

다. 혁명 이후 특히 여성에게 강요된 규율은 이 베일의 착용이다. 1978~ 79년 혁명과정에서 이란 여성들은 반왕정과 반서구화의 표현으로서 베일을 착용하고 시위에 참여함으로써, 베일은 곧 친이슬람 세력의 상징이 되었다. 그러나 혁명 과정에서 일부 자발적으로 행했던 이 베일 착용이 혁명 정부에 의해 완전 강요성을 띠게 되리라고는 그들도 예상치 못했던 일이었을 것이다. 이 베일 착용과 관련하여 초기에 각계 각 당에서는 의견도 분분했고 여성들에 의해 수차례의 항의시위도 있었으나, 혁명정부가 기반을 굳혀가면서 이 정책은 더욱 확고하게 시행되었다.

　베일 착용과 관련해서 사실상 혁명 초기 여성들의 의견은 완전히 양분되었다. 즉 호메이니를 지지하는 이슬람주의 여성세력과 세속주의의 중산층 여성세력으로 전자는 '진정한 이란의 문화적 정체성'이 서구화(그들이 언급하는 'gharbzadeghi')에 의해 왜곡되었다고 주장하며, 베일 착용의 정당성과 편리함을 강조했다. 한편 후자는 혁명 초기의 좌파 및 우파 정당에 소속된 여성 및 당시 결성된 여성단체의 구성원들로 베일 착용에 거센 항의를 제기했다(Moghadam, 1993:58 & 88). 사실 이들은 1935년 레자 샤가 베일 착용을 폐지한 후, 서구문물을 이미 수용한 제2세대들인 것이다. 이란의 이슬람정부는 일부여성의 항의로 인해 베일의 강요를 일시적으로 폐지했다가, 1980년에서 1981년 사이 좌파 등 반이슬람적 정치세력을 제거하면서, 다시 베일 착용을 강력히 강요했다.

　넷째는 일부 이슬람 관습의 부활이다. 혁명정부는 소위 '가족보호법' 등 이슬람법에 위배되는 팔레비 왕정 당시의 규약을 대부분 폐기했다. 팔레비 시대에 제정된 가족보호법에서는 일부다처제도가 가족보호법정의 규제를 받도록 명시하고 있었으며 여성의 이혼소송 제기권도 허용하는 등 이슬람 관행의 병폐를 방지하기 위한 근대식 법안이었으나, 이슬람 공화국 정부는 이 법안이 이슬람 원리에 위배됨을 지적하여 이를 폐지시켰다. 따라서 이슬람법에 의거해서 이슬람 관행에 따른 일부 관습들을 다시 시행했다. 우선 무타(mut'a, 일시결혼)를 장려함으로써 일부다처제(공식적으로 부인을 4명까지 둘 수 있음)를 인정하였다. 여성은 극히 예외의 경우를 제외하고는 이혼하기도 쉽지 않다. 여성이 이혼을 제기할 경우 자녀양육권은 자동적으로 아버지에게 돌아간다.

한편 최소한의 법적 결혼연령은 기존의 18세에서 13세로 낮추었다가 다시 9세로 더 낮추었다(Tohidi, 1991:253). 또한 기존의 탁아시설을 폐쇄시키고, 또 이슬람법에 위배되는 가족계획관련 의료기관을 폐쇄했다. 이슬람법에서는 낙태를 엄격히 금하고 있다.

이란정부는 이슬람식 헌법을 재편하는 과정에서도 여성의 권리와 역할과 관련하여서도 모순된 입장을 취했다. 즉 헌법 제20조에서는 남성과 여성은 법의 동등한 보호를 받는다고 명시함에도 불구하고 모든 개인의 권리 및 정치·경제, 사회, 문화적 권리는 이슬람의 가르침에 기초함을 강조했다. 따라서 헌법보다 선행하는 것은 이슬람법이기에 일부 허용된 관행에 따른 일부다처제, 이혼 및 양육권 등에 있어서 여성은 불평등한 위치에 놓이게 되며, 여성의 역할 역시 사회를 구성하는 일원으로서보다는 주부로서의 가사 임무의 중요성이 더욱 강조되었다.

2) 동원정책

정부의 정책에 있어 두 번째 양상은 첫 번째 양상과는 대조적으로 여성의 사회참여를 적극적으로 권장하는 일련의 정책들이다. 이것은 우선적으로 위기상황에 대처한 대중적 동원의 필요성에서 국가정책의 변화를 가져왔고 또 이를 뒷받침하기 위해 이슬람의 새로운 해석이 뒤따랐다. 이는 결과적으로 이란 여성의 참여 의식을 고양시킴으로써 여성의 사회참여를 지속적으로 권장시키게 되는 계기가 된 것이다. 즉 이러한 동원의 성격은 사실 여성의 자발적인 행위로 볼 수 없지만 이후 여성의 세력화에 일조하게 되는 것은 사실이다. 이 정책을 여성의 정치적 동원과 이란-이라크 전쟁기간 중의 군사적 동원으로 구분하여 분석해 볼 수 있다.

(1) 정치적 동원정책

정치적 동원에는 여성의 전폭적인 선거참여 정책과 일련의 정부정책을 지지하는 시위대 동원을 들 수 있다. 혁명 초기 여성을 포함한 대중적 지지는 새로운 이슬람 국가가 기반을 수립해 나가는 과정에서 매우 중요했으며, 혁명정부는 이를 사실상 교묘히 조종해 나갔다. 특히 여성들이 선거에 대거 참여하는 것은 이슬람 공화국의 대중적 이미지 형성에 매우 중요하게 작용했다.

혁명 초기 이란의 종교 지도자들은 이슬람 원리와 가르침을 내세워, 여성의 가정 내 역할을 강조했지만, 다른 한편으로는 모순되게도 정치적 참여에 대중적 규모로 여성을 동원시켰다. 1964년 호메이니는 팔레비(Pahlavi) 왕에 의해 여성의 참정권이 이란에서 최초로 부여되었을 때, 여성의 투표권을 '비이슬람적'으로 선언한 바 있다. 그러나 1979년 혁명 후 첫 선거에서 여성의 투표권을 '이슬람적 신성한 의무'라고 선언함으로써 여성들의 투표권 행사를 권장하였다.

1979년 이슬람 공화국 설립 이후 2001년 현재 까지 약 20여 년간 4회의 헌법제정 및 개정 관련 국민투표, 3회의 전문가 회의 선거, 6회의 의회의원선거, 8회의 대통령 선거가 있었다. 즉 21회 이상의 투표행사를 치러야 했는데, 이는 일년에 한번 정도의 선거를 치른 셈이다. 선거가 치러질 때마다 현 체제에 대한 국민적 지지기반을 공고히 하기 위해 정부는 국민들의 적극적인 투표참여를 권장했고, 이를 위해 대규모의 선거 참여 캠페인이 전개되었다. 예컨대 혁명 이후 최초로 치러진 국민투표는 이슬람 공화국 설립여부와 관련해 국민의 의사를 묻는 찬반투표였는데, 이 투표에 유권자의 98.32%가 참여하여 99.5%의 지지율을 얻었다. 즉 이로써 대내외적으로 국민의 지지기반을 다시금 강조했다.

따라서 혁명정부에게 있어 국민의 절반인 여성표의 위력은 큰 것이었다. 여성잡지들은 글과 논설을 실어 여성의 투표권 행사는 '국민적, 정치적, 그리고 이슬람적 의무'임을 강조했다(Zan Ruz, 1981. 10. 3). 호메이니는 여성지지자들을 알현한 자리에서, 전국 여성들의 적극적인 투표참여를 재차 호소했다.

선거 참여를 위한 동원정책과 더불어 혁명정부에서 내놓은 이슬람화 정책을 지지하는 시위대의 동원도 결과적으로는 여성의 세력화에 한 몫한 것도 사실이다. 혁명 이후 국가의 여러 당파들과 혁명기구들은 여성의 거대한 동원을 시도했다. 이란 이슬람 공화국에서 지지하는 강력한 유일 정당으로 부각하게 되는 IRP 즉 이슬람공화당(Islamic Republic Party)은 특히 여성의 대중동원을 관리하는 역할을 해냈다. IRP는 '여성의 날' 기념행사를 위해 위원회를 설치하기까지 했다. 호메이니는 이슬람교의 예언자 무함마드(Muhammad)의 딸인 파티마(Fatemeh)[22]의 생일을 '여성의 날'로 공식 지정하고 위의 위원회에서는 매년 이를 기념하기 위해 대중을 집결시키는 역할을 했다.

또한 IRP에서는 강경파 성직자들의 정책을 지원하기 위해 이들을 동원시켰다. 혁명 초기 여성들은 이슬람 원리주의의 견제세력으로 떠올랐던 세속주의 세력인 민족주의자들에 반대하기 위해 동원되었고, 그 후

---

22) 파티마(Fatimah)는 이슬람의 창시자 무함마드의 세 딸 중 막내로서, 무함마드 자신도 그녀의 사람됨을 칭찬했고, 역사상 그가 칭송한 귀감이 되는 여성의 하나로 불렀다. 파티마는 무함마드의 사촌이며 제4대 할리파 알리(Ali)와 결혼했는데, 시아파에서는 파티마와 알리의 자손들에 의해 이어지는 열두 이맘만을 신성한 영적지도자로 간주한다(*The Encyclopaedia of Islam*, Leiden 참조). 따라서 아들이 없었던 무함마드의 혈통은 파티마와 알리에 의해 계승되는데 무함마드 이후 부족적 선출방식에 의해 지명되는 정통 할리프제에 불만을 가졌던 시아파에서는 파티마에게 더욱 의미를 부여하고 있다.

에는 이슬람 정책에 맞서는 반정부세력들을 반대하는 데 동원되었다. 정부정책에 반대하는 반대파들의 시위와 집결은 종종 국가의 강경파를 지지하는 여성들의 대응시위와 마주쳤다. 이들 여성들의 다수는 반정부 집회를 해산시키는 솜씨로 특별한 평판을 받았다.

예컨대, 자라 하눔(Zahrā Khanum)은 1979년 3월 세속주의 여성들이 베일 착용 강요에 반대하여 반베일 시위를 할 때, 테헤란에서 폭력단을 이끌었던 것으로 알려져 있다. 정부의 고위층 인사들은 종종 공식적인 언급에서 이 '친정부파 이슬람주의'여성들을 칭송했다(Paydar, 1997:304). IRP는 또한 금요예배23) 집회를 대대적인 규모로 거행하기 위해 이 여성들을 동원했다. 이슬람주의 여성들의 시위는 새로운 정책 혹은 이전의 정책들을 재생시키기 위한 지지기반 마련을 위해 지속적으로 집결하곤 한다. 예컨대, 베일 착용을 지지하는 시위도 정부로 하여금 베일 착용이 '대중의 요구'에 대한 반응이라는 구실을 제공한 것이다. 혁명정부에 대한 반대파세력이 전멸된 이후에 이슬람여성의 날 집회의 규모는 이전에 비해 작아졌다. 사실 그들의 슬로건과 결의는 정부정책에 대한 전면지지를 표명하지만 그러면서 간혹 여성권리에 대한 요구를 포함시켰다. 즉 정부에 의해 마련된 시위 분위기 조성이 서서히 여성의 의식이 고양되면서 여성들의 문제를 거론하고 여성을 위한 정책을 마련하도록 요구할 수 있는 압력단체로서 어느 정도 역할을 수행할 수 있었다.

(2) 군사동원정책(이란 - 이라크 전쟁기간)

이란 - 이라크 전쟁기간(1980~1988) 중의 여성의 참여 역시 정부에

---

23) 이란에서는 혁명 이후 매주 금요일(안식일에 해당)에 각 지역마다 이슬람 사원을 비롯하여 대학가 등 공공장소에서 대중의 군집하에 대대적으로 집단예배 집회를 거행하는 것이 관행이 되어오고 있다. 이 예배는 지도급 성직자의 주재하에 거행되곤 하는데, 예배 직전과 혹은 직후에 신도들은 무리를 지어 정부정책을 지지하는 시위를 하곤 한다. 예배시나 시위 시에 여성 신도들은 남성 신도들과 섞이지 않고 뒤에서 예배를 지낸다.

의해 권장되었다. 전쟁기간 중에 호메이니는 수차례 열렬한 연설을 통해, 전쟁에서의 여성의 역할을 장려하는 발언을 했다. 여성의 전쟁참여는 다양한 형태로 나타났다. 사실 정부에서 여성에게 기대되는 지원의 유형은 전시 상황에 따라 단계적으로 변화했다고 볼 수 있다.

초기에, 여성에게 기대한 것은 초대 이란 이슬람 공화국 대통령 바니 사드르(Bani Sadr)가 한 연설 중에 "여성도 나라를 구하기 위해 과소비와 사치품을 지양하고 자급자족에 힘쓸 것"(Paidar, 1997:305)을 강조했듯이 직접적인 참여보다는 간접적으로 전쟁의 상황에 협조해 나갈 것을 호소하고 있다. 전쟁초기에 지도층은 여성들에게 간접적인 도움만을 요구했던 반면 전쟁이 장기적으로 지속되면서 전후방에서 인력부족이 실감되자 여성들의 직접적인 전쟁참여에 대한 보다 실용적인 정책이 취해졌다.

군 활동에 여성을 참여시키려는 정책은 사실상 이슬람의 기본 가르침에는 언급이 없는 사항으로 이의 종교적 근거를 마련하기 위해 이슬람에 대한 새로운 해석과 종교지도자들의 지지가 필요했다. 이슬람정복 초기 예언자의 부인 중에는 직접 전쟁터에 나간 사례도 있지만, 이슬람에서 여성은 전쟁에 직접 참여하지 않는 것이 일반적이었다. 또 역사적으로 성전이라고 일컫는 지하드(Jihad)에 여성은 참여할 수 없었다. 이란의 영향력 있는 성직자이면서, 혁명 초기 검찰총장을 맡았던 아야톨라 사나이(Ayatollah Sanei)는 여성의 전쟁참여와 관련하여 다음과 같이 설명했다.

"이슬람 역사상 여성을 성전(성전, Jihad)에 참여시키지 않았던 이유는 여성에 대한 존중과 정숙의 문제가 우선되기 때문이다. 이슬람에서 여성이 성전에 참여하는 것은 허용하지 않지만, 이 전쟁이 방어적 성격을 띤 것이라면 문제는 다르다. 현재의 이란-이라크 전쟁은 이라크에 의해 강제로 부과된 전쟁이다. 이 부과된 전쟁에 이란의 젊은이들이 희생하고 있으므로 여성들도 국가를 지켜야 한다. 그러나 여성의 방어행위는 간호나 취사 그리고 전쟁에 나가는 남편과 아들에 대한 격려이다. 남편이 순교한 젊은 여성들은 국가의 방어를 위해 동등하게 중요한 역할을 한 것이다"(Zan Ruz, 1984. 3. 18).

당시 사나이(Sanei)의 발언에서는 여성의 전쟁 참여의 범위는 간호, 취사와 후방에서의 사기진작과 격려로서 직접적인 군사행위까지는 언급하고 있지 않다. 그러나 전쟁의 후반기에 접어들면서, 이라크군에 의해 민간인 주거지역들도 폭격의 대상이 되고 전쟁이 예상보다 장기전으로 확산되자, 이 상황에서 이슬람정부는 여성의 무장동원을 시도했다.

정책의 변화는 호메이니에 의해서 정당화되었다. 호메이니는 1985년 4월 여성혁명수비대 요원들을 맞이한 자리에서, 이슬람을 수호하기 위해 여성들도 무기를 들 준비를 할 것을 호소했다. 그는 다음과 같이 연설했다.

> "이슬람법(Shari'a)은 이슬람 전파초기에 여성의 성전(Jihad)참여를 허용치 않았다. 그러나 이것이 방어의 문제라면, 이슬람에서는 군사적 방어를 포함하여 모든 가능한 방법으로 여성들도 참여할 의무가 있음에 동의한다. 여성들은 군사 훈련을 받아야 한다. 여성이 나라를 수호하기 위해 참여하는 것은 두 가지 점에서 중요하다. 우선 전방에 인력 충원뿐 아니라, 남성장병들이 더욱 열심히 싸울 수 있도록 용기를 북돋아 줄 것이다. 즉 여성들이 이슬람을 수호하기 위해 군사적이든 비군사적이든 참여를 한다면, 그것은 우리 군인들에게 커다란 힘을 제공해 주는 것이다(Ettela'at. 1986. 3. 3).

호메이니가 의도한 '수호'의 개념에는 전쟁에서의 여성의 군사적 참여 의미가 포함된다. 이란 종교 도시 '콤(Ghom)'에 있는 여성단체인 '알자흐라' 협회(Jame'eye 'Al-Zahra)는 호메이니가 발표한 이슬람 국가의 수호를 위해 여성이 적극적으로 무장하자는 발언을 지지하는 대대적인 시위를 주도했다.

테헤란에서 거행된 여성시위대는 이라크의 사담(Saddam)정권과 투쟁하기 위해 여성들이 봉기해야 하며 군사훈련에 직접 참여해야 한다고 강조했다. 1986년 호메이니의 여성동원령 발언이 있은 후, 후방의 안보를 책임지는 혁명수비대(pasdaran)는 여성들의 군사훈련 프로그램을 발표했고, 이 훈련은 500명의 여성을 대상으로 시작되었다(Paidar, 1997:307). 당시 여성의 군사훈련을 목적으로 다수의 훈련소가 설치되었다. 그 후 4천 명의 여성들이 혁명수비대의 자진동원군으로서 정보수집임무와 안전임무를 위해 훈련받았다. 또한 전쟁에 의한 남성노동력의 부족을 메우기 위해 여성인력의 수가 실제로 증가되었다. 여성들은 혁명수비대(Sepāh Pāsdār)에 충원된 것 외에도 다음과 같은 군사 활동에 동원되었다. 즉 충원을 목적으로 한 동원군(Basij Mostazafin)이나 전쟁복구부(Jahad Sazandegi), 문맹자 퇴치 캠페인(Nehzat Savadamuzi)과 의료 원조대(Emdad Pezeshki) 및 전쟁지역에서의 구원 활동 등을 위해 배치되었다. 그러나 이라크가 민간지역에 대한 무차별 폭격을 시도함으로써 전시 상황이 폭격위주로 바뀌게 되자, 민간인 남성과 여성을 대상으로 한 군사훈련은 중단되었고, 1988년 이란-이라크전은 8년간의 긴 전쟁을 치룬 끝에 결국 종전되었다.

4. 이슬람화 정책에 대한 여성운동

이슬람 혁명 이후에 여성의 권리 인식이 새롭게 거론되기 시작한 배경에는 일련의 위기적 상황에 따른 정부정책의 변화와 종교지도자들의 변화하는 상황에 따른 이슬람의 새로운 해석과 입장표명이 크게 작용한 것이 사실이지만, 일련의 정책들에 대한 여성들의 반작용적 요인들과 여성의 정치적 권리인식의 변화도 중요한 변인으로 볼 수 있다.

이란의 혁명은 원리주의의 성공이기에 앞서 민중혁명의 성격을 가지고 있다. 이 혁명에서 남녀노소 구분 없이 대다수의 국민들은 팔레비 왕정의 전제정치에 반대하고 이슬람의 구호를 외치는 시위대에 합세했다. 이 과정에서 어린 여학생들로부터 직업여성, 검은 베일을 쓴 독실한 이슬람신도 여성 등 다양한 계층의 여성들이 남성들 못지않게 혁명에 지지를 보냈다.

혁명을 통해 이란인이 내걸었던 '자유, 평등, 독립'의 구호와는 달리 혁명 직후 원리주의 세력이 정권을 장악하고 비이슬람적인 단체나 세력들을 압도하면서, 여성들 역시 공적 영역에서 자신들의 자리를 잃었으며, 특히 혁명 이전에 허용되었던 권리행사에서조차 제외되었다. 여성의 역할 제한과 관련된 정부의 일련의 정책들은 타락한 서구의 잔재를 제거하고 자신들의 정체성인 이슬람의 원리를 따르기 위한 것이라고 합리화되고 정당화되었다. 그러나 여성들이 정부의 강압적 정책들을 무조건 따른 건 아니었다. 여성들 스스로 자신들의 권리를 옹호하기 위한 움직임들이 이를 입증한다.

1979년 혁명 직후로 당시의 다양했던 정당만큼 다양한 여성단체와 기구들이 등장하여 활동했다. 이 여성단체들은 각기 나름의 이데올로기적 성향을 가지고 결성되었다. 그 주된 이데올로기적 성향은 이슬람주의, 민족주의 그리고 마르크스주의와 사회주의이다. 마르크스주의 성향을 띤 단체 중 여성국민연합(Etehād-e Melli-e Zanān)은 다른 단체에 비해 비교적 많은 지지를 받았다. 이슬람 혁명여성회(Jame'a-e Zanān-e Enghelāb-e Eslāmi)는 이란에서 가장 규모가 큰 여성기구이지만, 대중적인 지지 기반은 약했다. 또한 일부 다른 단체들은 아주 소수의 회원과 지지자를 확보하고 있을 뿐이었다.

〈표 3〉 혁명 직후의 주요 여성단체

번호	기구명	설립년도	활동 및 성향
1	여성국민연합 (Etehād-e Melli-e Zanān)	1979	격주간지 바러바리(Barābari, 평등) 출간, 정부에 의해 저지됨, 마르크스주의 성향
2	여성해방협회 (Anjoman-e Rahāi-e Zan)		월간지 라허이 잔(Rahai-e Zan) 출간, 사회주의 성향
3	여성계몽회 (Jami'at-e Bidāri-e Zan)	1979	주간지 비더리 잔(Bidari-e Zan) 출간, 가족보호법 폐지에 반대해 시위, 마르크스주의 성향
4	여성결성회 (Komiteh-e Hambastegi-e Zanān)	1979	여성권리와 민주주의 자유 실현을 위한 투쟁
5	투쟁여성회 (Jami'at-e ZanāneMobārez)	1979	국내외의 특정집단 혹은 정당과 연관 없음, 이란 여성의 민주적, 반제국주의적 투쟁을 위해 조직됨
6	투쟁여성혁명연합 (Etehād-e Enghelābi-e Zanān-e Mobārez)	1979	노동계급여성을 위해 조직 중국공산당 노선 지지
7	이란 여성민주회 (Tashkilāt-e Democrātic-e Zanān-e Iran)	1941 결성	이란공산당인 투데(Tudeh)당 소속 기구, 자헌에 잔(Zahan-e Zan) 발간, 이슬람여성의 날 행사주관
8	투쟁여성위원회 (Komitehe Zanāne Mobārez)	1979	민주주의 운동 원칙 표방 초대 바자르간(Bazargan) 수상의 민족주의 노선 지지
9	사케즈 투쟁여성회 (Jame'a-e Zanāne Mobārez-e Saqqez)	1979	가부장적 권력구조에 대한 투쟁선언, 여성교육실시 및 군훈련실시
10	이슬람 혁명여성회 (Jame'a-e Zanān-e Enghelāb-e Eslāmi)	1979	이슬람적 경향, 국내외 간행물 파염에 하자르(Payam-e Hajar) 발간, 이슬람 혁명과정에서의 여성의 역할 소개
11	이란자유운동옹호여성 (Zanān-e Tarafdār-e Nehzat-e Azādi-e Irān)	1981	민족주의적 경향
12	국민전선여성기구 (Sazeman-e Zanān-e Jebheh-e Melli)		국민전선: 민족주의적 경향
13	변호사여성연합 (Etehadie-e Zanān-e Hoghughdān)		여성에 대한 법적 불평등 제거를 위해 조직, 여성의 재판권 박탈에 대해 항의

자료: Tabari and Yeganeh 1982, *In the Shadow of Islam, The Women's Movement in Iran*, London: Zed Press.

〈표 3-5〉의 혁명 직후의 여성단체 현황은 당시의 정치적 이데올로기의 다양성을 잘 반영하고 있다. 그러나 이 기구들은 대부분 대중을 지지기반에 두지 못했고, 또 성직자 체제가 확립되어 가는 과정에서 대체로 해체되고 활동이 정지되었다. 따라서 이 단체들의 존속기간은 사실상 혁명을 기점으로 2년 남짓에 불과하며 대부분 해체되거나 국내 활동이 중지되었다. 대부분의 세속주의 성향의 여성운동은 혁명 초기 공공시위 및 항의를 시도함으로써, 운동에 실패했다. 그들은 급진적이고 마르크스주의 성향으로 대부분 붙잡히거나 처형되고 1980년대 후반까지 그들은 점차로 그 정치적 영향력을 잃어가 결국 국내기반을 상실했다.

혁명 초기 이슬람 원리주의 체제에 의해 취해진 반강요적인 이슬람화 정책에 대해 여성들도 이에 대한 즉각적인 반응을 나타낸 실례가 있다. 이 반응은 혁명 초기 이란공산당 소속 여성협회가 준비한 '세계여성의 날' 전야(1979. 3. 8)에 시도되었다. 그러나 이 축하 행사는 정부에서 취한 일련의 여성에게 강제성을 띤 정책들 예컨대 가족보호법 폐지, 여성법관의 활동금지, 베일 착용 강요 등에 대한 항의로 전환되었다.

특정단체에서 시작한 이 시위는 결국 다양한 계층의 여성들이 참여한 대대적이고 자발적인 항의 움직임으로 변했다. 시위에는 다양한 계층의 여성들이 참여했으나, 대다수의 여성들은 중산층 이상의 학생, 직장인이나 주부들이었다. 당일 수천 명의 여성들이 거리로 쏟아져 나와 자발적으로 집회를 이루고, 테헤란 대학교, 수상실, 법무성을 향해 다양한 방향에서 시위해 나갔다. 시위대는 평등한 권리와 민주주의의 자유를 수호하는 내용의 현수막을 들고 항의했다(Ettela'at, 1979. 3. 10). 이 날의 시위는 다시 이틀 후 자발적으로 베일 착용의 강요에 대항하는 시위로 이어졌다. 이란 법무성 앞에서 대중 집회를 열어, '옷을 선택해서 입을 권리', '남성과 대등한 시민권리', '여성에게 반하는 모든 차별정책 폐지', '언론의 자유와 협회결성의 자유' 등을 구호로 내걸었다. 여성들은 또한 당시의 수상이었던 메디 바자르간(Mehdi Bazargan)에게 자신들의 요구에 대한 그의 견해를 밝혀줄 것을 요구했다. 같은 날 국영방송국 앞에서도 시위가 열려, 3월 8일 거행된 시위를 보도관제한 데 대해 항의 시위했다.

한편으로는 베일 착용을 반대하는 시위대에 맞서 정부의 베일 착용을 지지하는 여성들의 맞시위가 벌어졌다. 이들은 베일 착용이 이슬람 신도 여성들의 의무임을 주장했다. 또한 광신도들은 베일 착용을 반대하는 시위여성들을 습격하여 부상자들이 속출했으며, 혁명수비대는 공포를 발사해 시위대를 해산시키고자 했다.

이 사건에 대해 혁명정부의 초대 수상은 일단 항의하는 시위대를 진정시키기 위해 여성들이 호메이니의 메시지를 잘못 이해한 것이며, 베일을 강제적으로 강요할 의도는 없다고 피력했다. 호메이니와 그의 측근들은 광신도들에게 시위여성들에 대한 습격을 삼가도록 지시했다(Keyhan, 1979. 3. 10). 이 사건이 있은 다음날 정부의 대변인인 아미르 엔테잠(Amir Entezam)은 이전 체제의 가족보호법은 이에 대처할 새로운 법안의 초안이 작성될 때까지 유효하다고 발표했다. 수상은 베일의 정당성을 지지하지만, 그의 내각은 베일 착용에 대한 강요는 지지하지 않는다고 덧붙였다. 국영방송도 보도관제를 풀어 여성의 데모사실을 보도했다.

일련의 정부의 완화조치에도 불구하고, 테헤란 대학교에 2만여 명의 여성들이 다시 집회를 가졌다. 몇몇 연사들의 설교를 들은 후 여성들은 아자디(Azadi, 자유)광장으로 행진을 시도했다. 시위대에는 그들의 관직, 병원, 학교 등지에서 직장을 잃은 여성들도 동참했다. 이 시위에 맞서서 또다시 정부의 강경한 정책을 지지하는 신도들의 시위도 행해졌다. 여성들의 시위는 결국 이들 맞시위대와 폭력배들에 의해 저지를 당했다.

　시위에 대한 강경한 정부의 제지로 결국 여성들의 자발적인 항의는 그 추진력을 잃었다. 그 이후 여권운동은 더욱 활동에 제한을 받았고, 정치적으로도 분열되었다. 여성들은 스스로 전문적인 이슈를 가지고 전문 분야의 협회를 결성하거나, 그들이 선호하는 정치 조직 내에서 여성 부서를 개설했다. 가장 목소리가 큰 여성 항의단체는 재판 활동을 금지당한 여성변호인들이었다. 그러나 혁명 이후 이슬람 강경세력이 영향력을 확보하자, 정부의 여성정책은 1979년 초반보다 강력하게 시행되었다. 1980년 6월 호메이니는 소위 '행정 혁명'을 강조하면서, 여성들이 모든 정부 부서에서 베일을 착용할 것을 요구하는 법령을 발포했다. 여성공무원들은 이에 반대하고 나섰다. 당시 대통령 바니 사드르(Bani Sadr)의 집무실 앞에 약 2천 명의 여성들이 집결하여, 베일의 강요를 취소할 것을 요구했다. 일부 여성들은 이 강제적 지시에 거부하여, 즉각 직장에서 해고당했다.

　혁명 초기 일련의 여성 움직임은 결국 정부 차원의 강력한 진압에 의해 이란 국내에서는 사실상 활동조차도 금지된 상황이다. 그러나 명목은 다르지만 여성들은 자신들의 요구를 주장함에 있어 이슬람의 이름으로 정부의 일관성 없는 정책시행 과정에서 그들의 권리를 폭넓게 활용했다. 여성들은 이슬람정부에서 체제의 유지를 위해 여성들의 지지를 필요로 하고 있다는 점을 활용하였다.

제3절 호메이니 사후(1989~2001)의 이슬람 개혁 정책

1. 국내외 상황과 체제 성향

이슬람 공화국의 이슬람화 정책은 사실상 호메이니 사망 이전과 이후가 뚜렷이 구분된다. 혁명 초기 이슬람 공화국은 호메이니의 지도력 하에 강력한 이슬람화 정책을 추진했다. 그러나 호메이니의 사후 지도 체제의 구심점에 금이 가면서 실용주의 세력에 의한 개혁주의적 논의가 서서히 거론되기 시작했다. 여기에서는 호메이니 사후의 이슬람 개혁주의 성향을 비교적 실용주의적 정책을 취했던 라프산자니 대통령 시기(1986~1997)와 보다 적극적으로 이슬람 개혁주의 정책을 취해나가고 있는 현 하타미 대통령 시기(1997~2001)를 중심으로 고찰하겠다.

1989년 호메이니가 사망하자 그의 뒤를 이어 이슬람 공화국의 '최고 지도자'(Faqih)가 된 이는 전직 대통령이던 하메네이(Khamenei)이다. 하메네이는 정치적 자질을 갖춘 성직자로서 국가의 최고 지도자의 위치에 오르기는 했으나, 호메이니가 생전 누리었던 종교계의 최고 지도자(Marja-e Taqlid)로서의 권위에까지 미치지는 못했다. 호메이니는 죽기 전에 헌법의 개정을 통해, 국가최고 지도자의 자질에 관한 조항을 수정했으나 이 문제는 무척 민감한 문제였다. 즉 호메이니는 종교권의 최고 권위와 헌법상의 최고 지도자의 권위를 동시에 누렸지만, 그 이후의 최고 지도자는 종교권의 최고 권위의 자질을 필수 요건으로 하지 않는다는 것이 수정 조항의 골자이다. 하메네이가 최고 지도자(Faqih)가 된 이후에 그의 종교적 권위가 격상되어 최고 종교지도자(Marja-e taqlid) 중의 한 명이 되기는 했으나, 이러한 임의적인 움직임들은 종교계와 정치계에서 많은 논란의 여지를 남겼다.

따라서 헌법상으로 '최고 지도자'의 권위 아래에 있는 대통령 라프산 자니(Rafsanjani)는 실상 하메네이의 권위를 견제하는 입장이었다. 하메네이가 강경파 성직자를 대표한다면, 라프산자니는 다소 실용주의 성향을 지닌 성직자이다. 이들 성직자 지도층에서는 강경파이든 실용주의자이든 모두 여성을 중요한 사회세력으로 간주한다(Ramazani, 1993:409). 강경파 성직자들은 기본적으로 이슬람의 원칙을 우선적으로 강조함으로써 이것이 억압적 기준으로 작용할 수 있는 여지를 두고 있지만, 실용주의 성직자들은 어느 정도 법률과 제도상의 개혁적 논의를 지지한다.

현 이란체제에 있어 국제사회에서 고립되어 있는 이란의 외교 관계를 정상화하고, 이란-이라크 전쟁으로 인해 침체된 이란경제의 회복이 큰 현안 문제로 부각되고 있다. 이러한 현안 문제를 해결하기 위해 대안으로 부각되어지는 실용주의적 경향은 1989년 호메이니의 사망 이래, 라프산자니 대통령의 집권 시 더욱 강화되었고 여성문제의 개혁이 더욱 잘 받아들여지는 분위기가 조성되었다. 따라서 혁명 초기 이슬람화(Islamization)에 수반되었던 여권에 모순된 정책에 대한 개혁적 논의가 서서히 이루어졌는데 특히 교육, 고용, 이슬람 관습에 대한 부분적인 시정이 이루어졌다. 하지만 이 시기의 실용주의적 정책 수행은 아직도 이란체제를 대체로 장악하고 있는 보수파들의 저지에 의해 매번 한계에 부딪쳐 왔던 점도 간과할 수 없다.

또한 이란은 1997년 5월 개혁주의 성향의 무함마드 하타미(Muhammad Khatami) 대통령이 국민의 압도적 지지에 의해 당선되면서, 이란사회 내부의 변화에 대한 기대를 반영했다. 하타미 대통령은 이란의 최고 지도자인 하메네이의 측근이며 보수파 세력을 대표하는 나테크 누리(Nateq Nuri)를 이기고 대통령에 당선되었다. 누리 후보는 온건한 시장경제 도입을 통한 경제 활성화와 실업자 해소 등을 공약으로 내걸었지만, 하타미는 보다 파격적이고 혁신적인 공약들을 내세웠다. 특히 '여성의 지위향상', '언론-출판의 자유', '자유시장경제 체제의 도입' 등을 내걸고 여성들에게 현재의 엄격한 율법 적용은 완화돼야 한다고 주장했다.

사실상 하타미 대통령은 이전의 강경파 지도자들과는 다르게 적극적으로 개혁적 성향을 고수하고 있다. 그의 정책기조 연설[24]에서는 이슬람 혁명, 무슬림 민중을 강조하고는 있지만, 보수파 성직자들의 발언에서는 찾기 힘든 발전, 민주화, 참여라는 용어를 서슴없이 사용하고 있다.

요컨대, 호메이니의 사후의 체제성향은 호메이니의 후계자인 하메네이를 정점으로 한 강경 보수 세력과 이 세력에 맞선 실용주의적이고 이슬람의 개혁적 대안을 제시하는 대통령 중심의 세력으로 양분화 되었다. 최근 대통령에 다시 재선된 하타미 대통령은 이슬람 개혁의지를 확고히 하고 있고 국민들도 그의 개혁정책에 지지를 보내고 있다.[25] 2000년 이란 의회의원 선거에서는 개혁주의 세력이 70%의 의석을 차지한 데 비해 보수 세력은 30%로 대폭 감소한 추세는 국민들의 변화에 대한 의사의 반영으로 볼 수 있다. 그러나 집권층에서 영향력을 발휘하는 세력들은 아직도 보수 세력이 대부분이다. 또한 이란에서 주요 정책을 결정하고 지시하는 사람은 대통령의 직책보다 위에 있는 '최고 지도자'의 역할이기에 하타미 대통령이 이란의 현안 문제를 어떻게 해결해 나갈 수 있을지는 여전히 의문이다.

---

24) "우리가 원하는 사회는 발전하는 가운데 자유롭고 자존심을 지키면서 현명하고 덕목을 가진 사회이다. 그러한 사회는 위대한 무슬림 민중과 이슬람 혁명의 위엄을 잘 지키는 사회이다." 또한 민주화와 관련해서는 "모든 분야에 국민들이 적극적으로 참여하도록 보장해 주고 시민단체를 강화시켜 나가는 것은 중요하다. 왜냐하면 그러한 가운데 개인과 집단이 그들의 권리를 인식하고 지킬 수 있으며 모든 사회영역에 참여할 기회를 가질 수 있기 때문이다 ……(Payam-e Emruz, 1998. 1).

25) 대통령의 업무평가에 대한 이란의 한 여론조사에 의하면, 응답자의 62%가 하타미 대통령의 업무성과를 긍정적으로 평가했고, 32%는 비교적 만족한 다고 했으며 단지 6%만이 불만족하는 것으로 나타났다(Iran(일간지), 2000. 5. 21 Tehran).

이 시기로 접어들면서 정부는 정책적으로 전후복구사업 등 적극적인 경제계획과 대외관계 복구에 심의를 기울인다. 특히 하타미 대통령은 '문명 간의 대화론'을 발표하고, 국가 간의 상호 존중을 기본으로 하는 화합외교를 강조하고 대서방 외교에도 적극적인 외교정책을 시도해 나간다.

또한 해외 변수로 작용하는 것은 70년대 이후 들어서 국제적으로 활발한 여성 활동이다. 특히 1995년 북경대회를 계기로 여성의 권리향상에 대한 문제가 국내적인 문제를 넘어서 국제화되었으며 유엔여성위원회에서는 여성문제에 대해 개입할 수 있는 규범을 마련하는 성과가 있었다. 이러한 국제적 연대를 통한 여성문제의 부각은 국가의 정책적 차원에서 여성문제에 관심을 가져야 하는 압력으로서 작용한다.

2. 여성관련 정책과 여성의 정치참여

이슬람 혁명 이래 급진 강경 세력에 의한 정권 장악은 특히 여성과 관련하여 공적 영역과 사적 영역 전반에 걸쳐 악영향을 끼친 것은 사실이다. 실용주의적 경향이 최초로 구체화된 것은 라프산자니가 국회의장을 역임하던 1986년 국회에서 결혼 및 이혼관련 법률안이 통과되면서부터이다.

1989년 호메이니의 사망 이래 이 경향은 더욱 강해졌고 여성문제에 대한 개혁이 보다 잘 받아들여지는 분위기가 조성되었다. 따라서 혁명 초기 이슬람화에 수반되었던 여권에 대한 모순된 정책에 대한 개혁적 논의가 서서히 이루어졌다. 라프산자니는 여성문제에 있어서 많은 관심을 갖고 이전의 성직자들에 비해서 여성 활동을 적극 장려했다. 그는 1989년 대통령에 취임하기 이전부터 여성의 지위향상을 강조한 바 있다. 이 모든 개혁들은 대개 이슬람 규범의 용어 아래 합리화되어 있었다. 예컨대 라프산자니는 이란의 경제 발전에 있어서의 여성의 참여를 강조하면서도 이것이 서구사회의 퇴폐 없이 이행할 것을 훈계했고 여성에게 군에 합류할 것을 설득하면서도 그들이 이슬람적 도덕을 간직할 것을 요구했다. 라프산자니는 여성의 완전한 사회참여를 허용하는 '진보적인' 이슬람적 규범과 윤리를 찬미했고, 경제와 정치적 위기가 남성과 여성 간의 사회적 관계의 재편을 요구한다고 믿고 있었다.

혁명 초기에 행했던 이슬람화 정책에 대한 개혁적 논의 중의 하나는 교육적 측면이다. 1988년 라프산자니는 여성의 교육 촉진과 관련하여 혁명 초기의 정책과는 달리, 이슬람이 원리상으로는 여성이 어떠한 분야에서 교육을 받던 장애가 없음을 강조했다. 그는 또한 1989년 여성의 동등한 노동에 대한 동등한 대가는 물론, 고등교육 기회 제공의 필요성을 강조했다. 이란의 최고 지도자(Faqih)인 하메네이는 1991년 교육의 중요성을 언급한 바 있는데, 이에 대해 호메이니의 딸, 자러 모스타화비(Zahra Mostafavi, 철학박사)는 그녀의 아버지가 여성교육에 대한 강력한 주창자였음을 강조하고, 현재의 남성 위주의 교육 풍토는 '잘못된 전통'에 기인하며 그것은 이슬람에 모순된다고 언급했다. 실제로 이란 종교지도자들은 여학생들의 전공 분야를 제한했던 혁명 초기의 정책을 바꾸어, 1986년 여성 교육의 많은 장애들을 제거했다.

교육현장에서 여성의 격리정책에도 불구하고 정부차원에서 문맹을 퇴치하기 위한 전폭적인 교육지원정책으로 인해 여성의 문자해독률은 비교적 지속적으로 증가되었다. 이란대통령직무실 여성사무소의 발표에 의하면 여성문자해독률은 1977년 35.5%에서 1987년 52.1% 증가했으며, 1994년도에는 71%까지 증가되었다. 또한 지방여성의 경우에도 1976년 17.3%에 불과했던 문자해독률이 94년도에는 59.4%까지 증가된 것으로 밝히고 있다. 또한 여학생 수는 1987년 4,732,800명이었으나, 1993년에는

7,575,309명으로 6년 동안 61.2% 증가했다. 여대생의 수는 87년 49,805명이 93년에는 105,607명으로 늘어 115%가 증가했다(Iran News, 95. 4. 4). 이로 미루어 보건대 여성의 교육률은 혁명 이전에 비해 지속적으로 증가되어왔으며, 혁명 이후에도 계속적으로 증가되었음이 입증된다.

교육정책은 라프산자니 대통령 시기의 실용주의정책과 더불어 하타미 대통령 시기에는 보다 개혁주의 성향의 정책을 편 결과, 전 교육과정에서의 여학생의 수는 대폭 증가되었다. 예컨대 통계상으로 현재 90%의 여아가 초등학교 교육의 혜택을 받고 있으며, 1997~98 학년도의 경우 전체 교육과정에서 여학생의 비율은 47%에 이르렀다. 특히 여학생들의 고등교육에의 참여는 상당히 늘어났다. 1998~1999 학년도 대학입학생의 경우 여학생의 수가 절반 이상을 차지하고 있다.

〈표 4〉 전 교육과정에서의 여학생 비율 (단위: %)

학년도	1994~95	1995~96	1996~97	1997~98
여학생 비율	45.8	46.3	46.6	47

자료: Center for Women's Participation, (2000) *National Report on Women's Status in the Islamic Republic of Iran*, Tehran. p.20.

〈표 5〉 여학생들의 대학입학 비율 (단위: %)

학년도	남 학 생	여 학 생
1996~97	57.3	42.7
1997~98	56.2	43.8
1998~99	47.9	52.1

자료: Markaz Amār Irān, (1999) *Amār*, Tehran.

　교육과 더불어 고용 문제에도 실용주의적 논의가 거론되었다. 1986년까지의 통계자료에 의하면, 혁명 기간과 전쟁기간 중의 상황과 일반 정책으로 인해, 정부의 많은 투자와 활동은 특히 방어목적에 치중되고 비군사적 산업정책은 침체되어있어 여성취업자들도 그로 인해 타격을 받았다. 1976년에서 1986년까지의 여성경제인구 통계수치는 혁명 이전에 비해 괄목할 만하게 감소되었다. 1988년 이란-이라크 전이 종전된 이후 사회복구 차원에서 숙련된 노동력이 필요해지자, 성직 지도층에서도 이슬람에 근거를 두고 여성노동과 사회적 활약의 가치를 강조하였다. 여성의 경제인구도 1986년 이후 혁명 초기에 비해서는 증가해 가고 있는 추세이다.

　한편, 최근 들어 여성들의 고용조건 개선을 위한 시도도 여러 방면에서 이루어지고 있는 실정이다. 특히 여성들의 고용기회를 진작시키기 위한 방안의 일환으로 마련된 여성경관의 훈련 등이 이에 해당된다. 이란 관영통신 IRNA 에 따르면 약 100명가량의 여성 사관생도와 약 30명의 하사관들이 곧 훈련에 들어가게 될 것이며, 여성범죄와 청소년 범죄를 다루기 위해 여경으로 조직된 5개의 경찰서도 설치했다고 전하고 있다.

　이슬람관습을 강조해오던 이란의 성직지도층의 태도 변화를 나타낸 정책 중의 하나는 출산과 관련된 것이다. 정부의 1980년대 초반 출생증가 정책으로 1983년 이란의 출생비율은 3.9%까지 달했는데 이는 세계인구증가 평균율의 2배에 달하는 수치이다. 점차 문제의 심각성이 인식되자 1990년 초 정부는 인구 억제 세미나를 후원하는 등 정부가 초기에 추진한 출산증가정책을 점차 수정하기 시작했다. 지도급 신학자들 중에서는 정부의 인구 억제 계획이 이슬람법에 위배되지 않는다고 언급하고 소규모의 가정이 바람직함을 권장했다.

　혁명 초기 여성들의 정치적 권리와 참여문제는 이슬람의 원칙을 우선적으로 강조하는 이슬람화 정책에 의해 여성들에게 불합리하게 적용된 점도 지적해 볼 수 있다. 그러나 현실을 외면한 이러한 강경한 이슬람 원리주의는 지도급 인사들의 재해석과 정책시정으로 점차 변화를 보여 왔다.

하타미 대통령은 특히 여성유권자들과 젊은층의 폭넓은 지지를 받았으며 그는 자신이 여성각료를 임명하겠다고 공약했듯이 그의 취임 이후 엡테카르(Dr. Ebtekar)를 이란의 첫 여성 부통령에 임명했다. 그녀는 최초의 여성부통령이기도 하지만 혁명 이후 각료에 취임한 첫 여성이다. 사실상 하타미 행정부 이전까지 행정 부서에서 여성이 맡은 제일 높은 직책은 단지 '대통령 고문 및 대통령실 여성업무사무소장'과 '보건성 차관'이 고작이었다. 현재 행정부의 국장급 중에서 여성이 차지하는 비율은 전체의 4.41%에 해당되는 약 342명이다. 여성의 정치참여도 혁명 초기 이후 지속적으로 증가되어왔다. 이를 특히 잘 반영하는 것이 여성들의 의회진출이다. 혁명 이래 6회에 걸친 의회의원 선출이 있었다. 혁명 초기 여성의원 선출은 매우 저조한 가운데 제1회기에는 전체 의석 270석 중 3명의 의원이 선출되었으며 그 이후 의원 수가 조금씩 증가되어 2000년 제6회기에는 전체 의석 290석 중 15명의 여성의원이 나왔다.

하타미 대통령은 집권 이후 여성권리 신장을 위한 많은 개혁들을 시도하고 있다. 혁명 초기 허용치 않았던 여성의 재판업무 인정, 여성의 금요예배 주재허용[26], 이혼소송을 위한 가정법원의 출현, 자녀 양육권을 위한 새로운 입법 등이 여기에 해당된다. 여성운동가들도 하타미 집

---

26) 이슬람 국가에서 예배를 주재하는 역할은 지도층 종교지도자의 기능에 속한다. 이슬람법상으로 여성은 집회에서 기도를 인도할 수 없었으나, 이슬람법에 대한 재해석권을 가지고 있는 종교지도자들은 종교법령(fatwa)을 발표하여, 여성이 집회에서 기도를 인도할 수 없었던 제한 규정을 삭제한다고 밝혔다(조선일보, 2000. 8. 4.).

권 이후 더욱 적극성을 띠는데, 이들은 이슬람의 잘못된 해석을 지적하면서 일부 항목에 있어서 개정을 요구하고 있고, 의회는 이를 이전에 비해 더욱 긍정적으로 검토 중이다.

하타미 정부의 각 부서별 여성정책의 주요 목표는 다음과 같다. 우선 농업성은 여성들의 사회참여 향상을 위해 특히 농촌여성의 교육, 여성 고용기회의 확대에 중점을 두고 있다. 또한 내무성은 여성의 정책결정 참여 기회의 향상을 위해 정부 고위직의 여성 등용 확대를 검토 중이라고 밝히고 있다. 고등교육성은 교육시설을 개선하고, 여교사를 많이 채용함으로써 고등교육 과정에 여학생들의 참여를 권장하고 있다. 이슬람 홍보성은 기술교육을 통한 여성고용의 확대와 언론매체상의 여성 이미지 개선을 목표로 한다. 이란의 올림픽 국가위원회는 여성스포츠에 특별한 관심을 기울이고 있으며 스포츠 분야에서의 여성의 적극적인 참여를 위한 여건 향상과 이에 대한 홍보에 활약한다.

지난 2000년 2월 이란 의회의원 총선에서는 개혁파 의원의 수가 전체 의원 수의 80% 가량을 차지함으로써, 그동안 보수파 성직자의 반발로 주춤했던 하타미 대통령의 개혁, 개방정책이 더욱 가속화 될 것으로 전망되고 있다. 이번 총선에서 개혁파가 승리를 거둔 것은 변화와 개혁을 지지하는 여성과 젊은 층이 대거 투표에 참가했기 때문으로 분석된다.

친개혁파 정치분석가인 사에드 라이즈는 "무함마드 하타미 대통령이 당선된 1997년 대선이 개혁과 변화를 위한 선거였다면 이번 총선은 그 개혁의 지속과 가속화를 위한 선거였다"고 평가했다. 그동안 하타미 대통령은 의회와 사법부를 장악한 보수파의 견제로 정책집행과 입법 활동에서 한계를 보여 왔다. 개혁성향의 신문들이 폐간되기도 했고, 경제 개방과 외자유치가 실효를 거두지 못한 것도 보수파의 국가독점사업 개방 반대 논리 때문이었다. 따라서 개혁파는 선거에서 승리한 여세를 몰아 내각과 의회에서 보다 급진적인 개혁을 추진할 것으로 보인다. 하지만 군부, 사법부, 헌법수호위원회 등은 모두 최고 지도자인 하메네이가 통괄하기 때문에 하타미 대통령을 비롯한 개혁파들에게 보수파들은 여전히 강력한 견제세력인 것이다.

이상과 같이 호메이니 사후의 이슬람 개혁주의 성향을 실용주의적 정책을 취했던 라프산자니 대통령 시기와 비교적 개혁주의적 정책을 취해나가고 있는 현 하타미 대통령 시기의 여성관련 정책을 고찰해 보았다. 실용주의적 성향의 라프산자니에 뒤이어 대통령이 된 하타미 대통령은 더욱 적극적으로 여성문제와 관련하여 개혁적 의지를 보이고 있다. 하타미는 이란국민의 변화에 대한 요구에 부응하여 파격적이고 혁신적인 공약을 내걸었는데 특히 그는 여성의 지위향상에 보다 초점을 맞추었다.

3. 이슬람주의 여성운동과 정책변화 과정

이슬람 혁명 초기 이란 여성들의 움직임은 주로 민족주의 혹은 사회주의와 마르크스주의 성향을 띤 단체 활동의 영향을 받았다. 그러나 이들 단체들은 대중을 지지기반에 두지 못했고 또 성직자 체제가 확립되어 가는 과정에서 이 단체들은 대부분 해체되었다. 이들 세속주의 성향의 여성운동은 대체로 활동이 정지되거나 혹은 해외에 근거지를 두고 지하조직화 되었다.

한편 이란 내에서 활약하는 여성들의 움직임은 이슬람의 이름으로 다시 부각되었다. 이러한 여성들의 활약은 이슬람 개혁성향의 정책에 힘입어 보다 활성화되고 있다. 따라서 이란 여성운동의 특징은 자유주의나 페미니즘 혹은 기타 서구주의의 이름으로서가 아니라, 자신들의 내부적인 구조개선을 시도하고 있다(Afshar, 1999:217). 그들은 필연적으로 이슬람의 언어로써 그들의 요구를 표현한다. 여성운동에 대한 논쟁은 시종일관 이슬람의 언어로써 표현되었고, 모든 요구들은 관련 종교 구절에서 그 근거를 찾아 제시한다. 그들은 이란에서 많은 지도적 종교인과 정치인들에게 여성의 역할관에 대한 개념을 바꾸어 놓고자 시도하고 있다.

일부 진보적인 여성 활동가들이나 그 옹호자들은 여성과 관련된 이슬람의 입장에 새로운 해석을 시도했다. 이들은 여성의 본성 자체가 교육과 훈련을 받음으로써 남성과 마찬가지로 전문인이 될 수 있음을 주장했다. 이러한 해석들은 학문적으로나 정치적으로 치밀했으며, 지속적으로 많은 지도적 남성 신학자들과 정치학자들이 그들의 견해와 그들의 정책을 재고하도록 했다. 사실 여성을 공적 영역에서 열등하다고 비난하는 것은 용납되지 않는다.

여성의 의회진출은 사실상 저조한 수준을 유지해 오다 1990년대 들어서 여성대표들은 더욱 적극성을 띠었고 일련의 법률을 강구하기에 이르렀다. 이는 여성들을 위해 새로운 기회를 제공하는 계기를 마련하는 것이다. 그 실례로 혁명 초기 여성의 의회진출에 대한 치열한 논쟁 과정에서, 일부 성직자들이 여성의 의회진출을 이슬람법과 이슬람 관습에 위배되는 행위라는 견해를 내었음에도 여성들은 결국 의회에 진출하여 지속적으로 의원 수를 증가시켜가고 있다. 또한 여권을 옹호하는 하타미 대통령에 대한 특히 여성들의 전폭적인 지지에 힘입어 향후 여성정책을 시정해 나가는 데 일조했다. 하타미 대통령은 자신이 선거 공약과정에서 여성각료를 임명하겠다는 약속을 이행하여 이란최초의 여성부통령을 임명하였다.

의회에 진출한 여성의원들은 소수이기는 하지만 의회에서 여성의 사회적, 경제적, 정치적 지위를 향상시키기 위한 법률안을 다양한 방법으로 제시했다. 의회에서 특히 거론되었던 여성문제는 1985년의 교육규정

법률에 대한 개정 법안문제이다. 이 법안에서는 해외에서 공부하는 남성과 기혼여성에 대한 국가지원 장학금문제 등을 다루었다. 당시 미혼여성에 대한 장학금 지원에 대한 법률개정은 실패했다.

또한 1986년 이란 의회에서 통과된 '결혼 및 이혼관련 법률안'은 여성의 이혼권 인정과 결혼기간 중에 획득한 재산에 대한 분할권, 일부다처제로부터 자신을 보호할 권리(부인의 동의 여부 등), 결혼을 전제로 한 이성교제의 허용 등 12개 항목으로 혁명 초기 이슬람법의 전통적 해석과 관습에 따라 재허용되었던 일부다처제와 남편의 일방적인 이혼제기 등, 남성의 특권을 재조정하고 있다(Ramazani, 1993:417~18). 이외에도 1997년 7월에는 '여성의 별거수당' 관련 법률안이 의회에서 통과되어, 여성이 결혼기간 중 혹은 이혼 시 별거수당을 요구할 권리를 가지게 되었다.

1991년 제4회기 의회 선거유세를 하는 동안 마리얌 베루지(Maryam Behruzi)는 여성의 조기 퇴직문제, 이혼법 개혁안과 여성과 유아에 대한 국가연금 지급 등에 관한 법안을 차기 회기 전에 허용할 것을 강력히 요구하는 캠페인을 벌였다. 제 4회기에서는 9명의 여성의원들이 당선되어 의회의 여성의원들의 활약은 더욱 적극성을 띠었다. 특히, 베루지(Behruzi), 모니레 노바흐트(Monire Nobaht)와 마르지에 바히드 다스트조르디(Marjie Bahid Dastjordi) 의원은 적극적으로 활동했다. 그들은 제4회기 기간 중 20년이 채 못 되었던 여성공무원의 정년을 20년 이후로 허용하는 법안을 통과시키는 데 성공했다. 이러한 활약들은 여성들 자신이 사회 활동의 제한적 요인들을 자신들의 요구로 해소해 가는 과정이기에 매우 의미가 있다.

한편 1994년 모카담(Fatemeh Homayun Moqadam) 의원은 의대에서 여학생 수 증가를 위한 할당제 제안을 정부가 받아들이도록 압력을 가하는 데 기여했다. 1994년 10월 비준된 법안에서는 보건성에 외과, 신경과, 비뇨기과, 정형외과, 이비인후과, 방사선학과 등 의과분야에서 여학생 수의 할당을 최소 25%로 요구하고 있으며, 여성 지원자가 많을 경우 일반 외과, 내과의 경우 50%의 할당입학 허용을 요구했다(Zan-e Ruz, 1994). 그 결과 그해 12월 마란디(Marandi) 보건성 장관은 여성들이 본성적으로 이 전문 분야에 적합하기 때문에 일부 의학 전문 분야에서 여성 할당입학을 증가한다고 발표했다. 그 실례로 소아과는 여성들에게 보다 적합하다고 강조했다.

의학학부에서 여학생 할당제 적용이 성공하자, 1991년 종교 도시 콤(Qom)에는 파테메(Fatema)여성의료학교가 설립되어 110명의 여학생을 받았다. 이스파한(Isfahan)시에는 여성전용 의료 센터도 문을 열었다. 이후 의학계 할당제 논의는 확산되어 여성들은 대학의 주요직 개편에서 점차 자신들의 권리를 주장했다. 1995년에는 혁명 이후 여성으로서는 처음으로 보건성 연구담당 부차관에 사나이(Ashrafsadat Saneyi)가 임명되었다(Afshar, 1999:74~75). 여성전용 의료센터에서는 여성들로 구성된 의사들이 여성 환자를 치료해 주고 있어 여성들의 호응도 크다.

제6회기 의회 선거의 가장 두드러진 특징은 여성후보들의 약진이다. 6천여 명의 입후보자중 10% 가까이 되는 513명이 여성이었고 이중 약 15명이 2차에 걸친 선거를 통해 의회 진출에 성공했다. 이번 선거에 참여한 여성후보들 중 특히 '이슬람이란참여전선' 소속 여성후보 5명은 이번 선거에서 '강제결혼 폐지, 여성의 양육권 확대, 남녀 임금 차별철폐, 남녀의 법적 평등권 보장'을 공약으로 내걸어 여성들로부터 지지표를 받았다. 또한 여성들은 이번 선거를 통해 혁명 이후 정치결정과정에 여성의 참여를 억제해 온 장애들을 없애야 한다고 주장하는 한편 '여성의 억압요소를 없애는 것이 이슬람의 가르침을 따르는 것'이라고 더욱 구체적으로 주장하기에 이르렀다.

이 6회기 선거에서 가장 많은 표를 받은 여권운동가인 소헤일라 젤로다르자데(Soheila Jelodarzadeh)는 이란 관영통신 IRNA과의 회견에서 2000년 5월에 소집되는 새 의회에서 여성들이 자유로운 사고의 혜택을 더 많이 누릴 수 있기를 희망한다고 말하면서 여성후보가 남성의원에 비해 수적으로 열세하기 때문에 여성관련 문제를 거론함에 있어 남성의원들의 협조가 필요하다고 부언했다. 비교적 개혁온건파로 구성된 이번 의회에서 200여 명의 핵심 개혁주의자 의원들은 여성문제 해결에 상당히 긍정적인 입장을 취하고 있는 것으로 밝혀졌다. 또한 젤로다르자데는 민법에서 여성관련 법률을 개정하도록 노력해야 한다고 강조했다. 현재 사용되는 민법은 90년이나 되었으며 실제로 효력이 없다고 피력하면서 이슬람에서는 여성에게 이미 높은 지위를 부여하고 있기에 입법과정에서도 이를 충분히 반영해야한다고 언급했다. 이슬람 관행과 관련해서 젤로다르자데는 부모라도 딸에게 조기결혼을 강요할 수 없도록 법안을 준비 중이라고 말했다.

혁명 당시의 성직자들과 정치가들이 생각했던 것 이상으로 이란 여성들은 이제 정치무대의 중앙에 나와 있다. 최근 개혁주의자 하타미(Khatami) 대통령의 등장은 이 실상을 인정했다. 그는 여성의 표를 덜 의식했던 보수파 대통령 후보인 나테크 누리(Nateq Nuri)를 제치고 젊은층과 여성들의 지지를 얻어 당당히 대통령에 당선되었다. 1997년 8월 그의 취임식 연설에서 여성의 지위 향상에 대한 공약을 지킬 것을 발표했다. 여성운동가들도 하타미 집권 이후 더욱 적극성을 띠며, 이란 문화 내에서 이슬람의 잘못된 해석을 지적하면서 일부 항목에 있어서 개정을 요구하고 있고, 의회는 이를 더욱 긍정적으로 받아들이는 분위기가 조성되고 있다. 최근 여성운동 단체에 의한 구체적 입법안은 다음과 같다. 첫째, 여성의 재판권 복귀, 둘째, 여성을 위한 고용 환경 개선으로 임금 체계의 통합, 여성의 근무가능 년 수 확대, 출산휴가의 확대 등이며, 셋째, 가정법의 개정사항으로 이혼 시 여성에 대한 재정적 지원을 향상하기 위해 결혼지참금을 현실적인 금액으로 책정할 것과 자녀양육권에 있어서 아버지가 무능력한 경우 그 권리를 어머니 쪽에 양도할 수 있도록 관련법을 개정할 것 등을 들고 있다.

이슬람주의 지식층 여성들은 불공평한 상황으로 보이는 것들을 제거해 나가고 있다. 이란 여성운동의 역사는 1세기가 넘게 유지되어 왔기에 이란 여성들은 혁명 초기의 여성에 대한 사회적 제재에 대해 강한 저항을 나타낼 수 있었고, 이제 그들은 이슬람의 이름으로 정부의 정책에 대한 시정요구를 통해 자신들의 요구를 관철시켜 나가고 있는 것이다.

제4절 여성의 정치참여에 미친 이슬람의 영향

이 연구에서는 이란의 정치변화 과정을 팔레비 정권, 호메이니 정권과 호메이니 사후 정권의 세 시기로 구분하여 고찰해 보았다. 이 시기의 구분은 이슬람에 대한 이란체제의 성향을 고려하여 우선 이슬람 혁명을 기점으로 혁명전후를 비교하고 혁명 이후는 호메이니와 호메이니 사후체제로 구분하였다. 이러한 시기별 특성을 토대로 여성의 정치적 참여에 미친 영향을 요인별로 분석해 보겠다(〈표 6〉 참조).

첫째, 정부의 형태 및 성격은 이슬람 혁명을 전후로 일대 변화가 있었다. 이러한 변화는 이란의 체제 전환의 의미뿐만 아니라 이슬람의 획기적인 전환점으로도 볼 수 있다. 체제의 측면에서 보면 군주제가 끝나고 이슬람에 바탕을 둔 공화정으로 정체가 바뀌어졌다는 점에서, 또 이슬람의 측면에서 볼 때는 7세기의 이슬람 초기의 이슬람공동체를 이상으로 하는 정교일치에 바탕을 둔 이슬람 원리주의 성향의 국가가 다시 등장했다는 데 의미를 부여할 수 있다. 정부형태의 전환은 체제의 성격과 국내 상황의 전반적인 변화를 수반한다. 혁명 이전 팔레비 정권은 이란의 이슬람세력을 위축시키면서 근대주의적 성향을 반영했으나, 혁명 이후 호메이니는 자신의 이론(법학자 통치론)을 바탕으로 만든 이슬람 정부에서 이슬람의 원리와 원칙을 무엇보다 강조하는 강력한 이슬람 원리주의 성향을 띠고 사회전반에 이슬람화를 시도하였다. 그러나 호메이니의 사후 이슬람 원리주의의 적용에 대한 문제점과 모순점들이 지적되면서 다시금 이슬람의 개혁성향의 지도자들이 등장한다. 라프산자니 대통령의 실용주의와 하타미 대통령의 이슬람 개혁주의 성향이 그 실례이다.

이란 여성의 문제는 이러한 정부 형태 변화와 체제의 성향이 민감하게 작용된 한 사례로 볼 수 있다. 팔레비 정권 시기의 근대주의 성향은 이란사회의 이슬람적인 가치관과 관행을 세속적이고 서구적인 모형으로 바꾸어 놓고자 했다. 특히 여성과 관련된 이슬람의 관행과 관습에 전반적인 수정이 가해졌다. 그러나 의식과 가치관의 변화는 이루어지지 않은 상태에서 여성이 베일을 벗고 사회 활동을 하는 것이 근대화와 사회발전의 한 양상으로 표현되어졌다. 또한 혁명 초기 호메이니의 이슬람 원리주의 성향은 이전 체제의 서구화의 잔재를 제거하고 이슬람적 원리에 부합하는 사회를 건설한다는 목적하에 이슬람화를 강조했다. 이슬람 원리의 복귀와 강요는 현대의 여성에게도 똑같이 적용이 되어, 이슬람 초기의 여성상을 강조하고 쿠란에 명시된 여성의 역할관을 강조했다. 이 시기에도 무엇보다 이슬람화의 타겟이 된 대상은 여성이다. 베일을 착용한 여성이 이슬람의 가치관을 따르는 것이 표면적으로 드러나는 이슬람화의 상징적인 실례로 여겨졌다.

〈표 6〉 시기별 여성의 정치참여에 대한 환경요인

환경 요인	팔레비 정권 (1925~1979)	호메이니 정권 (1979~1989)	호메이니 사후(1989~2001): 라프산자니 .하타미 대통령
정부의 형태 및 성격	· 입헌군주제 · 이란민족주의 부각, 　세속화 성향	· 이란 이슬람 혁명(1979)과 　이슬람 공화국 수립 · 이슬람 원리주의 성향	· 체제의 구심점에 균열 · 라프산자니: 실용주의 성향 · 하타미: 이슬람개혁주의성향
국내외 상황	· 서구모방형근대화추진 －종교계와 갈등 －반체제세력 탄압 · 국제인권단체들의 압력 · 카터대통령 당선	· 이슬람혁명 이후 체제정착: 　비이슬람세력 추출 · 이란－이라크전쟁(1980~88) · 미국의 경제제재조치	· 국제적 고립타개과 경제회 　복 및 개발이 주요 현안과 　제로 부각 · 이슬람 개혁주의적 논의 　서서히 거론 · 북경여성대회(1995)
여성관련 정책	· 1935년: 여성의 베일 　착용 금지, 여성의 대학 　입학 허용 · 1963년: 여성의 선거 　권, 피선거권 부여 · 1967년: 가족보호법 　시행 ＊ 문맹퇴치운동과　여성 　교육확대	이슬람화 정책: · 교육: 남녀공학폐지, 혼합반 　금지, 일부 학과 선택금지 · 고용: 여성조기퇴직권장, 여성 　의 반나절 근무. · 이슬람관습의 부활: 가족보 　호법 폐기, 베일 착용 의무화 · 정치적동원: 여성의 선거 참 　여권장, 시위 동원 · 군사적 동원: 여성의 혁명수 　비대 충원 등	· 전폭적인 교육지원정책: 　여성의 교육률 점차 증가 　전공 분야 제한 일부철폐 · 여성고용문제에 대한 실용 　주의적 논의. · 이슬람관습시정: 출산증가 　정책 시정 · 여성의 재판업무 인정, 　여성의 금요예배주재허용 · 이혼소송을 위한 가정법원 　의 출현
여성정치 참여	· 1963년 선거권 부여 후 　6명의 의원 의회진출 · 교육부 차관임명 · 왕실여성중심의 활동	· 혁명과정을 통한 여성의 시 　위, 집회, 선거 등 참여 · 여성의원, 행정부 고위 직책 　비율 저조	· 여성부통령 임명 · 여성의원 진출 증가추세 · 여성단체 활동 증가
여성운동	· 왕가 중심의 여성단체 　로서 여권에 관심을 나 　타냈지만, 실질적인 활 　동은 미약함	· 혁명 초기 다양한 이데올로 　기를 띤 여성단체 활약, 정부 　의 규제로 대체로 해체됨 · 베일 강요와 고용정책에 반대하 　는 여성들의 시위, 정부의 탄압	· 이슬람주의 페미니즘: 이슬 　람주의를 명분으로 여성운동 　전개 혹은 여성들의 요구를 　주장
정책시정 사항			· 1986년: 의회에서 결혼 및 　이혼 관련 법률안 통과 · 1991년:　여성공무원정년 　연장안 통과 · 1994년 의대에 여학생 입 　학 할당 증가 · 1997년: 여성의 별거수당 　관련 법률안 통과

호메이니의 사후, 혁명 초기의 무리한 이슬람화에 따른 부작용과 모순점을 해결하기 위한 대안으로 라프산자니 대통령의 실용주의와 하타미 대통령의 이슬람 개혁주의 성향에 있어서도 사회의 전반에 걸친 문제와 더불어 여성문제는 무엇보다 우선시되는 사안이다. 국민들의 변화에 대한 요구를 반영하여 체제성향의 변화는 여성과 관련된 규정을 보다 완화하는 방향으로 시도한다. 여성의 평등한 권리와 참여의 문제는 사회의 전 영역에 걸친 발전과 더불어 그 해결점을 모색해야 하는 과제이나, 이란의 경우 다른 것은 큰 변화를 주지 않으면서 특히 외형적인 여성의 문제만을 거론하는 경향도 간과할 수 없다.

둘째, 국외 환경요인은 직접적이지는 않지만, 간접적으로 이란 여성의 정치참여에 영향을 미치는 요인으로 작용한다. 팔레비 정권 시 국민에 대한 강력한 탄압정책에 대한 국외적인 반응(예컨대, 국제인권단체들의 압력)들은 이란의 이슬람 혁명의 원인 중의 하나로 꼽을 수 있다. 또한 국제 여성단체들의 활약은 정부의 여성에 대한 입장과 여성단체들을 활동을 자극했다. 특히 1995년 북경여성대회 참가를 위해 이란은 대외 홍보차원에서 이란 여성의 활동상을 알리기 위해 치밀하게 계획했다. 예컨대, 현재 활동 중인 이란 여성 민간단체 중 많은 수가 1995년 북경여성대회 직전에 창립된 사실에서도 이를 알 수 있다.

셋째, 여성관련 정책은 실질적으로 체제의 성격과 국내외 상황이 반영되어 여성의 정치참여와 직접적으로 연결되어지는 부분이다. 팔레비 정권의 여성관련 정책은 여성과 관련된 이슬람적 규범과 관행을 제거하려는 데 집중되어졌다. 이란의 민족주의를 보다 강조하면서 이슬람적 요소를 제거하고 근대적 가치관을 주입시키려 했다. 사실상 여성에게 실질적인 정치참여의 계기가 부여된 시기는 팔레비 정권의 시기이다. 반면 혁명 이후의 호메이니는 이슬람의 원리를 강조하며, 이슬람화 정책을 여성에게도 적용함으로써 이슬람의 관행이 재현되고 여성에 대한 전통적인 이슬람의 역할관이 강조되어졌다. 이러한 일련의 정책 변화 과정은 여성의 정치참여에 직접적으로 영향을 미쳤다. 혁명 초기에는 이슬람의 전통적 여성관을 강조하며, 여성의 공적 영역에서의 활동이 제약을 받았다. 하지만, 호메이니 사후의 라프산자니와 하타미 대통령 시기에 접어들면서 여성들의 정치참여도 점차 증가된다.

넷째, 여성의 정치참여는 위로부터의 정권의 변화와 정책 변화에 영향을 받지만, 아래로부터 여성의 자발적인 요구와 특히 움직임에 의해서도 영향을 받는다. 또한 위로부터의 변화 과정에 이슬람이 정당성을 부여해주는 역할을 했다면, 아래로부터의 반응 과정에서도 특히 현 체제에서 여성들의 움직임은 결국 이슬람의 이름으로 이루어질 때 효력을 발휘할 수 있었다. 팔레비 체제의 여성운동은 사실 왕가중심의 여성단체였기에 정부 조직과 밀접하게 연계되어 있어 실질적인 활동은 미약했다. 혁명 초기만 해도 혁명 과정에서 세력화된 다양한 이데올로기를 가지고 여성단체들이 활약했고, 이슬람 정책에 대해 항의했지만, 이 단체들은 대체로 정부의 규제로 해체되었다. 정치성을 띤 여성단체들 중에서 그 활동을 지속하고 있는 단체들은 이슬람을 명분으로 내세운 여성운동 즉 이슬람주의 여권운동이다. 이들은 자신들의 요구 조항을 제시함에 있어 그 근거를 이슬람에서 찾고, 여성문제와 관련한 이슬람의 재해석의 문제를 거론한다. 따라서 결국 이들에 의해 호메이니 사후 시기에는 정책에 대한 시정이 조심스럽게 거론된다. 여성 공무원의 정년 연장안이 통과되거나 의대에 여학생 할당입학이 증가되는 법안들은 모두 이들 여성들에 의해서이다.

이상과 같이 이슬람의 가치관은 여성의 정치참여에 영향을 미친 제 요인에 적게 혹은 많게 반영되어졌음을 고찰해 보았다. 특히 이슬람은 혁명 이후 정치. 사회적 이데올로기로서의 기능을 충분히 발휘한다. 즉 이슬람은 현 이란 체제의 정당화와 합리화의 기능을 하고 있으며, 또 사회 통합과 사회 결합 그리고 동원과 설득 조작의 역할을 한다. 또한 일반인의 정서와 의견을 나타내는 기능, 현실비판의 기능을 하며 이슬람의 이상적인 유토피아를 제시하고 있기에 이란사회 전반에 걸쳐 정치 이데올로기로서 작용하고 있다고 할 수 있다.

그 실례로 현재 이란의 헌법과 각종 법규에는 이슬람의 요소가 그대로 반영되어 있다. 여성문제와 관련해서는 헌법상에 여성이 남성과 동등하게 법의 보호를 받는다고 명시되어 있지만, 이 권리는 이슬람의 원칙에 기초한다(헌법 제20조)는 조항이 덧붙여 이슬람의 가르침과 원칙이 헌법이나 국가의 법에 우선한다는 점을 강조하고 있는데 이는 헌법의 내용 역시 이슬람의 원칙에 준해 정당성을 부여받고 있다는 의미이기도 하다.

또한 여성들에게 정부정책을 지지하고 정부가 주도하는 행사의 참여를 위한 동원을 호소하고 설득하는 과정은 모두 이슬람의 명분으로 행해졌다. 체제를 지지하기 위한 시위 행사와 혁명 이후 20여 차례가 넘게 행해진 선거행사, 또 이란-이라크 전쟁을 치루는 동안 이란 여성들의 참여와 동원에는 이슬람의 명분이 우선시되었다.

혁명 초기 소위 '문화혁명'이라고 일컫는 일련의 이슬람화 정책에서는 이란국민의 교육을 포함한 모든 문화영역에 광범위하게 이슬람의 영향을 반영시켜 이전의 근대화 정책에 따른 서구식 패턴에 대립하는 전면적인 가치관의 변화를 시도하고 있다. 이슬람주의자들은 서구화(westernization)를 서구중독증세(gharb-zadegi)로 묘사하며 이슬람적 정체성과 토착적인 발전방향을 강조한다. 이슬람 복장인 베일 착용은 서구의 퇴폐문화에 대한 비난과 함께 그들만의 문화적 정체성의 실현이라는 명제로 강조되었다.

여기에서 나타나듯이 이슬람은 하나의 문화 현상으로서 사회구성원의 의식을 지배하고 있으며 이는 또한 정치의 도구로서 국민통합과 사회적 합의의 기본 축을 제공하고 정치는 또한 이러한 문화적 규범이나

가치체계의 강화의 수단 내지는 동조이기도 하다. 특히 권력관계로 대변되는 정치 영역에서 이슬람은 지배이데올로기로서 체제유지 기능을 한다.

제4장 이란 여성의 정치참여 실제

이 장에서는 혁명 이후 이란 여성의 정치참여 실제를 분석해보기 위해 우선 이슬람 공화국 체제에서 여성의 사회 및 정치참여에 대한 법제적 환경을 헌법상의 여성의 지위를 통해 분석해 보고 여성의 정치참여를 크게 지도자 수준의 참여와 일반적 정치참여로 구분해서 검토해 보도록 하겠다. 지도자 수준의 참여 방식으로 의회, 행정부, 사법기관을 통한 여성의 공직참여와 일반적 참여 수준으로는 단체 활동을 통한 참여와 선거를 통한 참여 상황을 구체적으로 검토해 보겠다.

일반적으로 모든 국가의 헌법은 정치참여의 의무 즉 선거권, 피선거권, 협의권, 정보를 접할 권리 등과 관련된 항목이 명문화 되어 있다. 이란 이슬람 공화국 헌법에서도 국민의 참여는 권리일 뿐만 아니라, 사회적 의무로 간주하며, 정부가 국민 모두를 위해 참여의 여건을 마련해야 할 의무가 있다고 명시하고 있다. 실재 헌법상으로는 남녀가 법의 동등한 혜택을 받는다는 전제하에, 여성의 선거참여, 의회의원직 혹은 여타 정부의 직책을 맡는 데 있어 아무런 제재 요소는 없다. 즉 법적으로는 적어도 동등한 시민이며 국민으로 취급하고 있다. 헌법 내용 중에는 국가 요직의 선출 및 임명에 관한 내용들이 자세히 기록되어 있다. 이중 국가의 최고 권위자인 국가지도자(Faqih) 선출과 대통령, 국회의원 혹은 사법부 요직, 내각요원, 지방의원 등 여타 국가요직에 관한 언급에서 사실상 일반적인 언급 이외에는 특정 성(性)을 의도적으로 묘사한 내용은 찾을 수 없다. 그럼에도 불구하고 여성의 공직참여를 비롯한 정치참여는 헌법보다 우위에 있는 이슬람법의 제재를 받는다. 사실상 헌법상으로도 모든 국민의 권리행사는 이슬람의 원칙에 준한다(제3장 20조)고 명시하고 있어 헌법보다 이슬람법의 우위를 강조하고 있다.

여성의 정치참여는 이슬람법상으로는 명시되어 있지 않는 사항으로 혁명 초기부터 이에 대한 논란이 빈번했다. 따라서 혁명 이후 여성들의 정치참여에 대한 근거는 재해석 과정을 통해 타당성이 부여되어졌다. 쿠란이나 이슬람법에서 표현되는 여성의 역할은 전통적인 여성관에 입각해 있어, 여성의 정치참여에 대한 해석을 이끌어 내기까지는 많은 논란의 과정을 거쳐야만 했다. 그러나 혁명 초기에 비해서 현재로서는 여성의 정치참여에 대한 타당성의 근거를 제시하는데 어느 정도의 진전이 있은 것은 사실이다. 이러한 움직임은 위로부터의 정책 수정과 또 아래로부터의 여성들의 요구에 의한 일련의 상호 작용 과정에 의해 이루어졌다. 또한 확실한 것은 이슬람 가치의 변화에 대한 속도는 더디지만, 논란을 거듭하는 과정에서 변화의 방향으로 나아가고 있다는 것이다.

제1절 헌법상의 여성의 지위

국가마다 헌법은 체제의 기본적인 원칙과 국민의 권리와 의무에 관한 내용을 제시한다. 이슬람 원리주의에 입각한 이란 이슬람 공화국은 이슬람법을 모든 법보다 우위에 두고 있지만, 국가의 운영에는 이슬람법에 준한 헌정을 택하고 있기에 헌법은 국가의 법을 세세히 조문화하고 있다. 현실적인 여성의 정치권리와 참여에 관해서도 헌법에는 법 조항으로 명시하고 있다.

이란 이슬람 공화국 헌법은 공화국 수립과 더불어 1979년 제정되었고, 1989년 부분적 개정이 이루어진 바 있다. 제정헌법은 79년 6월 혁명위원회에서 헌법초안을 발표하고 전문가 회의(Majles Khobregan)의 심의를 거쳐 그해 12월 국민투표를 통해 유권자 98.2%의 찬성으로 확정되었다. 또한 개정헌법은 1989년 7월 호메이니의 후계자 즉 이슬람 공화국 최고 지도자의 자질 문제[27]와 관련하여 일부 조항을 개정했다.

현재의 개정헌법은 전문을 비롯하여 총 14장과 177조로 구성되어 있다. 헌법 전문의 시작 부분에서는 "이슬람 국가인 이란의 공화국 헌법은 이슬람 교리와 이슬람 사회의 진실한 열망을 반영하는 제 가르침에 입각하고 있으며 이란 사회의 정치·경제, 문화의 기초가 된다"고 명시하여 이란이 이슬람의 원칙에 따른 공화국임을 명확히 하고 있다. 따라서 헌법상에서 여성을 언급함에 있어 사실 이슬람의 가르침과 원칙은 중요한 기준으로 작용한다.

본 장에서는 이슬람 공화국 헌법[28]에 나타난 여성의 법적 지위를 검토해보기 위해 헌법에 반영된 여성의 역할, 기본권, 또 정치권리 및 기타 남녀평등에 관련된 조항을 세분화하여 각 조항별로 분석해 보겠다.

1. 여성의 역할 관련 조항

헌법 전문의 내용 중에는 '헌법상의 여성'이라는 조항이 별개의 항목

---

27) 호메이니는 자신의 이론을 바탕으로 수립한 이슬람 공화국체제에서 국가의 최고 지도자(Faqih)이면서 최고 종교지도자(Marja-e Taqlid)의 역할을 수행했다. 즉 이슬람의 정교일치체제를 실현한 것이다. 그러나 그는 죽음에 임박하여 후계자 계승문제에 관해 이러한 최고 지도자의 자질과 관련된 개정의 결단을 내리게 된 것이다. 개정조항에서 최고 지도자가 최고 종교지도자이어야 된다는 항목이 삭제되고 이어 그의 후계자로 하메네이가 임명된 것이다. 하메네이는 다소 인위적이긴 하지만 종교계에서의 지위가 급속히 상승되어 현재는 최고 종교지도자의 서열에 있다.

28) 헌법조항은 페르시아어판 Davir Khane-e Majles baresi nahāi Qanun-e Asāsi, *Qānun-e Asāsi Jomhuri-e Eslalāmi-e Irān*, 와 영어번역판, Department of Translation and Publication Islamic Culture and Relations Organization, (1997) *The Constitution of the Islamic Republic of IRAN*, Tehran Hlhoda 및 Directorate-General of International Agreements(1995) *The Constitution of the Islamic Republic of IRAN*, Theran을 참고하였다.

으로 명시되어 이슬람 공화국에서 여성의 권리 회복과 여성의 역할에 대하여 언급하고 있다.

〈표 7〉 헌법상의 여성의 역할관련 조항

헌법 조항	내 용
전 문 '헌법상의 여성'	이슬람 사회가 건설됨으로써 이란국민들은 본질적인 정체성과 인간적인 권리를 다시 회복하였는데 그 결과 이전 체제에서 많은 억압을 받아온 여성들은 더 많은 권리를 보장받게 되었다. 가정은 사회의 기본 구성단위로서 인간의 성장과 발전을 위한 기반이며 교육의 중심이 되는 곳이다. 이를 달성하기 위해 여건을 마련하는 것은 이슬람 공화국의 의무이다. 따라서 여성은 상품이나 도구의 역할에서 벗어나 어머니로서의 중요하고 가치 있는 의무를 회복하여 신념이 있고 지도적인 인물을 키워내며 남성과 함께 삶의 현장에 동참한다. 이는 이슬람의 보다 높은 가치를 실현하는 것이다.

이 항목에서는 이란 여성들이 이슬람 국가가 수립되어, 이전의 팔레비 왕정 체제에 비해 보다 인간성을 회복하고 인간적인 권리를 누릴 수 있게 되었다고 언급하고 있다. 즉 왕정하에서 서구에 종속적이고 모방형의 근대화를 추구하여 여성들이 본질적인 정체성 혹은 전통적인 역할을 잊고 성의 상품화로 전락되어 있었다가 새로운 이슬람 사회가 등장하면서 여성의 가치와 의무를 회복했다는 내용이다. 이는 혁명 이전 베일 착용의 금지로 인해 여성들이 서구의 의복을 입고 서구적 생활유형을 모방하려 했으나, 사실 외형적인 서구화에 비해 실재 여성들이 활동할 수 있는 영역은 제한되어 있었고 그로 인한 부정적인 측면을 지적한 내용으로 보인다.

그러면서 이 조항에서는 사회의 기본단위인 가정을 강조하고 여성들에게 이 단위를 유지하는 어머니와 배우자로서의 역할에 가치를 부여한다. 따라서 이 조항의 전체 내용을 검토할 때 현대여성의 공사 영역과 관련하여, 사적 영역에 대해서는 큰 가치를 두지만, 사회의 일원으로서 여성의 공적 역할 참여에 대해서는 언급이 없다. 이는 현대사회에서 여성의 사회적 역할보다는 이슬람적 가치관에 입각한 전형적인 여성의 역할을 강조하고 있는 것으로 볼 수 있다.

2. 기본권 조항

헌법 제3장은 '국민의 권리'라는 제목하에 제19조에서 42조로 구성되어 있으며, 이란국민의 권리에 관한 언급과 이를 보호하기 위한 정부의 의무에 관해 명시하고 있는데 여기서 국민의 일원으로서의 여성에 대한 기본권을 찾아볼 수 있다. 이외에 총칙의 제3조 29조에도 국민의 기본적 권리에 대한 정부의 의무를 언급하고 있다.

헌법 제3장의 제21조의 경우, 정부는 여성의 권리보장을 위해 아래의 업무 즉 첫째, 여성의 인격형성과 물질적. 정신적 권리의 회복을 위한 적절한 여건 마련, 둘째 특히 임신 중이거나, 아이를 양육하는 어머니의 보호와 보호자가 없는 아이들의 보호, 셋째, 가족을 보호하기 위한 합법적 가정법원의 설립. 넷째, 과부와 나이 들거나 보호 대상 여성을 위한 보험 이행 등을 명시하고 있다.

첫 번째의 경우, 여성의 인격 형성과 물질적·정신적 권리회복을 위한 환경마련은 매우 포괄적인 의미로 해석될 수 있다. 이는 여성이 공사 영역에서 자유롭게 활동하고 참여할 수 있는 기회와 여건을 마련한다는 의미로, 교육, 정치·경제, 종교, 예술 분야에서 여성의 다양한 참여 기반을 마련하는 것은 정부의 책임으로 본다. 또한 둘째, 셋째, 넷째 항목은 헌법 전문에서 강조한 사회의 기본구성단위인 가족과 가정의

유지를 위한 복지차원의 언급들로 보인다. 따라서 정부는 여성의 사회
복지 문제를 해결함과 동시, 여성들의 권리 회복을 위해 환경을 마련해
야 할 의무가 있다. 이러한 기회마련의 일환으로 제3장 30조와 총칙의
제3조에서는 정부의 의무로써 국민이 중등교육까지 무상으로 받을 수
있는 혜택과 고등교육 시설 확충 등 자유로운 교육기회의 부여를 꼽고
있다.

<표 8> 헌법상의 기본권 조항

헌법 조항	내 용
제3장 21조	정부는 이슬람 원칙에 준하여 여성의 권리를 보장해야 하며 아래의 업무를 이행할 의무가 있다. 첫째, 여성의 인격형성과 물질적, 정신적 권리의 회복을 위한 적절한 여건 마련. 둘째, 특히 임신 중이거나 아이를 양육하는 어머니의 보호와 보호자가 없는 아이들의 보호. 셋째, 가족을 보호하기 위한 합법적 가정법원의 설립. 넷째, 과부와 보호대상여성을 위한 보험 이행 등 …….
제3장 29조	모든 국민은 사회보장을 받을 권리가 있다 ……
총칙의 제3조 3항	정부의 의무로서 ……. 모든 국민에게 자유로운 교육과 체력 단련시설 제공 및 고등교육의 활성화.
제3장 30조	정부는 모든 국민이 무상으로 중등교육까지 받게 하며 고등교육시설을 확충해 나갈 의무가 있다.
제3장 28조	누구이든 직업을 선택할 권리를 가진다. 이 권리는 타인의 권리, 이슬람의 원리 또는 국가이익을 위해서는 안된다. 정부는 다양한 직업에 대한 사회적 필요성을 감안하여 모든 국민에게 균등한 직업의 기회를 제공할 의무가 있다.

또한 제3장 28 조에서는 정부가 모든 국민에게 균등한 직업의 기회
를 제공할 의무가 있음을 지적하여 누구든지 직업을 선택할 권리가 있
다고 명시되어 있다. 이 교육과 직업의 기회에 대한 조항에서는 대상을

'모든 국민 혹은 시민'이라는 명칭으로 언급하고 있으며, 이는 국민 혹은 시민의 절반인 여성을 배제한 언급은 당연히 아니므로 여성에게도 법적으로 동등한 권리가 있는 것으로 볼 수 있다.

3. 정치적 권리 조항

정치적 권리에 관한 조항은 총칙의 제3조 7항과 8항 또 대통령의 자격요건과 의회의원에 관한 조항에서 나타난다.

〈표 9〉 헌법상의 정치적 권리 조항

헌법 조항	내 용
총칙의 제3조 7항	법적 범위 내에서 정치적·사회적 자유의 보장
총칙의 제3조 8항	정치·경제, 사회, 문화의 제 분야에 있어서 국가적 결정에 모든 국민의 참여 보장
제115조	대통령의 자격요건: 대통령은 종교적 신앙심이 있고 정치적 소양을 갖춘 인물(rajal)이어야 한다.
제62조	의회는 국민의 직접. 비밀투표로 선출된 대표로 구성된다.

제1장 총칙의 제3조에서는 이란 정부는 체제의 목표를 달성[29]하기

---

29) 총칙 제1조에서는 이란 이슬람 공화국이 '신의 주권'과 '쿠란의 정의'에 대한 믿음과 혁명의 승리에 입각하여 설립되었음을 명시하면서 제2조에서는 이란 이슬람 공화국의 건국이념에 대해 다음과 같이 언급하고 있다. (1) 유일신과 그 신의 절대주권과 절대입법권 그리고 그에 대한 따름 (2) 법의 기본원천으로서 신의 계시에 대한 믿음 (3) 부활의 개념과 그에 따른 인간의 승격 (4) 신의 정의감 (5) 이슬람 혁명의 영속적 지도력과 그 근본적인 역할 (6) 인간의 존엄성과 신의에 의한 자유와 책임의 결합 …… 에 관해 명시하고 있으며 제3조에서는 이러한 이념의 실현과 목표 달성을 위한 정

위해 16개 항목의 사항들을 이행할 의무가 있다고 명시하고 있다. 그중 제7항에서는 법으로 규정된 범위 내에서 국민들에게 정치적·사회적 자유를 보장하며, 제8항에서는 '정치·경제, 사회, 문화의 제 분야에 있어서 국가적 결정에 모든 국민의 참가보장'을 언급하고 있다. 이는 정부는 법적으로 보장된 범위 내에서 모든 국민들의 정치적, 사회적 자유를 보장할 의무가 있으며, 국가적 결정을 수행함에 있어서도 모든 국민들(즉 남녀의 구분 없이)은 모든 분야에서 그 결정에 참여할 수 있는 권리를 보장해야 한다.

한편 제115조항에서 언급한 대통령의 자격조건에 관한 조항은 이란 내에서 많은 논란이 되는 문제로 부각되고 있다.

"대통령은 종교적 신앙심이 있고 정치적 소양을 갖춘 인물(rajāl)이어야 한다 ……" 여기에서 '인물'을 나타내는 의미로 사용된 '라잘'이라는 단어는 페르시아어에서 일반적으로 '인물' 혹은 '인격체'를 의미하기도 하지만, 주로 남성을 일컬을 때 사용되는 단어이기에 논란의 여지가 있다. '라잘'에 남성이라는 성의 의미가 의도적으로 들어가 있는 것인지, 단지 인격체 혹은 인물이라는 일반적인 의미로서 사용된 것인지와 관련된 논의이다.

이를 두고 성직자들 간에도 의견이 분분한바, 일부에서는 여성이 대통령에 출마할 수 없다고 주장하기도 하나, 일부에서는 이것은 해석의 문제라고 언급하고 있다. 헌법제정 시 초안내용을 검토했던 전문가 회의에서 일부의원들은 대통령과 관련해서 원래 '남성'(mard)이라는 단어를 책정하고자 했으나, 전문가 회의의 유일한 여성의원의 반대로 '남성'이라는 단어 대신에 '인물'이라는 단어가 채택되었다. '정치적 인물'은 물론 성을 나타내는 의미는 아니지만, 그것에 대한 해석은 헌법수호위원회의 결정에 달린 문제이다. 현재로선 이 단어를 대체로 '남성'이라는

부의 의무를 규정하고 있다.

의미로 받아들이고 있으나, 여성 대통령 후보가 나올 경우에는 재해석의 여지는 충분히 있다.

정치적 권리 중에서 이란의 국가최고 지도자인 파키(Faqih)에 관한 조항은 성격상 예외적으로 다루고자 한다. 헌법 조항 중에 국가최고 지도자에 관한 조항은 헌법 제5조와 제107조에서 112조까지 구체적으로 명기되어 있다. 우선 제5조에서는 "현세의 주인(Wali al-Assr, 시아파의 열두 번째 이맘)이 은폐해 있는 동안 이슬람공동체를 통치하고 이끄는 과업은 공정하고 독실한 파키에게 위임된다"라고 정의하여 파키를 사실상 숨은 이맘의 업무를 대행하는 대리인으로 표현함으로써 그가 국가(혹은 광범위하게 시아이슬람 공동체)에서 실질적으로 최고 권위자임을 명시하고 있다. 이 파키라는 용어는 보통 '이슬람 법학자'를 의미하며 파키를 선출하는 기관은 국민이 선출한 전문가 회의이다. 이 전문가 회의는 80여 명의 전문가들로 구성되어있는데, 혁명 이후 3차례의 의원선출에서 여성의원은 단 한 명뿐인 것으로 알려졌다. 사실 이 위원들은 대부분 성직자 혹은 법학자들로 구성되어 있는데, 여성들은 이 자격 조건에서 상당히 불리하다. 왜냐하면 현재도 논란이 계속되는 문제이지만 여성이 최고성직자 혹은 법학자가 될 수 있는가에 대한 문제는 상당히 민감한 문제로 성직자들 간에도 의견이 일치하지 않고 있다. 보수파 계열의 성직자들은 전통적으로 여성은 성직의 서열에 올라 독자적인 판단을 내릴 수 있는 성직자(Mujtahid)가 될 수 없는 것으로 논의조차 회피하려는 경향이 있다. 따라서 현재까지 보수성향의 성직체제에서 여성들은 전문가 회의에 진출하기가 쉽지 않았으며, 종교 영역과 정치적 소양을 최고로 갖추어야 하는 국가의 최고 지도자의 자격에서 배제되어온 것도 사실이다.

그러나 보다 개혁적 성향의 성직자들은 이에 반론을 제기하고 있다. 이란 여성정치가인 쇼자이(Zarāh Shojaʾi)는 무타하리(Mutahari)교수의 말을 인용하여, 무즈타히드가 되는데 남성이 필수조건은 아니라고 반박한다. 또한 아야톨라 하킴(Ayatollah Hakim)과 같은 일부 최고 종교지도자(Marja-e taqlid)도 성직자의 최고의 경지인 최고 종교지도자의 자격요건이 남성이어야 한다는 데는 부정의 의사를 표했다(Shoja'i, 1992:76~77). 즉 여성도 학문과 수양의 단계를 거쳐 무즈타히드의 경지에 도달하여, 독자적인 의견을 낼 수 있으며 또 성직자의 최고의 수준에까지 도달할 수 있다고 강조한다. 쇼자이는 그 실례로 이란의 저명한 무즈타히드 중에 노스라트 베이곰 아민(Nosrat Beigom Amin, d. 1985)과 같은 여성성직자가 있었다고 부언한다.

4. 기타 평등 조항

헌법상에는 위에서 언급한 '여성관련 조항'과 '기본권 조항', '정치적 권리 조항' 이외에도 평등관련 조항이 명시되어 있다.

〈표 10〉 헌법상의 평등 조항

헌법 조항	내　용
총칙의 제3조 14항	남녀 모든 국민의 권리 및 법적 평등 보장
제3장 19조	이란국민은 부족, 인종, 피부색, 언어 등에 관계없이 모두 동등한 권리를 향유한다.
제3장 20조	남, 여 모든 국민은 공평하게 법의 보호를 받는다. 또 모든 인간의 권리와 정치·경제, 사회와 문화의 권리는 이슬람의 원칙에 준한다.

총칙의 제3조 14항에서는 남녀 모든 국민의 권리와 법적 평등을 보장하는 것이 정부가 수행해야 할 의무로 규정하고 있다. 즉 남성과 여

성은 성에 관계없이 법적으로 평등하며 동등한 권리를 누릴 수 있음을 정부가 보장해 주어야 한다. 또한 제3장 19조에서는 '이란국민은 부족, 인종, 피부색, 언어 등에 관계없이 모두 동등한 권리를 향유한다'고 언급하여, 이란국민은 어느 인종이건 혹은 어느 언어를 쓰던 관계없이 모두 법적으로 동등한 권리를 향유하고 있음이 명시되어 있다.

한편, 제3장 20조에서는 "남녀 모든 국민은 공평하게 법의 보호를 받는다. 또 모든 인간의 권리와 정치·경제, 사회와 문화의 권리는 이슬람의 원칙에 준한다"고 명시하고 있다. 이 부분에 있어 여권주의자들의 주장은 법 앞에서 모든 국민이 공평하게 법의 혜택을 받을 수 있음을 명시하면서 그 법이 이슬람의 원칙에 준한다는 것은 현재의 이슬람법이 여성에게 공정치 못한 면을 지적할 때, 모순되는 논리라고 반박한다.

이는 결국 여성의 권리와 역할과 관련해서도 모순된 해석이 나올 수 있는 여지를 보이고 있다. 실제적으로 헌법상에서도 이론적으로는 남성과 동등한 권리를 보장하지만, 여성의 역할과 관련해서는 특히 가정을 유지하는 임무의 중요성을 피력하고 있다. 이슬람에서도 기본적으로 남녀 간의 본질적인 인격적 평등성은 인정하고 있지만, 남녀 간의 역할관에는 차별을 두고 있어 사회 활동 참여에 있어서의 동등한 기회부여에 장애요인으로 작용하고 있는 점을 감안할 때 그 논리가 그대로 헌법에도 반영되고 있음을 알 수 있다.

제2절 공직진출을 통한 정치참여

1. 입법부에의 여성참여

이란 이슬람 혁명에 이어 이슬람 공화국 체제가 형성된 이래, 여성들의 지도자 수준의 정치참여현황은 초기에 비해 조금씩 증진되어 왔으며, 이를 가장 잘 반영하는 것이 여성들의 의회진출이다. 여성의 의회진출은 그 사회 내에서 여성들의 정치참여 수준을 가늠하는 중요한 기준으로 작용한다.

혁명 초기 사회의 전 영역에 걸쳐 이슬람화 정책 분위기와 더불어 여성의 의회 진출과 관련된 치열한 논쟁이 있었다. 의원인 마리얌 베루지(Behruzi)는 다음과 같이 상기하고 있다. "처음에 여성이 의원직을 맡을 수 있는지의 여부에 대한 논쟁이 벌어졌지만, 결국 여성은 제1회 의회 선거에 출마했고 3명의 여성의원이 선출되었다. 이에 대해 많은 남성의원들과 일부 성직자들은 여성의 의회진출을 이슬람법(Shari'a)과 이슬람 관습에 위배되는 행위라는 견해를 내었다. 그들은 여성이 의회에 진출하면 그들을 통제할 가능성이 없어지며 이슬람 통치의 이행이 불가능해지게 된다"는 발언까지 했다.

여성의 의회진출에 대해 다수의 남성의원들이 이를 받아들이려 하지 않았고, 제1회 의회 소집 이후 남성의원 대표 몇 명이 호메이니를 찾아가 여성의원을 배제시킬 것을 호소하기까지 했다. 베루지는 12명의 남성의원들이 여성의 참여가 이슬람법에 위배되므로 이를 금지하는 법령을 발표할 것을 요구했다고 쓰고 있다(Afshar, 1999:43). 당시 호메이니는 이에 대한 직접적인 답변을 회피했고 당시 국회의장인 라프산자니(Rafsanjani)에게 그를 대신해 답변하도록 했다.

라프산자니는 호메이니가 여성은 정치 영역과 법률 입안과정에 참여할 권리가 있다는 견해를 밝혔다고 전했다. 또 그들에게 여성이 의회에 진출하는 것이 이슬람법에 위배되지 않는다고 말했다 한다(Zan-e Ruz, 1994. 5. 4). 이는 혁명 초기 여성의 정치참여에 대해 이슬람적 근거를 모색하는 과정을 나타내는 실례로 볼 수 있다. 이란의 최고 지도자 호메이니는 여성이 정치에 참여하는 것이 이슬람법에 위배되지 않고 정당화 될 수 있다는 견해를 내어 결국 여성들의 정치참여에 대한 타당성의 근거를 마련한 것이다.

1979년 새로이 출범한 이슬람 의회(Majles Shura-e Eslami)에서는 현 2000년까지 6회기에 걸친 의원선출이 있어 왔다. 혁명 초기 여성의원 선출은 매우 저조한 가운데, 제1회기에는 전체 의석 270명 중 3명의 의원이 선출되었으며, 그 이후 의원 수가 조금씩 증가되어, 2000년 제6회기에는 전체 의석 290명 중 15명의 여성의원이 나왔다.[30] 여성후보수도 점차 증가되어 제6회기에는 그 이전 후보 수에 비해 증가되었음을 알 수 있다. 그러나 제1회기 후보 수에 비해 제2회기와 제3회기의 수치가 저조한 것은 눈길을 끈다. 그것은 제1회기 선거당시만 해도 혁명에 참여했던 여러 정당의 활동이 비교적 활발했기 때문으로 간주된다. 보수성직자들이 정권을 장악해 가는 과정에서 혁명 초기 활동하던 정당들은 대부분 해체되었다. 그 이후 이란 내에 유일하게 남은 정당은 이란 이슬람공화당(IRP)으로 여성의 의회진출도 무척 제한을 받아온 것이 사실이다.

---

30) 2000년도 제6회기 의회의 이란 여성의원 비율은 5.17%에 해당된다(〈표 1〉 참조). 중동국가의 여성의원 비율은 알제리가 3.4%(1997년), 이집트가 2.0%(1995), 예멘이 0.7%(1997), 터키가 4.2%(1999), 이라크가 7.6%(2000) 이며 요르단, 쿠웨이트, UAE가 각기 0.0%(1999)이다 (http://www.ipu.org/wmn-e/classif.htm, 검색일: 2001. 1. 14). 2001년 시점에서 이란 여성의원 비율은 중동국가들 중에서는 비교적 우위이기는 하나 세계평균 여성의회의원 비율이 12.3%, 북구유럽국가 35.9%, 아시아국가 13.9%인데 비해 평균치에는 미치지 못하는 상황이다.

134

〈표 11〉 회기별 여성후보와 의원 수:

회 기	년 도	여성후보	여성의원 수	전체 의석	여성비율(%)
1	1980	70	3	270	1.11
2	1984	25	4	270	1.48
3	1988	37	4	270	1.48
4	1992	80	9	270	3.3
5	1996	351	14	270	5.18
6	2000	513 *	15 * *	290	5.17

자료: Zarāh Shoja'i, (1992) *Moshārekat Siyasi Zanān dar Irān*, Tehran, Center for Women's Participation, (2000) *National Report on Women's Status in the Islamic Republic of Iran*, Tehran.
*조선일보 2000. 2. 15, ** Weekly Press Digest, 2000. 3. 참고 재작성.

〈표 12〉 지역구에 따른 여성후보와 여성의원:

회 기	년 도	총		테헤란		지역구	
		후 보	당 선	후 보	당 선	후 보	당 선
1	1980	70	3	32	3	36	−
2	1984	25	4	22	4	3	−
3	1988	37	4	23	4	14	−
4	1992	80	9	20	5	65	4
5	1996	351	14		7		7
6	2000	513	15				

자료: Zarāh Shoja'i, (1992) *Moshārekat Siyasi Zanān dar Irān*, Tehran Center for Women's Participation, (2000) *National Report on Women's Status in the Islamic Republic of Iran*, Tehran, IRNA, 2000. 2. 재작성.

전체적으로 검토해볼 때, 1979년 혁명 이후 여성의원 수는 초기의 매우 저조한 수준에서 점차로 증가 추세에 있음을 알 수 있다. 지역구에 따른 여성의원 선출 현황을 검토해볼 때, 1회기에서 3회기까지 여성의원은 테헤란에서만 선출되었다. 그러나 4회기에 혁명 이후 처음으로 마시하드(Mashhad), 타브리즈(Tabriz), 케르만샤(Kermanshar) 등 수도권 이외의 지역에서도 여성의원이 배출되었다.

또한 제3회기까지만 해도 의회에 진출한 여성의원은 대부분 현 체제의 유력 인사와 인척관계에 있었으나, 제4회기부터는 의원들의 학력수준이나 전문적인 경력 면에서 변화를 보이고 있다. 즉 이는 여성들의 정계진출이 혁명지도급 인사들과의 연고관계에서 조금씩 탈피하여, 실력위주의 선출방식이 정착해 감을 나타내고 있다. 이러한 추세는 2000년 6회기 선거에서 더욱 명백하게 입증되었다. 이란 대통령 직속 여성업무사무소 자료에 따르면 6회기 여성의원 중에는 석, 박사 이상이 9명이며 정치학이나 국제관계를 전공한 전문 정치인들을 비롯해 대부분 전문직이거나 정부 부서와 여성단체 경력이 있다.

이란에는 이슬람 의회 외에 국가의 최고 지도자(Faqih)를 선출하는 기관인 전문가 회의와 지방의회가 있다. 이들 의원들은 모두 국민에 의해 직접 선출된다. 전문가 회의는 1982년과 1990년, 1998년 3차례에 걸친 선거가 있었으며 의원의 임기는 8년이다. 현재(1998)의 전문가 회의 의원 수는 73명이며, 오직 1명인 마니제 갸르지(Manije Gharji)만이 여성의원이다. 이란 헌법상 호메이니와 마찬가지로 국민의 추앙에 의해 자연스럽게 전 국민의 지도자로 부각되는 자가 없을 경우에 국민에 의해 선출된 전문가 회의에서 최고 국가지도자를 선출토록 되어있다. 이 전문가 회의의 의원들은 대부분 성직자들이거나 법학자들로 구성되어 있는데, 혁명 이후 법률 영역에서 여성들을 기피하는 성향이 전문가 회의 내에 여성의원이 적은 이유로 보인다.

헌법상으로는 지방의회 구성을 명시하고 있지만 실재로 지방의회 선거가 이루어진 것은 1999년에 이르러서이다. 1999년 3월 전국적으로 실시된 제1차 지방선거에 초기에 등록한 7,276명의 여성 중 4,688명이 후보로 출마했다. 이들 출마자 중 전체의원의 7.7%에 해당되는 783명의 여성이 지방의원으로 선출되었다(Center for Women's Participation, 2000:60). 이 중 114명의 여성이 1, 2위의 높은 득표율로 당선되었다. 또한 25개 주에서 최소한 1명의 여성위원이 선출된바, 단 3개의 주 코굴루예(Kohguiluyeh), 쿠르디스탄(Kurdistan), 일람(Ilam) 주에만 여성의원이 나오지 않은 것으로 밝혀졌다.

요컨대, 입법부에서의 이란여성의 참여율은 1979년 혁명초기 상당히 저조하게 나타났다가, 여성의 정치참여에 대한 재해석과 더불어 이슬람의회에서 약간씩 증가하는 추이를 나타냈고, 2000년 선거에서는 5.17%의 의원이 선출되었고 지방의회에서도 여성의원이 7.7% 선출되었다. 반면 국가최고지도자를 선출할 수 있는 전문가 회의는 이슬람 법률 전문가로 구성되는바, 여성의원은 73명중 1명에 불과한 것으로 나타나고 있어 보수적인 이란사회에서 여성 정계진출의 한계점을 파악할 수 있다.

2. 행정부에의 여성참여

이슬람 혁명 초기부터 의회에서는 저조하지만 소수의 의원이 있어왔던 반면, 행정부의 여성 지도자급 참여는 현실적으로 매우 희박하다. 그렇기 때문에 1997년 개혁주의자 하타미 대통령의 취임 이후 이란 최초로 임명된 여성부통령(Dr. Ebtekar)의 의미는 크며, 정부차원에서의 여성정책에 대한 중요한 전환점이 되고 있다. 사실상 하타미 행정부 이전까지, 여성각료는 전무했으며, 행정부서에서 여성이 맡은 제일 높은 직책은 단지 '대통령 고문 및 대통령실 여성업무담당 사무소장'과 '보건성 차관'이 다였다. 이외에 행정 부서에서 여성이 맡고 있는 직책으로는 대통령 정치보좌관, 대통령 언론담당 보좌관을 비롯하여, 이슬람 홍보성 내에서 여성문제관련 보좌관, 교육부 보좌관 등 주로 보좌관직책 임무를 많이 맡고 있다.

현재 행정부 기관의 국장급 중에서 여성이 차지하는 비율은 전체의 4.41%에 해당되는 약 342명이다. 이들은 주로 대통령실 소속기관 및 보건성, 재정성에 근무하며, 테헤란을 비롯하여, 길란, 마잔다란, 호르모즈간, 서아자르바이잔 주가 타 주에 비해 많다. 이들 여성 국장급 공무원 중 63.7%에 해당되는 218명은 테헤란주에서 근무한다. 그 다음 길란과 마잔다란주가 19명으로 2번째이다. 이들의 평균연령은 35~44세이며 대부분 최소 3년에서 14년 이내의 경력을 가지고 있다. 또한 교육수준은 53.8%가 대학 이상의 교육을 받았으나, 여성 국장급들의 업무 역할은 결정 참여 수준에 있어 매우 저조한 것으로 나타나고 있다. 〈표 13〉의 여성국장급들의 부서별 현황을 검토해보면, 이들 중 절반이 넘는 56.7%가 보건성에 편중되어 있으며, 그 다음이 교육성과 고등교육성, 대통령 직속 기관에 근무하고 있으며, 기타 부서는 거의 없는 것으로 나타났다.

〈표 13〉 부서별 여성국장 비율

부 서	여성국장 비율(%)
보 건 성	56.7
대통령 직속 기관	9.3
고등교육성	9.3
교육성 등 기타	24.7

자료: Nasrin Mosafā, (1997) *Moshārekat Siyasi Zanān dar Irān*, Tehran, p.137.

　행정부서 내의 여성 관료 현황도 정부 정책의 영향을 받았다. 이슬람 혁명 초기 정부는 여성고용 문제에도, 일련의 이슬람 정책들을 취했다. 즉 여성들에게 반나절 근무와 조기 퇴직을 권장한다거나, 여성에게 부서의 장급 임명을 삼가하고 주로 보조적 업무 역할을 권장했다. 또한 정부가 운영하던 보육소 폐업 조치를 취함으로써, 사실상 여성고용의 여건을 제한했다.

　1986년까지의 통계자료에 의하면, 혁명 기간과 전쟁 기간 중의 상황과 일반 정책으로 인해, 정부의 많은 투자와 활동은 특히 방어 목적에 치중되고 비군사적 산업정책은 침체되어있어 여성들도 그로 인해 타격을 받은 것도 사실이다. 1976년에 비해 1986년까지의 여성고용 관련 통계수치는 괄목할 만하게 감소되었다.[31] 그리고 1991년까지도 혁명 초기보다는 증가했지만 여전히 감소추세이다. 〈표 14〉의 통계 자료에 의하면 1991년 초에 정부 부서와 기관에서 국가 고용법에 준한 정식 고용 인원은 1,748,642 이며 임시직 고용 인원은 291,342로 합 2,039,984명이 채용되었다. 이 중 516,493명이 여성으로 29.54%가 정규직이며 2.59%는 임시 채용이다. 일반 여성 공무원의 수치는 30% 가까운 것으로 나타나 다른 영역에 비해 여성이 다수 고용되어 있는 편이나. 국장급 이상의 고위직에 진출한 여성이 4.41%에 불과한 점을 고려할 때, 여성인력 분포가 고르지 못함을 알 수 있다.

---

31) 이란 여성의 경제활동 인구의 취업률을 검토해보면, 혁명 이전 근대화 정책에 힘입어 증가추세에 있다가 혁명 초기 국가경제의 위축과 이슬람화 정책으로 인한 여성고용제한정책으로 감소되었다가 현재는 점차 회복세에 있다. 즉 혁명 이전 1976년 여성 경제활동 인구의 취업률은 약 12.9%였으나, 1986년 8.1%로 감소되었다가, 1998년 13.2%로 다시 회복세에 있다(Center for Women's Participation, (2000) *National Report on Women's Status in the Islamic Republic of Iran*, Tehran과 Moghadam, 1995, "Women and the labor Market in the Islamic Republic of Iran", *Iran Nameh* 참조).

〈표 14〉 여성 관료 통계수치 (단위: 명, %)

기 관 명	전 체 인 원		여 성 관 료		여성 관료 비율	
	정규직	임시직	정규직	임시직	정규직	임시직
대통령직속기관	15,969	937	2,096	34	13.13	3.63
교육성	867,980	1,612	380,869	199	43.88	12.34
외무성	2,918	153	258	13	8.84	8.50
경제 및 재무성	137,943	2,293	13,433	43	9.74	1.88
무역성	14,938	3,325	1,358	124	9.09	3.73
보건성	207,490	11,121	84,035	4,513	40.50	40.58
체신성	74,324	4,105	5,026	74	6.76	1.80
전쟁복구성	77,844	16,284	1,437	429	1.85	2.63
도로성	58,151	25,981	2,693	278	4.63	1.07
산업성	6,807	13,277	988	586	14.51	4.41
중공업성	18,183	34,541	1,817	117	9.99	0.34
고등교육성	35,471	3,204	6,304	244	17.77	7.62
이슬람문화홍보성	8,510	1,577	1,377	118	16.18	7.48
노동성	5,776	49	710	9	12.29	18.36
농업성	37,322	14,024	2,568	261	6.88	1.86
내무성	17,880	362	1,342	26	7.51	7.18
건설성	5,943	2,009	767	23	12.91	1.14
광업성	6,251	16,007	367	183	5.87	1.14
에너지성	43,961	55,815	3,118	260	7.09	0.47
석유성	41,942	71,898				
법무성	18,630	134	2,334	4	12.52	2.99
기타기관	12,634	12,634	1,639	20	12.97	3.36
이슬람 공화국기관	31,775		1,957		616	
총	1,748,642	291,342	516,493	7,558	29.54	2.59

자료: *Amār Sājman-e Omur Edāri va Estekhdāmi Keshvar*, 1991.

140

3. 사법계에의 참여

이란 여성의 사법계 참여는 입법부와 행정부서 진출에 비해 더욱 제한받는 영역이다. 입법부와 행정부의 경우는 적어도 법적으로는 제한을 두지 않는 반면 사법계의 경우는 혁명 초기 여성은 재판을 할 수 없음을 규정화하여, 이슬람화 조치의 일환으로 혁명 초기 기존의 모든 여성판사와 법률위원들을 해고 조치시켰다. 혁명정부의 조치로 기존의 모든 여성판사와 법률위원들은 해고되거나 사무직으로 재임명되었다. 여성은 재판부의 고문이나 재판의 보조역할은 하지만 종교적 금지로 재판관으로는 임명되지 못했다.

여성의 재판권의 문제는 이슬람법의 해석을 둘러싸고 지속적으로 논란의 대상이 되어왔다. 즉 여성의 재판업무와 사법계 활동에 대한 제약적 요인들은 진보적 성직자들과 여성단체들에 의해 지속적으로 거론이 되고 있다. 원칙적으로 이슬람 공화국 체제의 고용 정책에서 재판업무가 여성영역에서 제외되는 것은 아니다. 테헤란의 사법보좌관인 아시라프 골 무함마디(Ashraf Gol Mohamadi) 는 여성은 사법계에서 모든 직책을 적극적으로 수행할 자격이 있음을 강조하였다. 이란의 유력한 성직자인 아야톨라 세이예드 하산 마라시(Seyed Hassan Marashi) 형사법 개정위원장도 여성이 재판관이 되는데 이슬람적 장벽은 없다고 발표한 바 있다. 그는 판결을 두 종류로 구분하면서 다음과 같이 설명하고 있다. 즉 비준된 법에 기초한 판결과 종교적 해석(ijtihad)에 기초한 판결이 있는데 오늘날 판결은 비준된 법에 근거하고 있기에 이 경우 여성도 판결을 할 수 있다고 강조하였다(Zan-e Ruz, 1997). 마라시의 의견은 비교적 진보적 성직자의 입장을 반영하고 있다.

현재 여성의 사법 활동에 대한 혁명 초기의 이러한 제약적 요인들은 진보적 성직자들과 여성단체들에 의해 지속적으로 거론이 되면서 다소 완화되어가는 추세이다. 1995년 재판관 임명관련 법률이 제정되어, 여성이 행정판사직의 보좌 혹은 취조판사, 고등법원과 가정법원의 자문위원 또 법학부 고문위원으로 임명될 수 있도록 수정되었다. 현재 1,879명의 여성이 사법관련기관에서 일하고 있다. 대법원장인 아야톨라 야즈디(Ayatollah Yazdi)는 인터뷰를 통해, 재판부 직책업무에 있어 여성에 대한 법적 금지는 없다고 밝힌 바 있다. 현재 테헤란에서 활동 중인 변호사 1,780명 중 201명이 여성 변호사이고 112명이 변호사 실습생이다. 또한 사법부의 부국장과 검사 보좌관을 비롯하여 100여 명의 여성들이 법원 내의 여러 분야에서 보좌관 혹은 법률적 직위에 임명되어 있다. 또한 언론감독원의 배심원, 정부 징계법원, 또 치안판사로서 현재 활동 중이라 한다.

아래의 〈표 15〉는 사법기관에서의 여성의 고용 실태를 나타내고 있다. 여성들이 맡은 업무는 주로 사무직이나 보좌의 역할에 해당되며 수뇌부에서의 역할은 제한을 받는 상황이다.

〈표 15〉 사법관련기관 내의 여성고용 실태(1995년)

사법관련기관	여성고용 인원 수(명)
재판부 요원	54
공증사무소	799명(사무소 소장 1명, 사무소 부소장 57명)
교도소기관	409
군재판기구	57
국가조사기관	49

자료: Nasrin Mosafā, (1997) *Moshārekat Siyasi Zanān dar Irān*, Tehran, p.138.

사법부서의 여성고용에 제한적 조치를 취하기는 하지만, 여성들이 대학에서 법학을 전공하는 것은 비교적 자유롭다. 대학에서는 지속적으로 여성의 법학전공 졸업생들을 배출하고 있지만 그들의 사법계 진출 수준이 저조한 것은 사실이다. 〈표 16〉의 1982년에서 1990년까지의 법학과 졸업생들의 수치를 검토해보면 1982년 법학과 졸업생들 중 여성의 비율은 31.7%에 달하나, 점차 감소하여 1990년에는 12.3%인 것으로 알려졌다. 이렇게 법학과에 여학생들의 비율이 감소하는 것은 여성이 법조계에 참여할 수 있는 기회가 제한되어 있는 데서 기인하는 것 같다.

〈표 16〉 법학과 졸업생 수(1983~1990)

졸업년도	법학과 졸업생 수		
	전　체	여학생 수	비 율(%)
1983	104	33	31.7
1984	230	96	41.7
1985	408	169	41.4
1986	515	75	14.5
1988	407	56	13.7
1990	452	56	12.3

자료: Nasrin Mosafā, (1997) *Moshārekat Siyasi Zanān dar Irān*, Tehran, p.139.

그러나 혁명 초기의 이슬람화 정책에 대한 저항세력에 힘입어 1993년 사법부에서는 여성이 재판관의 고문역할은 할 수 있다고 허용했고, 1995년 의회에서는 재판부 판사임명조건과 관련된 법률개정안에서 대법원장이 여성을 재판소 고문직, 특별민사법정, 연구판사, 검사, 법률연구원 등의 직책에 임명할 수 있음을 명시(Center for Women's Participation, 2000:61)함으로써 제한적 요인이 다소 완화 추세에 있는 것은 사실이다. 1997년 하타미 대통령이 취임한 이래 그의 개혁주의 정책에 힘입어 여성판사 임명을 인정하고는 있으나, 아직까지 이 분야에서 여성의 진출은 미미하다.

제3절 단체 활동을 통한 정치참여

여성의 정치참여의 한 실례로 여성들의 단체 또는 협회 활동을 꼽을 수 있다. 여성이 참여하는 단체는 회원의 구성원에 따라 여성회원으로만 구성된 단체와 또 여성과 남성회원이 함께 구성된 단체로 구분할 수 있다. 여기에서는 여성지위향상을 목적으로 하는 활동에 초점을 맞추었기에 주로 전자에 해당되는 단체를 중점 다루었다. 이 단체를 다시 ① 정부단체와 ② 비정부단체로 나누어서 검토하겠다.

1. 정부단체 활동

정부단체는 정부차원에서 여성사회참여와 지위향상을 장려하고 그 여건을 마련하기 위해 설립한 부서 혹은 기구이다. 주요 단체로서 다음을 꼽을 수 있다. (1) 대통령 직무실내 여성업무 사무소(Daftar omur-e Zanan dar Riyasat Jomhuri)와 (2) 내무성내에 설치된 여성업무위원회(Commisione omure Banovan), (3) 외무성내의 국제사회업무 여성국, (4) 문화혁명 최고위원회 소속의 여성사회문화위원회, (5) 여성 스포츠 기구 그리고 (6) 여성동원회(Basij-e Khāharān) 등을 들 수 있다.

대통령 직무실내 여성업무 사무소는 1991년 설치되었으며 주요 활동으로는 ① 여성요구에 부응하는 입법의 제안, ② 경제, 문화, 정치, 의사결정부문에서의 여성참여 장려, ③ 행정부 기관과의 협의, ④ 여성의 인식과 능력 증진을 위한 프로그램 개발 등이 있다. 이 사무소의 소장은 현재 자러 쇼저이(Zarāh Shoja'i)가 맡고 있으며, 행정 분야는 3개의 기관사무부와 2개의 대표부가 소속되어 있다. 즉 연구 및 계획 사무부, 국내관련 사무부, 국제업무 관련 사무부, 사법관련 대표부, 이슬람 자문회 대표부 등이다.

또한 여성업무위원회는 1990년 내무성내에 설립되었다. 이 위원회의 위원들은 정부의 각 기관과 부서 및 혁명기구들의 대표들로 구성되었다. 현재 이 위원회는 226개의 지부를 전국적으로 두고 있다. 이 위원회는 주로 문화 및 사회 활동을 하고 있다. 내무장관의 고문이 이 위원회의 총재를 맡고 있다.

외무성내의 국제사회업무 여성국은 이란 여성의 활약과 지위를 국제사회에 알리고 이슬람가치를 향상시킬 목적으로 설립되었다. 이 부서의 주요 활동으로는 국내차원에서의 업무, 국제차원에서의 업무 실질적인 업무로 구분하여 세부적 업무로서 정부기구나 비정부기구와 여성관련 업무와의 조정, 정부기구와 비정부기구 간의 연계 및 연합세미나 주최, 국제여성대회 참가 준비, 다른 국가 여성의 지위 연구 등을 한다.

여성사회문화위원회(Shorayeh Farhagi Eztemayi Zanan)는 문화혁명 최고위원회 소속으로 1987년 여성의 사회문화관련 기구와 단체 활동의 관장, 특히 이슬람 국가의 여성사회문화운동 추진 및 계획수립, 여성의 문화적 지위향상을 위한 정책 채택 등을 목적으로 구성되었다. 이 위원회는 문화혁명 최고위원회, 콤 신학교, 이슬람선전기구, 외무성, 이슬람 문화 및 고등교육성 등 정부 각 기관을 대표하는 18명의 위원들로 구성되어 있다. 또한 이 위원회는 내부적으로 세분화되어 있는데 즉 교육위원회, 사회 및 경제업무, 고용 위원회, 국제업무위원회, 대중문화위원회, 기획업무위원회, 법률 및 가족법 관련위원회, 여성 동원위원회로 나뉘어서 활약하고 있다. 주요 활동은 여성문제와 지위향상을 위한 제안서 및 의회에 제출할 법률초안을 작성하는 것이다. 1991년 이 위원회에 제출된 13개의 제안서 중 오직 1개의 안건만 고려되고 비준된 것으로 알려져 있다. 그것은 고등교육과 대학의 전공학과 선택에서의 여성에 대한 편견적인 대우를 제거하기 위한 제안서였다(Zan-e Ruz, 1991). 혁명 초기 이슬람화 정책의 일환으로 여성들이 선택할 수 있는 대학학과 선택을 제한한 바 있으나, 이 조치 이후 여성들도 일부 학과에 자유롭게 입학이 허용되었다.

그리고 여성 스포츠기구는 이슬람 혁명 직후인 1981년 설립되어 여성의 신체적·정신적 건강유지와 향상, 여성의 지적발전 및 바람직한 사회관계의 형성과 발전도모, 여성의 여가시간 활용계획 등을 목적으로 활동하고 있다. 여성스포츠기구에서는 체력훈련, 호신술, 낚시, 농구, 테니스, 탁구, 체스, 수영, 배구, 사격, 사이클, 등산, 경마 등 다양한 스포츠 종목에서 여성들을 교육·훈련시키고 있다. 또한 이와 관련한 국내외 경기를 개최하기도 하는데, 1992년 테헤란에서는 제1회 이슬람 국가 여성 국제스포츠대회가 개최된 바 있다. 이 대회에는 11개국의 이슬람 국가 여성들이 참가하여 경기를 치렀다.

여성 동원회(Basij-e Khaharan)는 1980년대 이란-이라크 전쟁기간 중에 전시 중의 인력부족 해소와 여성동원을 위해 정부에서 설립한 정부단체로서 회원의 규모도 다른 단체에 비해서 크다. 대통령 직속 여성업무사무소에서는 이 여성동원회 지부의 회원을 약 1백 8십만 명으로 추정하고 있지만 이 수치는 통계상으로 신빙성이 의심된다. 이 단체의 주요 활동은 회원들에게 무기 및 기초적인 군장비 사용교육을 포함한 기동연습실시를 하며 이외에도 글자습득 교육과 스포츠와 문화 캠프실시 등도 한다.

위의 정부차원에서 설립되어 운영되고 있는 여성관련 기구 및 단체들의 활동은 여성들의 의식 고양과 사회 활동 장려를 위해 비교적 활발히 활동을 전개해 나가고 있다. 특히 정부차원에서 '이슬람 사회 여성들의 정체성 확립'이라는 대의를 성공적인 이슬람체제의 확립과정과 접목시킴으로써 국내외적으로 홍보를 하는 데 활용하는 측면도 있다. 즉 베일 착용에 대한 편견에 대해 반박하면서 이란 여성들이 전문직에서 종사하는 모습, 혹은 승마, 스키 등 스포츠를 즐기는 모습을 담은 홍보물을 만들어 이란 여성들이 사회 전 영역에 걸쳐 활동하고 있음을 강조하고 있다. 또한 최근 들어서는 여성의 사회 활동 참여를 특히 개혁의 상징적 사례로서 보다 부각시키고 있는 경향도 있다.

2. 민간단체(NGO) 활동

1995년 북경여성회의 북경행동강령 이행보고에 의하면, 최근 들어 이란의 민간 차원의 활동단체의 수는 상당히 증가하고 있으며, 정부도 이를 적극 장려하기 위해, 민간단체와 지속적으로 공식회의를 개최하고 다수의 비공식적 모임을 갖고 있다고 한다.

현재 이란대통령 직속 여성 사무소에 보고된 이란 여성 NGO는 97개에 이르며, 정치·경제, 문화, 종교 등 사회전반에 걸쳐 여성들의 활동영역을 확산시켜나가고 있다. 이 97개 NGO 중 26개 NGO(회원의 약 27%)는 문화와 사회적 목적으로 설립되어 여성들의 사회, 문화 활동을 권장하고 있다. 또한 이 기구 중 23개의 NGO는 사회선행사업과 자선을 위해 설립되었다. 이슬람 신도들에게 독실성을 표현할 수 있는 가장 좋은 방법은 자비와 자선을 통한 것이라고 간주되기에, 이러한 자선단체를 통한 여성들의 사회 활동은 다른 단체에 비해 더욱 호소력이 있고 또 비교적 폭넓게 이루어지고 있다.

이 자선단체의 8.5%는 이란 내의 소수종파인 앗시리안, 유태인, 배화교도 등의 단체가 속해있다. 예컨대 아르메니아 여성회(Anzoman-e Zanan-e Armani), 앗시리아여성회(Anzoman-e Banoban-e Ashuri) 등 이란 내 소수종교집단을 중심으로 한 교회단체를 비롯하여, 하디자 재단(Boniad-e Hazirat-e Khadije), 제이납 재단(Boniad-e Hazirat-e Zeinab Kabri) 등 종교재단의 후원을 받아 자선과 선행을 목적으로 설립된 단체들이 대부분이다. 이 단체들은 고아원, 양로원이나 신체장애자를 위한 시설을 설립하거나 재정적인 지원과 사회봉사 활동에 직접 나서기도 하며, 사회선행사업을 추진하기 위해 회원들을 교육시키는 강좌를 개설하기도 한다.

이외에 7개의 의료관련 봉사단체가 있다. 이들은 수적으로 적지만, 특히 의료시설이 불편한 지방주민을 대상으로 위생교육이나 의료봉사를 하고 있다. 또한 7개의 NGO는 전문직 여성들이 연구를 목적으로 설립하여 사회문제와 관련한 세미나 개최와 연구보고서 등을 통해 연구 활동에 직접 참여하고 있다. 이외에 교육관련 NGO 혹은 무역관련 NGO들이 각기 여성의 교육 및 사회 활동을 권장하기 위해 설립되어 활동 중이다.

정치적 목적을 띤 NGO도 15개가 있으며, 전체 NGO회원의 약 15.5%가 이 분야에서 활약하고 있다. 이중 〈표 17〉의 4개의 단체는 비교적 활약상이 드러난다.

〈표 17〉 정치적 목적을 지닌 여성단체

단 체 명	설립년도	창립자
이란 여성연합회 (Anjoman-e Hambastegi Zanan-e Iran)	1992	Fateme Hashemi
여성 이슬람 기구 (Moases-e Eslami Zanan)	1980	Azam Taleqani
이란 이슬람 공화국 여성단체 (Zamiyat-e Zanan Jomhuri-e Eslami-e Iran)	1986	Zarah Mostafavi
제이납 협회(Jame'e Zeinab)	1986	Mariyam Behruzi

사실 위의 정치목적으로 설립된 여성단체들은 민간단체이긴 하지만, 대부분 정부와 혁명지도자급 인사들과의 연고관계에서 설립되어 정부의 정책을 지지하는 행동지침을 가지고 있다. 위 4개의 단체 창립자 중 3명이 이란의 지도급인사와 인척관계에 있는 인물이다. 이슬람 혁명 초기 대부분

의 지도급 여성정치인사들은 조직적 기반을 자신들의 배경에 두고 있었다. 예컨대, 이란 여성연합회의 설립자인 파테메 하세미(Fateme Hashemi)는 이란의 5대, 6대 대통령을 역임했던 라프산자니(Rafsanjani)의 딸이며, 아잠 탈레가니(Azam Taleqani)는 영향력 있는 성직자인 아야톨라 탈레가니(Ayatollah Taleqani)의 딸로서 보다 급진적인 이슬람 여성재단인 여성이슬람기구를 이끌고 있다. 탈레가니는 또한 여성잡지인 파염에 헤자르(Payam-e Hajar)를 발간하고 있다. 또한 친체제기구인 이란 이슬람 공화국 여성단체의 설립자인 자라 모스타파비(Zarah Mostafavi)는 아야톨라 호메이니(Ayatollah Khomeini)의 딸이다.

단지 '제이납 사회'의 설립자만이 의회의원을 역임한 바 있는 마리얌 베루지(Mariyam Behruzi)이며, 사실상 정치 활동 면에서 다른 단체에 비해 중요성을 띤다. 현재 테헤란 소속 의원 5명이 이 단체의 회원으로 활약 중이다. 이 단체는 여성의 교육, 정치 및 사회의식 고양을 목적으로 창립되었다. 이 단체 내에 개설된 이슬람학 강좌(4~6년 과정)에서는 1995년까지 150명의 학생들이 교육을 받았으며, 4000여 명이 아랍어, 영어 교육 과정에 등록 중인 것으로 알려져 있다.

한편 일부단체들은 정부에 대해 여성들의 요구사항을 건의하기도 하는데, 예컨대 이란 여성연합회(Anzoman-e Hambastegi Zanan-e Iran)는 민법의 재고를 위한 연례회의를 개최한 바 있다. 이 연합회에서는 회의 결과를 정부에 제출했으며 정부에서 검토 중에 있는 것으로 밝히고 있다. 또한 여성이슬람기구(Moases-e Eslami Zanan)에서는 이슬람 세계 내의 여성문제를 위해 이슬람기구회의(OIC: Organization of Islamic Conference) 내에 하나의 통합체제인 이슬람 여성 NGO 국제 연합(International Union of Muslim Women NGO)을 만들려고 시도 중이다.

여성들이 이러한 민간단체 활동에 참여함에 있어 이들 단체들의 회원 중에는 수뇌부에서 적극적으로 사회 활동을 하는 이들도 있지만 일부 회원들에게 있어 그들의 활동은 정치적 참여의 성격을 띠지 않을 수도 있다. 엄밀히 그들의 활동성향은 정치성을 띠지 않으며 본인들도 비정치 활동으로 간주한다. 그러나 이들의 활동들이 결국 일반정치에 미치는 역할을 감안할 때 이를 정치 활동의 영역에 포함시킬 수 있다. 예컨대, '환경문제 여성협회'와 같은 일부 단체들은 정부에 대해 사회의 요구를 반영하도록 제안의 목소리를 높이기도 하고 또 '하디자 재단'과 같은 일부 단체는 사회자선사업 등 사회에서 비중 있는 역할을 담당하기에 그들의 활동을 정치적이라고 말할 수 있다.

1995년 북경여성회의에 제출한 이란의 보고 자료에서는 이들 NGO 중 38개의 주요 단체들의 목적과 활동상황을 구체적으로 보고하고 있다(부록 1 참조). 이 단체들의 설립 년도를 검토해보면 북경여성회의 준비과정에서 설립되었거나 설립년도를 표시하지 않은 단체들도 다수 있다. 즉 이 단체들은 북경여성대회 이전에 급속히 증가되었다가 그 이후 대체로 활약상이 미진한 것으로도 나타나고 있다. 또한 이 단체들은 대부분 회원 수도 정확히 공개하고 있지 않으며 그 단체의 일부는 단체나 협회의 기본규칙조차 제시하지 않고 있는 것으로 알려졌다. 이들은 주로 정부기관인 대통령 직속 여성 사무소를 통해 정부법인단체로써 활약하고 있다. 사실상 여성 사무소가 이들 활동의 본부 역할까지도 수행하고 있다. 여성 사무소 내에 있는 비정부기구 조정국에서는 이들 단체의 활동일정 작성과 조정까지도 맡고 있다.

이 연구에서 정부차원의 단체와 민간차원의 단체 활동을 성격상 분류하기는 했지만, 일부단체의 활동은 그 주체를 명백히 구분하기가 어려운 실정이다. 특히 정부차원의 단체 중의 하나로 분류한 여성동원회(Basij-e Khaharan)를 이란 여성연구가 모사파(Mosafa) 교수는 정부단체로 간주하고 있지만 북경여성대회 보고자료에서는 NGO로 표시하고 있다. 이 단체는 엄밀히 설립주체자와 행사실행이 정부차원에서 이루어지고 있기에 이 연구에서 정부단체로 분류했다.

요컨대 여성의 단체 혹은 협회 활동은 정치참여의 한 실례로 볼 수 있다. 여성들은 이 단체 활동을 통해 사회의식이 형성되며 단체라는 공식루트를 통해 자신들의 요구사항을 정책에 반영토록 시도할 수 있다. 따라서 이러한 단체들이 다양하고 수적으로 많을수록 여성들의 참여의 기회는 더 증가할 수 있다. 사실상 이란 여성단체의 활약은 혁명 이전으로 거슬러 올라가지만, 정부에서 최근 발표한 단체들은 대부분 1995년 북경여성대회 직전에 형성되어졌다. 단지 소수의 자선단체 혹은 종교단체들만이 1940년대 이래 명맥을 유지해 왔으며, 혁명 초기 형성되었던 세속주의 성향의 여성단체들은 모두 해체되거나 활동이 정지되었다(〈표 3〉 참조). 또한 정치적 목적의 여성단체는 민간단체이기는 하지만 대부분 정부와 혁명지도자급 인사들과의 연고관계에서 설립되어 있기에 기본적으로 정부의 정책을 지지하는 행동지침을 가지고 있다. 따라서 현재로서는 이란정부차원에서 다양한 단체 활동에 대해 홍보를 하고 있지만, 그 실상은 소수의 단체들을 제외하고는 영향력을 발휘하지 못하는 상황으로 보인다.

제4절 선거를 통한 정치참여

이란에서는 1979년 이슬람 혁명 이후 2000년 현재까지 21차례의 전국적인 선거가 시행되었다. 이는 거의 1년에 1차례의 선거가 실시된 셈이다. 선거의 종류도 다양하다. 이슬람 공화국 설립여부에 대한 찬반투표, 헌법초안 검토를 위한 전문가 회의 의원선거, 제정헌법과 관련된 찬반투표, 헌법개정 찬반투표 등 4차례의 국민투표와 대통령 선거가 8차례, 4년 임기의 의회의원 선거가 6차례, 8년 임기의 전문가 회의 의원선거가 3차례, 지방의원선거가 1차례 실시되었다.

이란 여성의 정치참여는 지도자 수준에서의 참여 이외에 일반적 수준에서의 참여 역시 혁명 초기부터 그 타당성의 근거를 마련해야 했다. 혁명 초기 이슬람 공화국 체제의 기반을 확고히 하는 과정에서 종교지도자들은 여성들의 선거참여를 호소했다. 그들은 이슬람 원리와 가르침을 내세워 여성의 가정 내의 역할을 강조했지만, 또 한편으로는 정치적 참여에 대중적 규모로 여성을 동원했다. 1963년 팔레비 국왕이 선거법을 개정하여 여성에게 처음으로 선거권을 부여했을 당시만 해도 이란의 성직자들은 이 조치가 이슬람법에 위배됨을 지적하여 반대한 바 있다. 1964년 호메이니 역시 여성의 투표권을 비이슬람적으로 선언한 바 있으나, 1979년 혁명 후 이슬람 공화국 체제수립 이후 실시된 선거에서는 그의 입장을 완전히 바꾸어 여성의 투표권을 '이슬람의 신성한 의무'라고 선언하면서 여성들의 적극적인 투표권 행사를 촉구하고 있다. 호메이니는 여성들에게 성명 등을 통해 거듭 선거에 참여할 것을 권장하였다. 따라서 여성들의 정치참여에 대한 태도가 가장 폭넓게 적극적으로 표출되는 영역은 선거참여로 볼 수 있다.

이 선거에서 〈표 18〉의 투표 참여율을 분석해보면, 비교적 유권자의 대다수가 선거가 적극 참여했음을 알 수 있다. 혁명 초기 이슬람 공화국 설립여부를 묻는 찬반투표에서는 전체 유권자의 98.32%인 절대다수가 참여한 것으로 보도되고 있다. 또한 그 외의 선거에서도 평균 64.8%로 대체로 높은 투표율을 기록하고 있다. 선거 종류별 투표율을 보면, 국민투표의 경우 평균 70%, 대통령선거는 평균 64.91%, 의회의원선거는 평균 66.11% 그리고 전문가 회의 선거는 평균 58.23%이다. 선거 중에서 가장 저조한 참여율을 보인 선거는 전문가 회의 제2회기 선거로 전체유권자의 38.65%가 참여했다.

〈표 18〉 이란 이슬람 혁명 이후의 선거별 투표율   (단위: 명, %)

일련 번호	선거의 종류	시행 년도	전체 유권자수	전체투표율 (여성 비율)
1	국민투표 (이슬람공화국설립여부)	1979. 4.	20,789,268	98.3
2	헌법 초안 검토를 위한 전문가 회의 의원 선거	1979. 8.	20,809,268	51.5
3	국민투표(제정헌법)	1979. 12.	21,189,268	74.0
4	국민투표(헌법개정)	1989. 7.	29,295,070	56.0
5	대통령 선거 제1대	1979. 1.	21,594,831	65.2
6	제2대	1981. 7.	22,435,659	64.8
7	제3대	1981. 10.	22,635,659	73.9
8	제4대	1985. 8.	26,195,690	53.8
9	제5대	1989. 7.	29,295,070	56.0
10	제6대	1993. 6.	31,976,127	52.5(44.0)
11	제7대	1997. 5.	33,000,000	88.1
12	의회의원선거 제1회기	1979. 3.	21,675,931	50.1
13	제2회기	1984. 4.	25,192,317	62.8
14	제3회기	1988. 4.	28,591,442	58.4
15	제4회기	1992. 4.	31,534,338	59.5
16	제5회기	1995. 3.	32,491,334	82.7
17	제6회기	2000. 2.	38,700,000	83.0(50.0)
18	전문가회의선거 제1회기	1982. 12.	23,314,505	77.8
19	제2회기	1990. 10	30,019,636	38.6
20	제3회기	1998. 10.		

자료: *Resalat*(1997. 5. 29) Tehran, 테헤란 - 연합뉴스, 연합속보(2000. 2. 22)

일부 서구국가들의 경우 여성들이 직접 투쟁하여 투표권을 쟁취한 역사와는 달리 이란은 여타 제3세계의 여성들과 마찬가지로 여성의 투표권이 위에서부터 부여된 상황이기에 투표권이 주어졌을 당시만 해도 여성의식이 충분히 고양되어 있지는 않았다. 따라서 이란 여성들의 투표권이 부여되어 행사하기까지 이를 전적으로 여성자신의 자발적인 행위로 볼 수는 없고 정부 차원의 동원정책의 일환으로 실시되었다. 하지만 국가정책과 더불어 일련의 이슬람적인 새로운 해석들이 뒷받침됨으로써 결과적으로 여성의 참여의식이 고양되고 여성의 세력화에 일조하게 되는 것은 사실이다. 이란에서는 15세 이상이면 유권자로 인정하며, 이번 2000년 총선에서는 유권자 3800만 명 중 절반 이상이 여성인 것으로 집계되고 있다.

이란국민의 투표참여율과 선거결과에 대해서는 이란 내무성의 선거본부에서 종합적으로 집계한 자료를 공개하고 있다. 혁명 이후 이란에서 실시된 선거에서 이란 여성의 참여율 수치를 찾기 위해 이란정부기관 몇 곳에 자료를 의뢰한 바 있으나, 이와 관련해서는 현재 공개된 자료를 입수할 수가 없었다. 단지 제6대 대통령 선거에서 투표 참여자의 44%가 여성유권자라고 이란 대통령 직속 여성 사무소에서 공식 발표한 바 있다. 이란정부에서는 단지 전체 유권자의 절반에 해당되는 여성의 참여도가 비교적 높다고만 밝히고 있으며 정확한 수치는 기록하지 않고 있다.

요컨대, 유권자의 절반에 해당되는 여성표의 위력은 크다 하겠다. 특히 제7대 대통령 선거에서 여성과 젊은층의 지지를 받은 하타미 대통령이 당선되었으며, 제6회 의원총선에서도 여성들의 요구를 반영한 개혁파 의원들이 비교적 큰 지지를 받은 점에서도 나타나듯이 여성의 표는 이제 여성들의 세력화에 일조하고 있으며 정부 측에서도 이를 충분히 감지하고 있는 것이다.

제5장 이란 여성의 정치참여 태도

앞서 이란 여성의 실재적 정치참여 현황을 각 분야별로 분석해 보았다. 그렇다면 이러한 정치참여에 여성의 정치의식이 어떻게 작용하는가는 중요한 요인으로 꼽을 수 있다. 여성의 정치의식은 정치참여 태도에 반영되어 나타난다. 즉 여성들의 정치참여 태도는 실재의 정치참여의 영향을 받기도 하지만 이에 영향을 미치는 요인이기도 하다. 이란과 같이 이슬람이 지배적 문화로 자리하고 있는 나라에서 여성들의 정치참여 태도는 자연히 문화적 영향을 반영한다. 실제로 여성들의 정치의식이 정치참여 태도에 어떻게 작용하는지는 경험적 조사를 통해 측정해 볼 수 있다.

현재 이란 내에는 혁명 이후 이슬람 정부 체제가 정착되는 과정에서 사회적 분위기가 다소 통제를 받는 상황이고, 또 학계에서도 일부 서구적인 방법론에 대한 배타적 양상으로 인해 아직까지는 사회조사가 자유롭게 이루어지지 않고 있는 상황이다. 현지에서 자료를 입수하는 과정에서 여성의 의식조사와 관련된 몇 편의 경험적 분석 연구를 찾을 수 있었는데 다음과 같다. 우선 모사파(Nasrin Mosafa)가 150명의 여성을 대상으로 정치참여 의식을 조사한 자료(Mosafa, 1997)로 조사의 빈도만을 제시한 바, 전반적인 관계에 대한 상관관계 분석은 필요 시 약간만 언급했을 뿐 자세한 수치는 생략했다. 이 연구에서는 일반적으로 여성들이 정치참여에 어떻게 인식하고 어느 정도 중요하게 생각하는가와 정치적 관심도 등 일상적인 정치사안에 대해 묻고 이를 응답자들의 특성과의 관계에서 분석하였다. 결과적으로 정치참여에 대한 관심 표명에 있어 대체로 교육수준과 밀접한 관련성이 있음을 발견하고, 교육수준 확대를 정치참여를 위한 대안점으로 제시하였다.

또한 버바르 유세프(Babar Yusef)가 이란 시라즈 대학 사회학과 석

156

사학위논문으로 발표한 『여성의 정치참여에 있어서 대학생들의 경제 및 사회적 환경의 영향에 대한 연구』에서 여성의 정치능력에 대한 남녀 대학생들의 정향을 분석하였다(Yusef, 1996). 이 연구는 시라즈 대학교 대학생들 575명을 대상으로 실시되었으며, 부모의 교육수준, 아버지의 직업, 주거지역 등 가정환경과 수준이 여성의 정치인식에 대해 어떻게 반영되는가를 조사했다. 조사결과 경제 및 사회적 환경의 수준이 높을수록 정치참여에도 긍정적인 영향을 미치고 있으며, 여학생이 남학생보다 여성의 정치능력 혹은 참여의 필요성에 보다 긍정적으로 반응하는 것으로 나타났다.

이외의 다른 조사자료로 혁명 이전과 이후의 상황에 대한 여성들의 사회적 만족도를 조사한 설문조사가 있다. 이 설문조사는 코우샤(Mahnaz Kousha)와 모세니(Navid Mohseni)가 1992년에서 1994년까지 2년에 걸쳐 이란 여성 335명을 표본으로 현재의 사회상황에 대한 만족도를 조사한 것이다(Kousha & Mohseni, 1997). 이 연구는 사회상황에 대한 만족도와 관련된 사회인구학적 변인들에 초점을 맞추었는데, 이 조사에서는 혁명 이전의 여성이 현 이슬람체제하에서 성장한 여성들에 비해 자신들의 사회상황에 대해 덜 만족할 것이고, 교육이 높고 경제적 수준이 높을수록 사회상황에 대해 만족도가 낮을 것이라는 가정하에서 조사를 진행했으나, 결과적으로 사회인구학적 요인들이 이란 여성들의 만족도에 크게 작용하지 않는 것으로 나타났다. 고학력자들이 사회의 상황에 비교적 만족하고 있었고, 중류층에서 경제적 상황에 대해 가장 불만족하는 것으로 나타났다.

위의 연구들은 이란 내에서 여성의 의식조사와 관련된 최초의 시도들이라는 데 연구의 의미를 부여할 수 있다. 이 연구는 기존연구들의 기초적 통계자료를 더욱 보완하여 여성들이 정치에 참여하는 데 영향을 미치는 요인을 연구대상자의 특성을 중심으로 한 사회인구학적 요인과 이슬람적 가치관 그리고 정치적 성역할관, 정치적 관심과 성향을 중심으로 이들 간의 상관관계를 분석해 보았다.

설문지 작성은 현지 전문가와의 협의를 거쳐 몇 차례의 수정과정을 거쳤는데 그 과정에서 처음에 계획한 설문내용이 많이 바뀌고, 조사의 원만한 진행을 위해 초기에 설정했던 변수를 생략할 수밖에 없는 상황에 처했다. 또한 표본선정도 설문지 수거의 어려움으로 계획한대로 진행되지 못하고 일단 테헤란에 있는 대학에 배포한 설문지를 주로 회수할 수 있었다. 따라서 표본대상이 주로 대학생과 대학원생 또는 교수 및 연구진들에 한정되었다. 그러나 이 표본은 이란의 지식층을 대표할 수 있는 표본으로서, 사회적으로 영향력 있는 집단으로 간주될 수 있다. 이 조사의 설계 및 분석방법은 〈부록 2〉의 이란 여성의 정치의식에 대한 경험적 연구에 첨부하였다.

본 조사에서는 이란 여성의 이슬람 가치관, 정치의식 및 정치참여 태도를 검토해 보고, 정치참여 태도에 대한 이슬람가치관과 정치의식의 상관관계를 분석하고자 한다. 더불어 여성에 대한 비교집단으로 남성을 들어, 정치참여 인식과 태도에 대해 남녀 간의 차이를 비교하겠다. 여기서 정치참여는 선거참여와 일상적 정치참여로 나누었고 정치의식은 여성의 정치참여에 관한 인식, 정치적 관심과 정치적 성향으로 세분화하였다.

제1절 이란 여성의 이슬람가치관, 정치의식, 정치참여 태도

1. 이슬람 가치관

이란 여성의 이슬람 가치관에 관한 인식은 이슬람의 성역할관, 이슬람에 대한 인식, 쿠란의 재해석 여부, 또 이슬람에서 기인한 사회적 관습에 대한 인식을 중심으로 살펴보았다.

1) 이란 여성의 이슬람 가치관 인식

〈표 19〉의 이란 여성의 이슬람 가치관에 대한 인식을 보면, '쿠란은 여성에게 가정에서의 의무를 강조한다'에 대해 전체응답자의 43.3%가 절대 동의하고, 31.7%가 동의한 데 비해 반대는 4.8%이고, 절대반대는 1.4%이다. 이는 쿠란에 나타나는 여성에 대한 사적 영역의 강조에 대해 75.0%인 대다수의 여성이 동의하고 있는 것으로 보인다.

그럼에도 '여성의 사회참여에 대해 이슬람은 장애가 아니다'에 대해서 전체응답자의 45.8%가 절대 동의, 동의가 32.2%이며, '이슬람이 정치참여를 사회의 의무로 규정하고 있기에 여성의 정치참여에 긍정적 영향을 미친다'의 문항에 대해서 절대 동의가 33.8%이고, 동의가 42.4%로 각각 응답자의 78.0%와 76.2%가 위의 문항에 대해 동의하고 있다. 이는 쿠란이 여성의 사적 영역을 강조함에도 불구하고, 사회 활동을 함에 있어 이슬람이 장애요소로 작용하지 않으며, 이슬람이 여성의 정치참여에도 긍적적인 영향을 미치고 있다고 대다수가 인식하고 있음을 나타낸다.

'이슬람은 이란인의 정체성이라고 인식한다'에 대해 전체응답자의 14.1%가 절대 동의하고, 27.2%가 동의했고, 반대는 18.3%이고, 절대반대는 17.4%로서 이 문항에 대한 여성들의 반응은 동의(41.3%)와 부정(35.7%)으로 양분된 가운데 동의하는 의견이 약간 많다. 또한 이에 대해 의견이 없다고 답한 응답자도 23.0%에 해당된다. '쿠란의 재해석 여부'에 대해 전체응답자의 21.4%가 절대 동의하고, 22.9%가 동의한 데 비해 반대는 4.7%이고 절대반대는 3.1%이다. 또한 의견이 없다고 답한 응답자도 전체의 47.9%를 차지하고 있어, 이란 여성의 대부분이 이 문항에 대해 잘 인식을 못한 것으로 여겨진다.

〈표 19〉 이란 여성의 이슬람의 가치관 인식   (단위: 명, %)

	절대 동의	동 의	의견이 없다	반 대	절대 반대	합 계
쿠란은 여성에게 가정에서의 의무를 강조.	90(43.3)	66(31.7)	39(18.8)	10(4.8)	3(1.4)	208(100.0)
여성의 사회참여에 이슬람은 장애가 아니다	98(45.8)	69(32.2)	19(8.9)	20(9.3)	8(3.7)	214(100.0)
이슬람이 여성의 정치참여에 긍정적 영향	71(33.8)	89(42.4)	29(13.8)	13(6.2)	8(3.8)	210(100.0)
이슬람은 이란인의 정체성이 라고 인식	30(14.1)	58(27.2)	49(23.0)	39(18.3)	37(17.4)	213(100.0)
쿠란의 재해석 여부 (성직자 수준에서)	41(21.4)	44(22.9)	92(47.9)	9(4.7)	6(3.1)	192(100.0)

이슬람의 가치관은 〈부록 2〉의 〈표 34〉 요인분석에 의해 '여성의 성역할관 인식'으로 구분하여 연령, 학력, 직업, 생활수준 등과 관련하여 상관관계를 분석하였다. 사회인구학적 변인과 이슬람의 성역할관과의 관계에서 학력은 유의미한 관계가 있는 것으로 나타났으며 그 외는 유의미한 차이를 보이지 않았다. 〈부록 3〉의 〈표 19-1〉을 보면, 학력의 경우, $p<.05$ 수준에서 유의미한 차이를 보였는데, 대학교 이상의 집단에 비해 고졸 집단이 이슬람의 성역할관에 관해 보다 긍정적으로 인식하고 있는 것으로 나타났다.

2) 이란 여성의 이슬람 관습 인식

〈표 20〉의 이슬람에서 기인한 사회적 관습이 여성의 사회 활동에 어떠한 영향을 미치는가에 대한 질문에 대해 '관습은 긍정적으로 작용한다'가 16.7%, '특정한 관습을 새로운 시각에서 여성의 사회 활동 참여증진에 활용할 수 있다'가 44.3%, '관습은 대개 부정적으로 작용한다'가

19.0% 그리고 '영향이 없다'고 답한 응답자는 19.5%이다. 따라서 여성의 사회 활동에 대한 관습의 시정가능성에 44.3%가 답해 대체로 동의하고 있음을 알 수 있다.

이란 여성의 이슬람 사회관습에 대한 인식과 연령, 학력, 직업, 결혼여부, 생활수준 등 사회인구학적 변인과의 관계는 분석한 결과 유의미한 차이를 보이지 않았다.

<표 20> 이란 여성의 이슬람 사회관습 인식

이슬람 사회관습 인식	명 (%)
관습은 긍정적으로 작용한다	35(16.7)
관습의 시정과 긍정적 활용	93(44.3)
관습은 대개 부정적으로 작용한다	40(19.0)
영향이 없다	42(19.5)
합　계	210(100.0)

2. 정치의식

정치의식은 여성의 정치참여에 대한 인식, 정치적 관심과 정치적 성향 등 세 차원으로 나누어 분석하였다.

1) 여성의 정치참여에 관한 인식

여성의 정치참여에 대한 인식은 정치적 성역할관, 여성의 리더쉽에 대한 인식, 남녀평등 인식, 정치참여방안에 관한 인식을 중심으로 조사하였다.

〈표 21〉 이란 여성의 정치참여에 관한 인식　　　　　（단위: 명, %）

	절대 동의	동 의	의견이 없다	반 대	절대 반대	합 계
여성의 정치참여는 사회발전에 기여	113(52.8)	82(38.1)	10(4.7)	5(2.3)	5(2.3)	215(100.0)
여성이 직업을 가져도 좋은 아내와 어머니가 될 수 있다	103(48.4)	79(37.1)	9(4.2)	17(8.0)	5(2.3)	213(100.0)
여성의 대통령직 수행 여부	102(47.9)	51(23.9)	20(9.4)	22(10.3)	18(8.5)	213(100.0)
여성의 고위직책 직무 수행 능력	91(42.5)	90(42.1)	22(10.3)	7(3.3)	4(1.9)	214(100.0)
여성의 판사직 수행 여부	83(38.8)	45(21.0)	37(17.3)	30(14.0)	19(8.9)	214(100.0)
여성의 종교지도자직 수행 여부	62(29.2)	53(25.0)	56(26.4)	21(10.0)	19(9.0)	211(100.0)
여성에게 남성과 동등한 고용기회 제공	140(65.1)	46(21.4)	5(2.3)	19(8.8)	5(2.3)	215(100.0)
여성에게 정부직책의 동등한 기회부여	86(40.0)	62(29.1)	31(14.4)	26(12.2)	8(3.7)	213(100.0)
적극적인 여성정책이 필요	86(40.4)	82(38.5)	31(14.6)	11(5.2)	3(1.4)	213(100.0)
여성단체의 필요성	103(48.6)	75(35.4)	18(8.5)	10(4.7)	6(2.8)	212(100.0)

〈표 21〉에서 보듯이, 정치적 성역할관에서 '여성의 정치참여는 사회발전에 기여한다'에 대해 전체 여성응답자의 52.8%가 절대 동의하고, 38.1%가 동의한 데 비해 반대는 2.3%이고, 절대반대는 2.3%로 여성의 90.9%가 긍정적으로 답했다. '여성이 직업을 가져도 좋은 아내와 어머니가 될 수 있다'에 대해서는 이에 대해 48.4%가 절대 동의하고 37.1%가 동의한 데 비해 반대는 8.0%이고 절대반대는 2.3%로 나타나, 여성의 85.5%인 대다수가 여성이 가사와 사회 활동을 병행할 수 있음에 동의하고 있었다.

또한 여성의 리더쉽 인식과 관련하여 대통령직, 국회의원직, 판사직, 종교지도자직 등 고위직책 수행여부를 물었는데, '여성의 대통령직 수행 여부'에 대해 전체응답자의 47.9%가 절대 동의하고 23.9%가 동의한 데 비해 반대는 10.3%이고 절대반대는 8.5%로 나타났다. 또한 '여성이 고위직책자로서 직무를 잘 수행할 수 있다'에 대해서도 전체응답자의 42.5%가 절대 동의하고 42.1%가 동의한 데 비해 반대는 3.3%이고 절대반대는 1.9%로 대다수의 응답자가 여성의 대통령직을 포함해 고위직책자 능력에 긍정적으로 인식하고 있음을 알 수 있다.

위의 대통령직과 국회의원직에 대해 각기 71.8%와 84.6%가 동의 혹은 절대 동의로 대체로 높은 수치로 동의를 표한 반면, 여성의 판사직과 종교지도자의 직책 수행에 대해서는 약간 차이를 보이고 있다. '여성의 판사직 수행 여부'는 38.8%가 절대 동의하고 21.0%가 동의했으며, 반대는 14.0%이고 절대반대는 8.9%이다. 또한 '여성의 종교지도자직 수행 여부'에 대해 응답자의 29.2%가 절대 동의하고 25.0%가 동의하고 반대는 10.0%이고 절대반대는 9.0%로 나타났다. 판사직과 종교지도자의 직책 수행여부에 대해서는 현재 이란 내에서 성직자들과 고위직책자들 간에 이슬람의 근거를 두고 아직도 논란이 되어지는 문제들로 여성들 역시 동의를 하고 있지만 그 동의와 절대 동의를 합친 수치가 판사직은 59.8%이고 종교지도자는 54.2%로 여성들의 의견이 양분되고 있음을 알 수 있다.

남녀평등 인식에 대해 '여성에게 남성과 동등한 고용 기회를 제공해야 한다'에 대해 전체응답자의 65.1%가 절대 동의하고 21.4%가 동의한 것으로 나타났다. 또한 '여성에게 정부 직책의 동등한 기회 부여'에 대해서도 40.0%가 절대 동의하고 29.1%가 동의함으로서 고용과, 정부직책에서의 동등한 기회제공에 대해 대체로 동의하는 수치가 높음을 알 수 있다.

여성의 정치참여 방안과 지위향상에 대해 '적극적인 여성정책이 필요하다'에 대해 전체응답자의 40.4%가 절대 동의하고 38.5%가 동의했고, '여성들의 권리를 주장할 수 있는 단체는 많을수록 좋다'에 대해 48.6%가 절대 동의하고 35.4%가 동의하여, 지금보다 적극적인 여성정책과 여성단체의 필요성을 대다수가 인식하고 있는 것으로 나타났다.

여성의 정치참여에 관한 문항들은 이슬람 가치관과 더불어 〈부록 2〉의 〈표 34〉 요인분석에 의해 '여성의 정치참여에 관한 인식'으로 구분하여 연령, 학력, 직업, 생활수준 등과 관련하여 상관관계를 분석하였다. 사회인구학적 변인과 여성의 정치참여에 관한 인식의 관계 분석 결과, 유의미한 차이를 보이지 않았다. 이는 여성들 간에 정치참여에 대해 의견이 대체로 일치하여 차이가 나타나지 않는 것으로 보인다.

2) 정치적 관심

'국내외 정치 상황에 대해 어느 정도 관심을 갖고 있는가'에 대한 질문에 대해 '적극적으로'가 18.6%, '흥미 있는 문제에 있어서'가 59.5%, '간혹 관심이 있다'가 13.5% 그리고 '정치문제에 관심이 없다'고 답한 응답자는 8.4%이다. 응답자들은 대체로 흥미 있는 문제에 있어서 관심을 보인다고 답했으며, 모든 면에 적극적으로 관심이 있는 응답자도 18.6%나 되었다. 따라서 조사 대상자의 대다수가 국내외 정치상황에 상당한 관심을 갖고 있는 것으로 나타났다.

한편, 이란 여성의 정치적 관심과 연령, 학력, 직업, 생활수준 등 사회인구학적 변인과의 상관관계에서는 유의미한 차이가 나타나지 않았다.

〈표 22〉 이란 여성의 정치적 관심

정치적 관심	명(%)
적극적으로	40(18.6)
흥미 있는 문제만	128(59.5)
간혹 관심이 있다	29(13.5)
관심이 없다	18(8.4)
합 계	215(100.0)

3) 정치적 성향

선거에 참여했을 때, 어느 정당을 선호하는가에 대한 질문에 '매우 진보적 정당', '약간 진보적 정당', '매우 보수적 정당' 그리고 '약간 보수적 정당'으로 구분하였으나, 측정상 매우 진보와 약간 진보를 '진보성향'으로 매우 보수와 약간 보수를 '보수성향'으로 재분류했다. 조사결과 진보성향이 44.5%로 보수성향 15.6%에 비해 더 많은 것으로 나타났다. 또한 '잘 모르겠다'고 답한 응답자도 39.9%나 있었고 답변을 아예 안한 응답자도 다른 질문 문항에 비해 다수가 있었는데 이는 상당수가 미확정이거나 혹은 성향에 대한 자신의 입장표시를 기피한 것으로 보인다. 또한 정치적 성향에 대한 사회인구학적 변인과의 관계는 유의미한 차이를 보이지 않았다.

〈표 23〉 이란 여성의 정치적 성향

정치적 성향	명(%)
진 보	77(44.5)
보 수	27(15.6)
미확정	69(39.9)
합 계	173(100.0)

3. 정치참여 태도

이란 여성의 정치참여 태도는 선거참여와, 일상적 정치참여, 단체가입 여부로 분류해서 분석하였다.

1) 선거참여

이란 이슬람 혁명 이후, 대통령선거, 국회의원선거 등 20여 차례의 선거가 행해졌다 이러한 선거에 대한 이란 여성들이 태도를 분석해 보기 위해 '귀하는 이 선거 중에서 얼마나 참여했는가'라는 질문에 대해 '매번 참여' 했다가 40.8% 대체로 참여했다가 29.4%, 거의 참여하지 못했다가 25.6% 관심이 없다는 4.3%가 답해 선거에 대한 여성의 참여도가 상당히 높은 것으로 나타났다.

또한 선거참여에 대한 연령, 학력, 직업, 생활수준 등 사회인구학적 변인과의 관계에서는 학력의 경우에만 집단 간에 유의미한 차이를 보였다. 즉 〈부록 3〉의 〈표 24-1〉을 참고하면, 학력의 경우, p<.05 수준에서 유의미한 차이를 보였는데, 대학교 이상의 집단에 비해 고졸 집단이 선거참여에 더욱 적극적인 것으로 나타났다.

〈표 24〉 이란 여성의 선거참여

선거참여	명(%)
매번참여	86(40.8)
대체로 참여	62(29.4)
거의 참여 못함	54(25.6)
관심이 없다	9(4.3)
합　계	211(100.0)

2) 일상적 정치참여

이 조사에서 일상적 정치참여는 이란 내의 정치상황을 감안하여, 시위, 정치집회, 금요예배 행사장 그리고 선거유세장의 참여여부로 측정하였다. 참여횟수를 중심으로 참여수준을 평가했는데, 위의 장소에 2곳에서 4곳에 참여해 본 집단은 일상적 참여수준이 높은 집단으로 또 1곳 이하로 참여한 집단은 일상적 참여수준이 낮은 집단으로 그리고 전혀 참여하지 않은 집단으로 분류하여 분석했다.

〈표 25〉의 이란 여성의 일상적 정치참여를 살펴보면, '높음'의 집단에 해당되는 응답자가 25.1%, '낮음'의 집단은 38.6%, 전혀 참여 안한 경우는 36.3%로 나타났다. 앞의 선거참여의 경우와 비교해 선거참여는 관심이 없는 집단이 극소수임에 비해 일상적 정치참여는 36.3%에 해당되는 응답자가 전혀 참여를 안 한 것으로 나타났다. 이란 여성의 일상적 정치참여에 대한 연령, 학력, 직업, 생활수준 등과의 상관관계에서는 유의미한 차이를 발견할 수 없었다.

〈표 25〉 이란 여성의 일상적 정치참여

일상적 정치참여	명(%)
높 음	54(25.1)
낮 음	83(38.6)
전혀 참여 안함	78(36.3)
합 계	215(100.0)

참여수준 * 높음: 2-4곳에 참여, ** 낮음: 1곳에 참여,
전혀 참여 안함: 아무 곳에도 참여안한 경우에 해당

3) 단체가입

정치참여 태도를 조사하기 위해 단체가입 여부를 물었는데 사회단체, 정치단체의 경우 7.4%가 종교단체, 자선단체의 경우 3.3%가 여성단체는 1.4%가 가입한 것으로 응답했으며, 응답자의 87.9%에 해당되는 대

다수가 아무 곳에도 가입을 안 한 것으로 답했다. 이로 미루어 이란 여성들의 단체 가입을 통한 참여는 매우 저조한 것으로 나타났다. 또한 이란 여성의 단체 가입과 연령, 학력, 직업, 생활수준 등 사회인구학적 변인과의 관계에서는 유의미한 차이가 나타나지 않았다.

〈표 26〉 이란 여성의 단체가입 여부

단체가입여부	명(%)
사회, 정치 단체	16(7.4)
종교, 자선 단체	7(3.3)
여성단체	3(1.4)
어느 곳에도 가입 안함	189(87.9)
합　계	215(100.0)

제2절 이슬람가치관, 정치의식과 정치참여 태도와의 관계

1. 이슬람가치와 정치참여 태도

본 조사에서 이슬람의 가치관은 이슬람의 성역할관과 이슬람 사회관습에 대한 인식으로 나누었고, 이슬람의 성역할관은 요인분석(〈부록 2〉 참조)에 의해 이슬람의 여성관, 이슬람에 대한 인식, 쿠란의 재해석 인식을 하나로 묶어 답변에 따라 점수를 주어 상 중 하로 분류하여, 여성의 정치참여에 대한 이슬람의 성역할관이 상의 집단일수록 긍정적인 의미를 두고 있는 것으로 평가했다.

〈표 27〉 이란 여성의 이슬람 가치관과 선거참여 태도　(단위: 명, %)

선거참여횟수	매 번 참 여	대체로 참 여	거의 참여 못함	관심이 없다	합　계	통계치
전　체	86(40.8)	62(29.4)	54(25.6)	9(4.3)	211(100.0)	
이슬람의 성역할관						
상	35(58.3)	15(25.0)	9(15.0)	1(1.7)	60(100.0)	χ^2=18.341
중	25(32.9)	29(38.2)	20(26.3)	2(2.6)	76(100.0)	df=8
하	26(34.7)	18(24.0)	25(33.3)	6(8.0)	75(100.0)	p<.05
이슬람 사회관습						
긍정적으로 작용	17(48.6)	9(25.7)	8(22.9)	1(2.9)	35(100.0)	
관습의 긍정적 활용	37(41.1)	26(28.9)	24(26.7)	3(4.3)	90(100.0)	χ^2=11.205
부정적으로 작용	18(46.2)	10(25.6)	9(23.1)	2(5.1)	39(100.0)	df=16
영향이 없다	10(24.4)	15(36.6)	13(31.7)	3(7.3)	41(100.0)	N. S

* 이슬람의 성역할관 인식: 여성의 정치참여에 미치는 긍정적 영향의 정도를 기준으로 하여, 上-대체로 긍정적 中-보통, 下-대체로 부정적

　이란 여성의 이슬람 가치관과 선거참여 태도와의 상관관계를 분석해 본 결과, 〈표 27〉의 이슬람 성역할관의 경우, 선거에 매번 참여한 비율이 상의 집단은 58.3%, 중의 집단은 32.9%하의 집단은 34.7%로, 상인 집단이 선거참여에 적극적인 것으로 나타났다. 또한 하의 집단 중에 전혀 참여 안한 비율은 33.3%로 다른 집단에 비해 참여의 수치가 가장 저조한 것으로 나타났다. 이슬람의 가치관과 선거참여 태도와의 상관관계는 이슬람의 성역할관에서만 집단 간의 유의미한 차이를 보였고 관습에 대한 인식에서는 유의미한 차이를 보이지 않고 있다.

〈표 28〉 이란 여성의 이슬람가치와 일상적 선거참여　　　(단위: 명, %)

참여수준	높음*	낮음**	전혀 참여 안함	합　계	통계치
전　체	54(25.1)	83(38.6)	78(36.3)	215(100.0)	
이슬람의 성역할관					
상	23(37.7)	23(37.7)	15(24.6)	61(100.0)	$\chi^2 = 11.374$
중	18(23.4)	25(32.5)	34(44.2)	77(100.0)	df = 4
하	13(16.9)	35(45.5)	29(37.7)	77(100.0)	p<.05
이슬람 사회관습					
긍정적으로 작용	6(17.1)	18(51.4)	11(31.4)	35(100.0)	$\chi^2 = 7.303$
관습의 긍정적 활용	27(29.0)	33(35.5)	33(35.5)	93(100.0)	df = 8
부정적으로 작용	11(27.5)	16(40.0)	13(32.5)	40(100.0)	N. S.
영향이 없다	8(19.5)	14(34.1)	19(46.3)	41(100.0)	

　〈표 28〉의 이슬람 가치관과 일상적 정치참여와의 관계를 살펴보면, 이슬람의 성역할관의 경우 그 긍정적 인식이 상인 집단이 참여에 적극적인 것으로 나타났다. 상의 집단이 매번 참여한 비율이 37.7% 다른 집단보다 가장 높았으며, 하의 집단 중에 전혀 참여 안한 비율은 37.7%로 다른 집단과 비교가 되었다. 이슬람의 성역할관은 일상적 참여와 관련하여, 집단 간의 유의미한 차이를 보인 반면, 관습에 대한 인식에서는 유의미한 차이를 보이지 않고 있다.

2. 정치의식과 정치참여 태도

　정치의식은 여성의 정치참여에 대한 인식, 정치적 관심과 정치적 성향 등 세 차원으로 나누어 분석하였다. 여성의 정치참여에 대한 인식은 정치적 성역할관, 여성의 정책수행 능력, 여성의 리더쉽에 대한 인식,

평등한 기회, 정치참여방안에 관한 인식 등을 요인분석에 의해 하나로 묶어 상 중 하로 점수를 주었다. 정치의식과 선거참여와의 관계에서는 유의미한 관계를 찾지 못했다.

정치의식과 일상적 정치참여는 〈표 29〉에서 보는 바와 같이 여성의 정치참여에 관한 인식 변인만을 제외하고, 정치적 관심과 정치적 성향에서는 집단 간의 유의미한 차이를 보이고 있다. 정치적 관심이 높을수록 일상적 정치참여도 높은 것으로 나타났다. 또한 일상적 정치참여에 있어 진보성향은 참여횟수가 높음에 해당되는 비율이 33.8%이고, 보수성향은 22.2%로 진보성향이 보수성향에 비해 높은 참여도를 보이는 것으로 나타났다. 또한 미확정의 경우 전혀 참여 안한 비율이 43.5%로 참여도가 가장 낮았다.

〈표 29〉 이란 여성의 정치의식과 일상적 정치참여 태도 (단위: 명, %)

참여수준	높음*	낮음**	전혀 참여 안함	합 계	통계치
전 체	54(25.1)	83(38.6)	78(36.3)	215(100.0)	
여성정치참여 인식					
상	31(27.7)	38(33.9)	43(38.4)	112(100.0)	$\chi^2 = 3.257$
중	18(23.7)	31(40.8)	27(35.5)	76(100.0)	df = 4
하	5(18.5)	14(51.9)	8(29.6)	27(100.0)	N. S
정치적 관심					
적극적으로	17(42.5)	14(35.0)	9(22.5)	40(100.0)	
흥미 있는 문제만	30(23.4)	51(39.8)	47(36.7)	128(100.0)	$\chi^2 = 15.655$
간혹 관심이 있다	6(20.7)	13(44.8)	10(34.5)	29(100.0)	df = 6
관심이 없다	1(5.6)	5(27.8)	12(66.7)	18(100.0)	p<.05
정치적 성향					
진 보	26(33.8)	31(40.3)	20(26.0)	77(100.0)	$\chi^2 = 7.250$
보 수	6(22.2)	11(40.7)	10(37.0)	27(100.0)	df = 4
미확정	12(17.4)	27(39.1)	30(43.5)	69(100.0)	p<.05

* 여성의 정치참여 인식 정도: 上 - 대체로 긍정, 中 - 보통, 下 - 대체로 반대

제3절 정치참여 인식과 태도에 대한 남녀 비교

이 연구에서는 이슬람의 가치관, 정치의식, 정치참여 태도에 대해 남녀 간의 어떠한 차이가 있는지에 대해 분석해 보았다.

1. 이슬람의 가치관에 대한 남녀비교

이슬람의 가치관은 이슬람의 성역할관과 이슬람 사회관습에 대한 인식을 중심으로 남녀 간의 차이를 살펴보았다. 〈표 30〉에 의하면 요인분석에 의해 분류한 '이슬람의 성역할관'과 성별 간의 관계에 있어서는 유의미한 관계가 나타나지 않았다. 그러나 〈부록 3〉의 〈표 30-1〉의 이슬람 가치관에 대한 세부문항을 살펴보면, '쿠란은 여성에게 가정에서의 의무를 강조한다'와 '이슬람의 여성사회 참여에 대한 영향'에 대해서 각기 p<.01 과 p<.001 수준에서 유의미하다. '쿠란은 여성에게 가정에서의 의무를 강조한다'의 경우 여성이 72.0% 또 남성의 75.0%가 절대 동의 혹은 동의했으며, 또한 '이슬람이 여성의 사회 활동 참여에 장애가 되지 않는다'에 대해 여성의 78.0% 또 남성의 62.6%가 절대 동의 혹은 동의하여 여성이 남성보다 이슬람이 여성의 사회 활동에 미치는 영향에 대해 긍정적으로 인식하고 있음을 알 수 있다.

한편 〈표 30〉의 이슬람 사회관습의 인식에서는 p<.01 수준에서 남녀 간의 유의미한 차이를 보이고 있다. 이슬람 사회관습의 경우, 관습이 '여성의 사회참여에 긍정적으로 작용한다'에 대해 여성이 16.7%가 동의한 데 비해 남성은 28.0%가 인정하고 있으며, '부정적으로 작용한다'에 대해서도 여성과 남성이 각각 19.0%, 25.2%로 나타나 여성보다는 남성이 보다 관습을 긍정적으로 평가하고 있는 것으로 나타났다. 또한 관습

의 시정과 긍정적 활용에 대해서는 남성(31.7%)보다는 여성(44.3%)이 보다 동의하고 있는데 이는 관습에 대한 시정의 요구를 반영하는 것으로 볼 수 있다.

<표 30> 이슬람 가치관에 대한 남녀비교　　　(단위: 명, %)

	여	남	통계치
이슬람의 성역할관			
상	61(28.4)	67(29.6)	$\chi^2=.090$
중	77(35.8)	79(35.0)	df=2
하	77(35.8)	80(35.4)	N. S
	215(100.0)	226(100.0)	
이슬람 사회관습			
긍정적으로 작용	35(16.7)	61(28.0)	$\chi^2=14.686$
관습의 시정과 긍정적 활용	93(44.3)	69(31.7)	df=4
부정적으로 작용	40(19.0)	55(25.2)	p<.01
영향이 없다	42(19.5)	33(15.1)	
	210(100.0)	218(100.0)	

2. 정치의식에 대한 남녀 비교

정치의식은 여성의 정치참여에 대한 인식, 정치적 관심, 정치적 성향을 중심으로 남녀 간의 차이를 비교했다. 여성의 정치참여에 대한 인식의 경우, 여성의 55.1%가 상의 집단에 속한 데 비해 남성은 21.7%로 나타났으며, 하의 집단에서도 여성은 12.6%에 불과한 데 비해 남성은 35.8%로 여성이 현저하게 남성에 비해 '여성의 정치참여'에 대해 긍정적으로 인식하고 있음을 알 수 있다.

여성의 정치참여에 대한 인식을 문항별로 구체적으로 살펴보면 〈부록 3〉의 〈표 31-1〉의 경우, 각 문항은 모두 유의미한 관계가 있는 것으로 측정되었고, 남성보다는 여성의 인식도가 높은 것으로 나타났다. 특히 '여성의 고위직책직무 수행 능력'에서 여성이 84.6%, 남성이 51.5% 동의 혹은 절대 동의한 것으로 나타났는데, 이는 남성에 비해 여성이 여성의 고위직 수행능력을 긍정적으로 평가하는 것으로 보인다. 또한 여성의 대통령직 수행 여부나 판사직, 종교지도자직 수행 여부에 대해서도 남성보다는 여성이 비교적 높은 수치로 동의하고 있었다.

'여성에게 남성과 동등한 고용기회 제공'에 대해서 여성의 86.5%가 동의 혹은 절대 동의한 데 비해 남성의 55.6%만이 동조를 하고 있어 이에 대한 견해 차이가 명백히 드러나고 있다. 또한 '여성에게 정부직책의 동등한 기회 부여'에 대해서도 여성이 69.5%, 남성이 45.2%가 동의 혹은 절대 동의를 하여 집단 간의 차이를 보였다.

〈표 31〉에 의하면 정치적 관심의 경우 유의미한 차이가 나타나지 않았으며, 정치적 성향에서 p<.001 수준에서 유의미한 차이를 보였다. 정치적 성향의 경우, 여성과 남성 모두 진보성향의 비율이 높지만, 남녀를 비교해 보면 진보성향에서 여성이 44.5%인데 비해 남성이 66.1%로 많아 남성의 비율이 보다 높음을 알 수 있다. 또한 보수성향은 여성이 15.6%이며 남성이 7.9%로 남성보다는 여성의 비율이 다소 높다.

〈표 31〉 정치의식에 대한 남녀비교　　　　　　　（단위: 명, %）

	여	남	통계치
여성정치참여 인식			
상	112(51.1)	49(21.7)	$\chi^2=53.737$
중	76(35.3)	96(42.5)	df=2
하	27(12.6)	81(35.8)	p<.001
	215(100.0)	226(100.0)	
정치적 관심			
적극적으로	40(18.6)	55(24.4)	$\chi^2=2.642$
흥미 있는 문제만	128(59.5)	119(52.9)	df=3
간혹 관심이 있다	29(13.5)	31(13.8)	N. S
관심이 없다	18(8.4)	20(8.9)	
	215(100.0)	225(100.0)	
정치적 성향			
진 보	77(44.5)	117(66.1)	$\chi^2=16.926$
보 수	27(15.6)	14(7.9)	df=2
미 확 정	69(39.9)	46(26.0)	p<.001
	173(100.0)	177(100.0)	

3. 정치참여 태도에 대한 남녀비교

　정치참여 태도는 선거참여, 일상적 정치참여, 단체가입여부를 중심으로 남녀 간의 차이를 비교했다. 〈표 32〉의 선거참여는 여성이 남성보다 매번 참여한 비율이 더 높은 것으로 나타났는데, 여성이 40.8%이고 남성이 27.5%로 선거에 매번 참여한 것으로 응답하여 여성들이 남성보다 높은 수치를 나타냈다. 그러나 일상적 정치참여의 경우 '높음'에 해당되는 집단은 여성이 25.1%이고 남성은 33.2%로 여성보다 남성이 시위, 정치집회, 선거유세장, 금요예배행사장 등에 많이 참여한 것으로 나타났다. 단체가입의 경우는 남녀 간의 유의미한 차이가 없는 것으로 나타났다.

〈표 32〉 정치참여 태도에 대한 남녀비교   (단위: 명, %)

	여	남	통 계 치
선거참여			
매번참여	86(40.8)	60(27.5)	$\chi^2 = 13.851$
대체로 참여	62(29.4)	90(41.3)	df = 4
거의 참여 못함	54(25.6)	49(22.5)	p<.01
관심이 없다	9(4.3)	19(8.7)	
	211(100.0)	218(100.0)	
일상적 정치참여			
높 음	54(25.1)	75(33.2)	$\chi^2 = 3.669$
낮 음	83(38.6)	74(32.7)	df = 2
전혀 참여 안함	78(36.3)	77(34.1)	p<.05
	215(100.0)	226(100.0)	
단체가입여부			
사회, 정치 단체	16(7.4)	24(10.6)	$\chi^2 = 9.090$
종교, 자선 단체	7(3.3)	19(8.4)	df = 4
여성단체	3(1.4)	1(0.4)	N. S
어느 곳에도 가입 안함	189(87.9)	182(80.5)	
	215(100.0)	226(100.0)	

제4절 소　결

　지금까지의 조사결과를 요약해 보면 다음과 같다.

　첫째, 이란 여성의 이슬람 가치관에 대한 인식은 '이슬람의 성역할관', '이슬람 사회관습에 대한 인식'을 중심으로 살펴보았는데, 이슬람 성역할관에 대한 인식의 경우, 쿠란이 여성의 사적 영역을 강조함에도 불구하고, 사회 활동을 함에 있어 이슬람이 장애요소로 작용하지 않으며, 이슬람이 여성의 정치참여에도 긍적적인 영향을 미치고 있다고 여성의 대다수가 인식하고 있었다. 사회인구학적 변인과 이슬람의 성역할관과의 관계에서 학력이 유의미한 관계가 있는 것으로 나타났으며 그 외는 유의미한 차이를 보이지 않았다. 학력의 경우, 고졸 집단이 대학 이상의 학력소지자보다 이슬람의 성역할관에 관해 보다 긍정적으로 인식하고 있는 것으로 나타났다. 이슬람에서 기인한 사회적 관습에 대해서는 여성의 사회 활동과 관련된 관습의 시정가능성에 대체로 동의하고 있었다.

　둘째, 이란 여성의 정치의식은 '여성의 정치참여에 대한 인식', '정치적 관심'과 '정치적 성향' 등 세 차원으로 나누어 분석했는데, 여성의 정치참여에 대한 인식은 정치적 성역할관, 여성의 리더쉽에 대한 인식, 남녀평등 인식, 정치참여방안에 관한 인식을 중심으로 조사하였다. 정치적 성역할관, 남녀평등 인식, 정치참여 방안에 절대다수가 긍정적으로 대답했고, 여성의 리더쉽 인식과 관련하여 대통령직과 국회의원직에 대해 대체로 동의를 표한 반면, 여성의 판사직과 종교지도자의 직책 수행에 대해서는 약간 차이를 보이고 있다. 판사직과 종교지도자의 직책 수행 여부에 대해서는 현재도 성직자들과 고위직책자들 간에 이슬람의 근거를 두고 논란이 되어지는 문제들로 여성들 역시 동의를 하고 있지만 의견이 양분되고 있음을 알 수 있다. 사회인구학적 변인과 여성의 정치참여에 관한 인식의 관계에서 유의미한 차이를 보이지 않았다. 즉 여성들 간에 정치참여에 대해 의견이 대체로 일치하여 차이가 나타나지 않는 것으로 보인다. 정치적 관심에 대해 조사대상자의 대다수가 국내외 정치상황에 상당수 관심을 나타내고 있음을 알 수 있었고 정치적 성향은 조사결과 진보성향이 보수성향에 비해 수치가 높았다. 이란 여성들이 진보 성향의 정치인을 지지하는 것으로 답변한 것은 최근 이란 내의 개혁성향의 정치인들에 대한 지지를 반영하는 것으로 보인다.

셋째, 이란 여성의 정치참여 태도는 선거참여와, 일상적 정치참여, 단체가입 여부로 분류해서 분석하였다. 선거에 대한 이란 여성들의 태도를 분석해 본 결과 여성들의 선거에 대한 참여도가 상당히 높은 것으로 나타났다. 참여 태도에 있어 대학교 이상자보다 고졸 수준의 응답자들의 참여도가 높은 것으로 나왔는데, 이는 최근 들어서 선거에서 개혁파를 지지하는 여성과 젊은층의 유권자가 증가하는 추세와 같은 맥락으로 파악된다. 일상적 정치참여는 이란 내의 정치상황을 감안하여, 시위, 정치집회, 금요예배 행사장 그리고 선거유세장의 참여여부로 측정하였다. 선거참여의 경우 관심이 없는 집단이 극소수였음에 비해 일상적 정치참여는 전혀 참여를 안 한 응답자도 상당수 되었다. 또한 이란 여성들의 단체가입을 통한 참여는 매우 저조한 것으로 나타났다.

넷째, 이란 여성의 이슬람가치관과 선거참여, 일상적 정치참여 태도와의 상관관계를 분석해본 결과, 이슬람의 성역할관에 긍정적인 인식을 하고 있는 집단이 선거참여에 또 일상적 정치참여에 적극적인 것으로 나타났다. 또한 정치의식과 선거참여와의 관계에서는 유의미한 관계를 찾지 못했고 정치의식과 일상적 정치참여의 경우, 정치적 관심이 높을수록 일상적 정치참여도 높은 것으로 나타났고 진보성향이 보수성향에 비해 참여율이 조금 높은 것으로 나타났다.

다섯째, 정치참여 인식과 태도에 대한 이란 여성과 남성 간의 차이를 비교해 본 결과, 이슬람의 가치관에 있어서, 이슬람의 성역할관과 성별 간의 관계에 있어서는 유의미한 관계가 나타나지 않았고, 이슬람 사회 관습의 인식에 대해서만, 유의미한 차이를 보였는데, 관습의 긍정적 활용 즉 시정에 대해서는 남성보다는 여성이 보다 동의하고 있었다. 정치의식에 있어서는 정치적 관심의 경우 유의미한 차이가 나타나지 않았으며, 여성의 정치참여에 대한 인식과 정치적 성향에서 유의미한 차이를 보였다. 여성의 정치참여에 대한 인식의 경우, 여성이 현저하게 남성에 비해 여성의 정치참여와 여성의 고위직 수행능력에 대해 긍정적으로 인식하고 있음을 알 수 있다. 또한 정치적 성향의 경우, 여성과 남성 모두 진보성향의 비율이 높지만, 남성이 여성보다 진보성향이 많았다. 정치참여 태도에 있어서 선거참여의 경우 특징적인 것은 여성이 남성보다 매번 참여한 비율이 더 높아, 여성들이 선거에 큰 관심을 가지고 있는 것으로 나타났다. 그러나 일상적 정치참여의 경우 여성보다 남성이 참여에 적극적인 것으로 나타났다.

본 조사에서는 조사대상자가 비교적 한정된 표본 즉 중류층 이상의 비교적 젊은 연령층(20-30대)의 고학력자들의 의사를 반영하고 있다. 이들은 이란사회에서 영향력 있는 사회집단으로 간주할 수 있기에 조사 결과에 의미를 부여할 수 있다. 따라서 이들의 여성정치참여에 대한 인식과 이슬람에 대한 인식은 앞으로의 정치참여에 상당히 영향을 미칠 수 있다고 본다. 종합컨대, 조사대상자들은 여성의 정치참여에 대해서 대체로 긍정적인 의사를 표했고 남성보다는 여성들이 여성정치참여에 대한 긍정도의 수치가 높았으며 여성의 경우 남성보다 더 투표참여에도 적극적임을 알 수 있었다. 또한 이슬람적 가치를 긍정적으로 인식할 때 정치참여에도 높은 비율을 나타내고 있음을 알 수 있었다. 또한 대다수가 자신들을 진보성향을 지지하는 것으로 답한 바, 이러한 성향은 현재 이란에서 중류층 이상의 고학력자들의 의사를 반영하는 것으로 볼 수 있다.

제6장 이란 여성 정치참여의 평가와 전망

제1절 이란 여성 정치참여의 평가

일반적으로 이슬람 사회의 여성은 활동에 자유롭지 못한 베일을 쓰고 남성과 격리되어진 이미지로 투사되어 있다. 그래서 검은 베일을 쓴 여성들이 자유와 독립을 외치며 긴 시위행렬을 하는 장면이나, 베일을 쓰고 총을 든 모습들은 무척 이상하기까지 하다. 이러한 소극적 이미지와는 달리 이란 여성들이 국민의 일원으로서 또 영향력 있는 정치의 참여자로서 역할을 한 역사적 사례를 찾을 수 있다.

이란 여성들의 사회적 역할과 활약이 거론되어진 시기는 19세기로 거슬러 올라간다. 당시 이란은 러시아와 영국 등에 의한 외세의 압력과 무능한 전제 왕권 체제하에 있었고 이때 영국의 연초(煙草) 독점권에 반대하는 대중운동(1891)과 입헌제도 도입을 요구하는 입헌혁명(1906)이 일어났다. 이 과정에서 베일을 쓴 여성들도 반대 시위행렬에 대거 참여했다. 물론 이 시기의 여성들은 여성 자신의 문제에 관심을 가졌던 것은 아니지만 이러한 사회운동을 통해 여성의 의식이 고양되는 계기가 마련되었다.

또한 1979년 이슬람 혁명 과정에서도 여성들은 팔레비 왕정의 전제정치에 반대하고, 이를 타도하기 위하여 이슬람의 구호를 외치며 시위행렬에 참여했고, 이라크와 8년간의 전쟁을 치르는 과정에서 여성들도 군에 동원되었다. 그러나 이러한 국가의 위기시나 혁명과정에서 자신들이 담당한 역할이나 공헌에 대해 여성들은 정당한 사회적 대가를 보상받지는 못했다.

중동의 대부분 국가가 그렇듯이 이란도 이슬람 문화권의 영향 아래에서 여성의 사회 활동에 문화적 제약이 많은 나라이다. 이슬람 신도들의 행동규범은 이슬람의 원리와 원칙에 근거를 두어야만 정당화될 수 있는 것이다. 그렇기 때문에 이슬람에서 규정하는 여성의 역할은 문화적 관습의 틀을 넘어 규범적이고 도덕적인 가치관이며 더 나아가 법적 근거로서도 효력을 가진다. 이란 여성은 이슬람 문화와 이에 근거한 남성위주의 문화로 인하여 정치사회화의 기회가 적었고 여성 스스로도 정치참여에 소극적이다. 이것은 문화 자체가 여성의 정치참여에 장애가 되기도 하지만 여성 스스로 정치를 거부하게 만드는 요인으로 작용하는 것이다.

이란에서 여성의 권리에 대해 현실적 논의가 거론되기 시작한 것은 최근에 들어서이다. 1906년 입헌혁명 당시 이란 최초의 헌법에서는 전 국민에 대한 선거권과 피선거권이 명시되었지만, 실제로 여성이 투표권을 행사하게 된 것은 팔레비 정권하에서 선거법에 여성의 참여 조항을 명백히 하면서부터이다. 즉 헌법이 제정되고 60년이 지나서야 효력이 부여된 것이며 종교계에서 여성의 투표권을 국민의 의무로 인정한 것은 1979년 이슬람 혁명 이후이다. 이슬람의 원리를 강조하는 호메이니 체제 이후 여성의 역할과 활동에 대한 논의는 팔레비 정권의 근대화 정책으로 어느 정도 허용되던 활동조차도 다시 원점으로 되돌려 놓고 이에 대한 이슬람적 근거를 찾는 과정을 거쳐 왔다. 이슬람법의 원전을 해석하는 권한을 가진 이슬람법학자들에 의한 재해석 과정은 이슬람 문화의 가치변화 가능성의 일면을 보여주고 있다. 이러한 재해석의 실례는 여성이 모든 정치적 역할을 행함에 있어 제기되어지는 문제이다. 혁명 초기 여성의 국회의원의 출마 허용 문제를 놓고도 그랬고, 여성의 재판 업무 수행에 대해서도 이슬람학자들 간에 의견이 일치되지 않고 있다. 2001년 대통령 선거에서는 여성후보의 출마 허용과 관련하여 대통령 자격이 남성에 한정된 것인가 혹은 여성도 대통령이 될 수 있는가에 대한 논란이 있었다.

　현재 여성 국회의원은 혁명 초기에 비해 점차 증가되어가고 있는 추세이지만, 법조계에서의 여성참여는 그렇지 못하다. 행정부 고위직에서의 여성의 충원 역시 많은 제약적 요인으로 인해 하타미 대통령 이전까지는 각료에 임명된 여성은 전무했다. 따라서 하타미 대통령의 결단에 의한 첫 여성부통령의 임명(1997년)은 이슬람의 고정관념을 깨는 획기적인 조치였다. 최근 국내외 언론에서 의회에 진출한 이란 여성을 이슬람 국가에서는 찾아보기 힘든 예외의 경우로 다루거나 혹은 이란 여성의 정치참여가 증가되고 있는 보도를 하는 경우가 있다.

　그러나 실제 이란 여성의 정치참여 증가의 출발시점은 명백히 할 필요가 있다. 혁명 이전에 팔레비 정권하에서의 여성의원은 전체 국회의원 의석의 7.46%에 달하는 20여 명(1975년)에 이르렀으며, 2000년 시점에서 전체 의석의 5.17%에 달하는 15명의 여성의원만이 활동 중이다.

　팔레비 정권에서도 정부의 여성 충원 정책에 의해 여성각료들이 임명되었기 때문에 이란 여성 정치참여 증대의 의미는 이슬람 혁명을 기준으로 하여 보았을 때 의미가 있는 것일 뿐 혁명 전의 시기까지 고려되는 것은 아니다. 물론 일부 자료에서 볼 수 있듯이 혁명 이전에 비해 여성의 정치, 사회참여가 혁명 이전보다 질적인 면에서는 보다 확산되어졌음은 명백하다. 예를 들어 전문직 여성이 증가한 것은 이란 여성의 교육수준 향상을 나타내는 것이다.

　이란 여성의 정치참여 현황을 보다 객관적으로 평가하기 위해서는 다른 중동국가 여성들과의 정치참여 척도를 비교해 볼 필요가 있다. UN에서 발표한 각 국가들의 생활수준을 나타내는 인간개발지수(HDI: Human Development Index)와 여성의 권한의 기준을 나타내는 성별권한 척도(GEM: Gender Empowerment Measure)를 보면 중동지역의 경우 매우 저조한 수준에 머물러 있다. 인간개발지수와 더불어 성별권한 척도는 하위권으로 대체로 80위 이하 수준에 머물러 있다.

〈표 33〉 중동국가 여성의 권한척도(GEM)

국가명 (HDI 순위)	GEM순위 2001년(1999년)	참정권 획득년도	국회의원비율 (%, 년도)	행정직 및 관리직(%)	전문직 및 기술직(%)	여성1인당 GDP($)
이 란 (90)	- (88)	1963	5.17(2000)	3.5	32.6	2,453
쿠웨이트 (43)	- (72)	-	0.0(1999)	5.2	36.8	13,481
바레인 (40)	- (-)	1973	-	-	-	5,512
카타르 (48)	- (-)	-	-	-	-	5,193
아랍에미레이트 (45)	- (96)	-	0.0(1999)	1.6	25.1	4,544
리비아 (59)	- (-)	1964	-	-	-	2,373
레바논 (65)	- (-)	1952	2.3(2000)	-	-	2,793
터어키 (82)	63 (85)	1930	4.2(1999)	8.6	33.0	4,681
사우디아라비아 (68)	- (-)	-	-	-	-	2,284
오 만 (71)	- (-)	-	-	-	-	2,339
요르단 (88)	- (98)	1974	0.0(1999)	4.6	28.7	1,429
알제리 (100)	- (92)	1962	3.4(1997)	5.9	27.6	1,896
시리아 (97)	- (81)	1949		2.9	37.0	1,397
이집트 (105)	64 (86)	1956	2.0(1999)	16.4	28.4	1,800
이라크 (125)	- (-)	1980	7.6(2000)	-	-	970
수 단 (138)	- (97)	1964		2.4	28.8	741
예 멘 (133)	- (-)	1967	0.7(1997)	-	-	579

o 일부 국가와 비교

한 국 (27)	61 (78)	1948	5.9(2000)	4.2	45.0	8,388
일 본 (9)	31 (38)	1945	10.8	9.3	44.1	14,625
중 국 (87)	- (40)		21.8	11.6	45.1	2,485
미 국 (6)	11 (8)	1920	13.8	44.3	53.1	23,540
스웨덴 (4)	3 (2)	1921	42.7	27.9	63.7	17,829

자 료: UNDP, 1999와 http//www.undp.org1/hdr 2001(검색일:2001.6.1).
http//www.ipu.org/wmn-e/classif.htm(검색일:2001.1.14), The World's Women: Trends and Statistics 1997(United Nations, 1997) 참조. ※위의 자료는 본 논문을 집필했던 2001년 당시 통계 자료에 근거하며, 2005년 IPU자료에 의하면, 이란의 여성의원 비율은 4.1%(2004년)로 감소했고 중동국가 중에서 이라크 과도정부가 31.5%(2005년)로 나타나고 있으며, 쿠웨이트의 경우 1.5%(2003년)의 여성의원을 선출했다. 한국의 경우도 제 17대 총선에서 여성의원 비율이 13.4%(2004년)로 대폭 증가했다. http//www.ipu.org/wmn-e/classif.htm(검색일: 2005.12.1)참조.

성별권한척도(GEM)는 고위직에서의 남녀평등 수치, 여성 국회의원, 여성고위 관리, 여성 전문기술자 비율 등을 근거로 산출하는데, 이란의 경우 다른 중동국가들과 특별한 차이점을 발견할 수 없다. 사실 중동지역 국가의 경우 통계자료가 체계화 되어있지 않은 관계로 UN이나 IPU의 자료상에도 해당부분이 누락되어 있거나, 연도가 일치하지 않아 자료의 신빙성이 다소 문제가 된다. UNDP 2001의 자료에는 관련국가의 GEM이 대부분 누락된 관계로 1999년의 자료에 기초한 GEM을 중심으로 검토해 보았다. 중동국가의 GEM의 순위는 대체로 70에서 90위 수준으로 이란의 경우 88위를 나타내고 있다. 다른 중동국가들은 대체로 비슷하거나 더 열악한 상황이다. 쿠웨이트의 경우 72위로 수치상으로는 다른 중동국가들보다 우위이나 사실상 쿠웨이트에서는 여성의 참정권에 대해서도 최근에 들어서야 논의가 이루어진 보수적 아랍국가로서 이 여성권한의 기준에 있어 경제적 요인이나 다른 요인이 더 부각되어진 면도 간과할 수 없다. 사실상 경제권이 남성에게 편중된 중동사회에서 여성 1인당 GDP는 소득분배 척도로서의 의미가 있는지 의심의 여지가 있으며 이렇게 국가적 수준의 경제적 요인이 우선적으로 고려되어질 경우 실질적인 여성의 권한을 제시하는 데는 다소 문제가 있다고 본다. 스웨덴과 미국은 GEM이 각기 2위, 8위로 상위권에 속하며, 한국은 78위(2001년에는 61위로 상승)로 인간개발 지수(HDI)의 수준(27위)에 비해 여성권한이 큰 폭으로 차이가 나고 있다.

중동국가 여성의 참정권 획득년도는 이집트(1956년), 레바논(1952년), 터어키(1930년)를 제외하고는 대체로 60년대와 70년대 이후에 참정권이 주어졌으며, 사우디아라비아, 카타르, 아랍에미레이트, 오만 등 일부 중동의 보수 아랍국가 중에는 아직까지 여성의 선거권과 피선거권이 허용되지 않는 국가도 있다. 쿠웨이트와 카타르는 최근에 들어서 여성의 참정권에 대한 논의가 이루어지고 있는 실정이다. 이란의 경우 1963

년 여성참정권이 주어진 것은 정통이슬람 국가들과는 또 다른 모습을 보여준다.

여성의 국회의원비율을 보면 이란은 2000년 선거에서 전체 의석의 5.17%를 차지했다. 중동국가 중에서 이라크가 7.6%이며 그 외의 국가들은 여성의원이 없거나 매우 낮은 수치를 나타내고 있다. 참고로 스웨덴의 경우 42.7%로 여성의원이 전체의석의 절반 가까이를 차지하고 있으며 한국은 5.9%(2000년)로 역시 선진 국가들에 비해 저조하다. 이란의 경우 2000년 시점에서 여성의원 비율이 중동국가의 평균비율 3.6%보다 우위이기는 하나 세계여성의원 평균 비율이 12.3%이며 북구 유럽 국가 35.9%, 아시아 국가 13.9%에 비하면 세계 평균치에는 아직 미치지 못하는 상황이다.

이란 여성의 전문직 및 기술직의 비율은 32.6%로 이는 이란 여성의 높은 교육열을 반영하고 있으나, 여성의 행정직과 관리직의 비율은 이집트와 터키를 제외한 다른 중동국가들과 더불어 2-5% 수준으로 낮은데 이는 여성이 전문직에 많이 진출하고 있는 추세이기는 하지만 여성이 정치 영역 특히 고위 관리직 진출에 있어서 아직 다른 영역에 비하여 많은 제약을 받고 있음을 나타내는 것이다.

제2절 이란 여성 정치참여의 전망

이란 여성의 정치참여는 이슬람 문화와 연관되어지는 제 요인들의 영향을 받는다. 이러한 요인을 토대로 앞으로의 이란 여성의 정치참여에 대한 긍정적 요인과 제약적 요인을 중심으로 이란 여성의 정치참여 확대 전망에 대해서 논해 보겠다.

1. 긍정적 측면

첫째, 이란 여성의 정치참여에 미칠 긍정적 요인으로 여성들의 정치의식 변화를 들 수 있다. 특히 이란 여성들의 교육률 상승과 정치의식 고양은 앞으로 이란 여성들의 정치 영역 진출 확대에 기여할 것으로 보인다. 이 연구에서 조사한 설문 조사 결과에 따르면, 여성들도 남성들 못지않게 정치문제에 많은 관심을 보였고, 선거참여 태도에서는 남성보다 높은 수치를 나타냈다. 또한 여성들이 여성의 정치참여에 대해 상당히 긍정적인 태도를 나타낸 점은 앞으로의 정치참여에 더욱 긍정적으로 작용할 수 있다.

둘째, 국제적 상황의 변화를 들 수 있다. 여성의 정치참여가 확대되어야 하는 것은 세계적으로 공통된 요구이며, 이것은 현재 국제기구를 통해 이슈화되고 있다. 1995년 북경여성대회 이후 여성의 정치참여 논의는 급격히 증가하고 있으며, 이러한 참여 확대 논의 현상은 바로 국제연대 활동의 성과라고 볼 수 있다. 이러한 상황에서 이란은 혁명 이후 이슬람에 대한 국제적 편견을 해결해야 하는 상황에서 여성의 사회참여 문제를 특히 부각시키려는 경향이 있다. 이렇게 정부차원에서의 태도 변화와 또 이러한 국제적 상황을 반영한 여성단체들의 활약은 앞으로의 이란 여성의 정치참여에 긍정적으로 작용할 것으로 보인다.

셋째, 일부 온건하고 개혁적인 지도층의 성향을 들 수 있다. 이러한 지도층의 성향 변화는 이란 내에서 나타나고 있는 변화에 대한 욕구의 증가를 반영하고 있다. 따라서 지도층의 개혁의지와 발전에 대한 국민들의 요구가 앞으로의 변화를 감지케 한다. 개혁적 지도층이 이란의 보수 성직자들과 맞서 어떻게 변화를 주도해 나갈 수 있을지의 여부에 따라 효과적으로 여성의 정치참여를 권장하는 정책의 실행이 가능할 수 있다.

넷째, 여성의 정치참여에 긍정적인 영향을 미칠 수 있는 요인으로 일부 이슬람학자들과 고위직책의 여성들에 의한 쿠란의 재해석 논의를 들 수 있다. 혁명 초기부터 이슬람에서 보는 여성의 역할관과 관련한 재해석의 논의는 지속적으로 거론되어왔다. 여성이 선거에 참여할 수 있는가에서 전쟁에 나갈 수 있는가 혹은 국회에 출마하는 것이 허용되는가, 판사업무를 행할 수 있는가 및 최근에는 여성이 대통령에 입후보할 수 있는가에 이르기까지 여러 문제가 논의되고 있다. 여성이 정치적 역할을 수행함에 있어 기본적으로 이슬람의 문화적 장애를 극복해야 하는 당면과제가 있으며 이러한 논란은 결국 여성에게 정치적 역할이 허용되는 방향으로 나아갈 것이다. 즉 이슬람 가치의 변화가 속도는 더디지만 논란을 거듭하는 과정에서 결국 변화의 방향으로 나아가고 있다는 것은 확실하다. 특히 여성의 의식변화, 개혁적 성향의 지도자 출현, 이란 국내외 여성단체들의 활약 등은 모두 이러한 재해석의 문제를 보다 촉진시키는 긍정적 요인들이다.

2. 제약적 측면과 과제

이란 여성의 정치참여는 위에서 논한 긍정적인 측면과 더불어 이란이 이슬람의 원칙을 표방하는 원리주의를 고수하고 있다는 점에서 여성의 정치참여가 확대되기에는 아직은 상당한 한계점을 가지고 있음을 지적할 수 있다. 이러한 한계점이 극복되지 않는다면 여성의 정치참여는 지속적인 어려움에 직면할 수 있기에 해결해야 할 과제이기도 한 것이다.

첫째, 현재 이란 여성의 정치참여에 가장 큰 제약요인으로 작용하는 것은 가부장적 사고에 기초한 전통 이슬람 문화의 영향이다. 이슬람주의자들은 이슬람이 완전한 것임을 강조하며 오늘날의 사회규범을 규정함에 있어 이슬람에서 법적 근거를 모색한다. 이슬람이 기본적으로 평등구현사상을 담고 있고, 쿠란에서 언급된 여성의 지위가 이슬람 이전의 시기와 비교해 보다 나아졌다는 것은 명백한 역사적 사실이지만, 이슬람주의자들은 이 점만을 강조하면서 현대사회에 있어서의 여성의 역할규정에도 전통적인 문화에 근거한 역할을 고집하고 있다. 더 나아가 이슬람주의자들은 이슬람의 틀 내에서의 개혁과 재해석의 과정을 통한 여성 역할의 재규정을 강조하여 이슬람의 가치에 대한 변화의 시도가 이루어지고 있지만 이 역시 이슬람의 원칙을 우선적으로 내세움에 따라 역시 한계에 직면하고 있다. 이슬람주의는 급격한 변화를 거부하고 특히 서구적 가치관에 저항적이다. 따라서 현재 이란체제에서 제시하는 근대화에 대한 이슬람적 대안은 사실상 여성의 정치참여에 부정적으로 작용하고 있다. 보수적인 이슬람주의자들은 여성문제를 거론하기조차 꺼려한다. 이슬람 사회 여성의 불평등에 대한 논의는 서구의 기준으로 본 편파적 시각일 뿐이며 그것을 논하는 것 자체가 서구에 굴복하게 되는 것이라고 여긴다. 이슬람주의자들이 원리주의에 입각해 여성에 대한 불평등한 가치를 정당화하려는 것은 분명 현재에도 이슬람의 잣대로 여성을 통제하고자 하는 시대착오적 발상이다. 따라서 이슬람 지도자들은 시대의 변화에 보다 적극적으로 대응해야 한다.

둘째 제약요인으로 작용하는 것은 이슬람 체제에 기초한 정치적 요인을 들 수 있다. 이란은 혁명 이후 호메이니의 '법학자 통치론'에 근거해 헌법상으로나 체제 내부적으로 이슬람의 영향이 지배적이다. 또한 정부의 지도층은 대다수 성직자들로 구성되어있다. 국가의 최고 지도자(Faqih)에서 대통령, 국회의장에 이르기까지 대부분이 성직자들이다. 최근 하타미 대통령을 위시한 개혁성향의 인사들이 지도층에 급부상하고 있지만, 이란은 기본적으로 이슬람 국가이고 이슬람 국가의 최고 지도자인 하메네이는 여전히 강경보수 성향을 유지하고 있다. 또한 헌법 상으로 최고 지도자의 권한은 입법, 행정, 사법을 총괄하며 전군의 통수 권도 가지고 있다. 반면 대통령의 권한은 최고 지도자가 직접 관계하는 업무를 제외한 행정부를 책임지는 것으로 명시되어있다. 최고 지도자는 국민이 선출한 대통령에게 신임장을 수여하고 또 그를 해임할 수 있는 권한도 있다. 따라서 단지 행정부의 수반에 불과한 대통령의 권한은 최고 지도자의 통제를 받고 있기 때문에 하타미 대통령의 개혁은 아직까지 한계가 있다. 최고 지도자 하메네이를 비롯한 강경보수 세력은 여성 문제에 있어서 혁명 초기와 다름없는 보수적 성향을 나타내고 있고 이슬람의 원칙을 무엇보다 강조하고 있기에 이러한 상황 역시 여성의 정치참여에 부정적인 요인으로 작용하는 것이다. 즉 정치적 측면에서 이슬람의 원칙을 강조하는 체제 내에서 민주적인 제도발전은 아직은 요원한 상황이다. 여성의 정치참여를 보장해 줄 수 있는 법과 제도가 마련되지 않은 상황에서 여성의 정치참여는 한계가 있다. 따라서 현 체제는 이슬람도 기본적으로 고수하면서 국민들의 새로운 가치 수용 요구를 반영해야 한다는 딜레마에 처해 있다.

셋째, 여성의 정치참여에 작용하는 부정적인 요인으로 이란의 저조한 경제 성장률을 들 수 있다. 이란은 혁명과 8년간의 전쟁을 치루면서 경제성장과 산업발전이 거의 중단되다시피 했다. 대부분의 국가수입을 원유 수출에 의존해 온 이란은 전쟁기간 중 석유 산업 시설이 피해를 입음에 따라 석유 생산량이 감소했고 또 미국을 비롯한 서구국가와의 교역중지, 미국에 의한 경제제재 조치는 이란 경제상황을 더욱 악화시켜 왔다. 이러한 열악한 경제 상황은 여성들의 실질적인 생활로까지 연결되어 부정적인 요인으로 작용한다. 즉 경제사정 악화는 여성의 생활수준, 수입, 실업률에 영향을 미쳐 이로 인해 여성은 결국 사회참여 기회를 얻기 힘들고 남성에게 경제적으로 의존하는 풍토는 여성의 경쟁력을 악화시키는 결과를 초래했다.

　요약하면 이슬람은 현재 이란인의 모든 가치관과 사고방식 혹은 실제적인 생활에서의 규범까지도 지배하고 있다. 이슬람은 분명 여성의 정치참여에 긍정적인 요인이라기보다는 부정적인 요인으로 작용한다. 현대에 이슬람 문화와 규범의 잣대로서 여성의 역할을 설정하고 또 통제하려 하는 것은 분명 시대에 맞지 않는 것이다. 이제 이슬람 사회에서도 서서히 이슬람의 가부장적 가치를 거부하는 움직임이 일고 있다. 따라서 이슬람은 특수성과 보편성 사이에서 또 전통과 근대 사이에서 계속 갈등적 양상을 보이고 있는 것이다. 즉 이슬람이 변하지 않으면 이슬람 국가에서의 여성의 참여는 사실상 한계에 직면할 수밖에 없는 현실이다.

제7장 결 론

이 연구에서는 전 세계적으로 여성의 지위가 향상되어가는 현 시점에서 전통과 원칙을 강조하는 이슬람 문화가 현대 여성의 정치참여에 어떠한 정치적 함의를 갖는 것인가에 대한 문제의식에서 출발했다. 이러한 문제의식을 바탕으로 이슬람이 정치과정에서 여성의 정치적 권리에 어떻게 영향을 미치는지를 이란의 예를 들어 분석해 보고, 이 사회에 발전적인 변화를 기대할 수 있는 여지가 있는지 또 어떻게 그것을 전망하는지에 대한 것이다.

기존 여성의 정치참여에 관한 연구의 방향이 서구 중심의 정형화된 발전이론에 그 분석의 근거를 두고 있었다면 이 연구는 분석의 초점을 문화와 정치와의 관계에 둠으로써 어떤 정형화된 이론의 틀에 현상을 대입시켜 문제를 도출해 나가는 방식이 아니라 특정 사회의 특정 문화를 바탕으로 형성된 정치 체제와 이로 인하여 나타나는 상황들을 분석함으로써 기본적인 문제점을 도출하고 이에 대한 방향을 모색하는 방식을 시도하였다. 즉 이슬람 문화를 바탕으로 정치체제가 이루어져 있는 이란에 있어서의 여성의 정치참여가 어떤 형태로 이루어져 왔는지를 분석함으로써 이슬람 문화가 여성에게 끼친 영향을 분석하였으며, 나아가 이 연구를 통하여 문화 정치적 시각에서 이슬람 문화 내에서의 여성의 정치적 지위를 살펴봄으로써 현재 이란에 내재하여 있는 문제점과 향후 발전 방향에 대하여서도 살펴보았다.

요약하면, 첫째, 이슬람 사회에서 이슬람은 그 신도들에게 동일한 행동방식과 가치관 또 상징의 역할을 하기 때문에 이슬람을 문화로서 규정할 수 있는 근거가 된다. 또한 이슬람은 정교일치사상을 토대로 오늘날 이란사회에서 지배이데올로기의 역할을 하고 있다. 이슬람의 이러한 성격은 문화정치의 틀에서 여성의 문제에 있어서도 그대로 적용시켜 볼 수 있다. 이슬람은 한편으로 지배적인 주류의 문화를 형성하여 이란의 경우 여성의 역할관을 비롯한 가치체계는 모두 이슬람을 통해 정당화되고 있기도 하지만, 그 모순점에 대해 저항하는 다른 양상도 이슬람의 이름으로 시도되고 있다. 즉 이란의 헌법에는 이슬람법이 보다 우선한다는 조항이 나와 있어 강력한 이슬람 원리주의 성향을 띠고 있으며, 여성의 역할관과 여성에 관한 사회 관습들은 이슬람의 틀 내에서 그 특유의 하위문화를 형성하여 기존의 가부장적 문화의 형성에 이슬람이 영향을 미쳤다면 이에 대한 재해석 문제와 기존 문화 틀에 대한 시정의 움직임 역시 이슬람의 이름으로 시도되고 있다. 이 글에서 다룬 여성의 정치참여 과정은 이러한 문화와 정치 간의 상호 작용을 그대로 드러내는 실례가 될 수 있다고 본다.

둘째, 현재 이슬람 사회에는 서구식 발전논리에 대한 두 가지 서로 상반된 견해가 이슬람주의 내에서 대두되고 있는데 첫째는 서구적 사고를 거부하는 입장이며 둘째는 이슬람식 개혁을 통한 현대사회에의 점진적 적응을 시도하는 입장이다. 따라서 이란 사회에서 나타나고 있는 이들의 갈등 양상에 따른 결과가 여성문제에 있어서의 향후 전개 방향에 직접적으로 영향을 끼칠 것으로 보인다. 이란 여성의 정치참여 과정은 여성이 이슬람 문화에서 정의된 전통적 역할에서 벗어나 현대 사회에 적응해 가는 과정이기에 근대화에 대한 이슬람의 시각이 절대적 영향력을 가지고 있다. 이슬람 사회의 근대화와 관련된 초기 운동들의 움직임은 이슬람이 서구의 근대화 추세에 적응하려는 것이었던 반면 혁명 이후의 이슬람 원리주의는 서구식 모방형의 근대화를 배제하고 이슬람 사회에 적합한 문화원칙을 새로이 규정했다.

이란의 원리주의에 입각한 이슬람주의는 다른 이념체제보다 이슬람 체제가 월등한 체제임을 주장하며 이슬람식 발전적 논리를 전개한다.

사실 이슬람주의자들이 주장하는 발전의 개념을 기존의 서구식 정치발전론을 적용하여 설명하기는 쉽지 않다. 기존의 근대화 이론에서 언급하는 전통에서 근대로의 전환은 정치와 종교가 분리되는 세속적인 상황을 전제로 하고 있지만, 이슬람주의자들이 주장하는 발전의 모형은 언제나 이슬람의 틀 내에서 변화를 추구하고 있기 때문이다. 이슬람주의자들이 주장하는 이슬람식 발전모형은 정치적 근대화와 모순되는 점이 많이 발견된다. 이란의 경우 강력한 성직체제하에서 사회전반에 걸쳐 이슬람은 지배이데올로기로서 영향을 미치고 있고 전반적인 사회변화에 부정적인 요소로 작용하고 있다. 그럼에도 현 이슬람 체제에서는 이란 정치발전의 한 측면으로서 여성의 정치참여를 특히 부각시키고 있는 점은 주목된다. 그러나 이러한 정치참여는 사회의 전반적인 발전 특히 경제발전과 민주적 제도화의 실현이 가능할 때 더욱 보장되어 지기에 현 체제가 해결해야 할 딜레마인 것이다.

셋째, 이러한 이슬람식 발전논리에서 이란 여성의 정치참여의 변화방향을 모색해 볼 때, 현 사회 구조와 체제가 안고 있는 문제점에도 불구하고, 비교적 낙관적인 전망의 조짐도 찾을 수 있다. 우선 이란 내에서 나타나고 있는 변화에 대한 욕구의 증가와 이란 여성의 의식변화, 개혁적 성향의 지도자의 출현, 이란 국내외 여성단체들의 활약, 이슬람학자들과 고위직책의 여성들에 의한 쿠란의 재해석 논의 등을 들 수 있다. 이러한 긍정적인 측면과 더불어 이란이 이슬람의 원칙을 표방하는 원리주의를 고수하는 있다는 점에서 여성의 정치참여가 확대되기에는 상당한 한계점이 있다. 우선 가부장적 사고에 기초한 이슬람의 영향, 이란의 강력한 이슬람체제로 인한 정치발전의 장애와 저조한 경제 성장은 모두 여성의 정치참여를 요원하게 하는 제약적 요인들로 이러한 문제점들이 극복되고 해결되어야 하는 과제로 남는 것이다.

현 이란 체제의 경우 이슬람이 체제의 지배이데올로기가 되어 문화가 정치의 수단으로 사용되고 있는 상황 하에서 사회구조 전반에 미치는 문화의 역할은 더욱 포괄적이다. 이란의 정치변화 과정은 지속적으로 문화의 영향을 받아왔으며, 앞으로 변화로의 움직임은 감지되지만 그 속도는 예측하기 힘든 것이다. 즉 문화의 영향이 작아지지 않는 한 사실상 효과적인 개혁의 길은 아직도 요원한 상황이다. 앞으로의 미래 사회가 평등구현의 민주적 사회를 지향해 나아가는 방향이라면 이란의 이슬람 문화 역시 이란인의 잠재력으로 다른 이슬람 국가와는 구분되게 융통성을 발휘하여 변화를 도모해 나갈 수 있는 가능성을 보여주어야 한다. 더구나 이란은 여성운동이 시작된 지 1세기가 넘는 여성 파워의 잠재력을 보유한 국가이다. 특히 혁명 초기의 이슬람 원리주의에 의해 여성들이 사회, 정치 활동이 제약을 받는 상황은 여성들로 하여금 보다 더 역동적으로 자신의 권리를 인식하고 획득하고자 하는 데 자극적인 동기를 부여했다고 본다. 탁구공을 세게 치면 더 세게 튀어 오르듯이 이미 반동의 움직임은 시작된 것이다.

참고문헌

〈국내문헌〉

강경근 외 공저(1989) 『민주사회론』, 숭실대학교출판부.

강정인(1997) "대안민주주의: 참여민주주의를 중심으로", 『참여민주주의와 한국사회』 참여사회연구소 편, 창작과 비평사.

고영복(편)(1997) 『문화사회학』, 사회문화연구소.

권영자(1995) 『한국의 여성정책에 관한 연구-평등·참여·복지를 중심으로-』, 박사학위논문, 성신여자대학교.

김동일(편)(1993) 『성의 사회학』, 문음사.

김선욱(1996), "여성의 정치참여현황과 정책적 과제", 『한국사회정책』 제3집.

김승현, 윤홍근, 정이환 공저(1994) 『현대의 사회과학』, 박영사.

김영란, 김혜영(2000) "남·북한 여성의 사회의식에 관한 비교연구 및 수렴방안", 『아세아여성연구』, 숙명여자대학교.

김옥렬(1981) "여성과 정치참여" 『여성학』, 아세아여성문제 연구소, 숙명여자대학교 출판부.

김용선(1995) "이슬람여성의 지위", 『지역연구』 제3권 1호, 서울대 지역연구소.

김정숙(편)(1997) 『여성과 정치 Ⅱ』, 한국여성정치문화연구소.

－－－(1992) 『여성과 정치』, 한국여성정치문화연구소.

김정위(2001) 『이란사』, 한국외국어대학교출판부

－－－(1993) "이슬람 원리주의", 『한국이슬람학회논총』 제3집, 한국이
　　　슬람학회.

－－－(1987) 『중동사』, 대한교과서주식회사.

－－－(1987) 『이슬람사상사』, 민음사.

김정위 외(2000) 『이슬람 사상의 형성과 발전』, 아카넷.

노혜숙 외(1997) "한국주부의 사회참여 활동에 관한 연구－주부운동
　　　실태 및 활성화 방안－", 『아세아여성연구』 제37집, 숙명여자대
　　　학교 아세아여성문제연구소.

류정열(1997) 『현대중동정치』, 박영사.

민준기(편)(1993) 『정치발전의 이해－민주화의 물결－』, 법문사.

박기덕(편)(1998) 『민주주의와 정치제도－체제수행능력을 중심으로－』,
　　　세종연구소.

백경남(1981) 『한국여성정치론』, 문음사.

서재만(1995) "터어키에 있어서 여성의 사회적 지위－법제적 측면－",
　　　『지역연구』 3권 1호, 서울대학교 지역종합연구소.

손봉숙 외 공저, (1991) 『북한의 여성생활－이론과 실제－』, 도서출판
　　　나남.

손주영(2000) "오늘날 이슬람 사상의 현황과 동향", 김정위 외(편) 『이
　　　슬람사상의 형성과 발전』, 아카넷

손주영, 김상태(편)(1999) 『중동의 새로운 이해』, 도서출판오름.

송민호(1992) 『중동정치론』, 진선미출판사.

－－－(1983) 『아랍세계의 근대화에 관한 연구』, 박사학위논문, 한국외
　　　국어대학교.

연세대학교 여학생처(1986) 『남녀평등 과 인간화』, 도서출판 현상과 인식.

유정환(2000) “이슬람과 정치: 이슬람 정치질서에 대한 문화론적 해석”,『사회과학논총』, 제21집, 청주대학교.

유준수(편)(1983)『현대사회와 이데올로기』, 고려원.

유팔무(1991) “현대사회의 이데올로기와 문화”, 고영복(편),『현대사회론』, 사회문화연구소.

윤미량(1991)『북한의 여성정책』, 한울.

이경숙(1992) “한국여성의 정치적 지위”,『아세아여성연구』제32집.

－－－(1989) “중국의 여성정책과 여성의 정책결정참여”,『중국여성연구』, 숙명여자대학교 아세아여성문제연구소.

이동연(1997)『문화연구의 새로운 토픽들』, 문화과학사.

장병옥(2000) “이란의 종교정책”,『중동연구』제19－1권, 한국외국어대학교 중동연구소.

－－－(1994) “호메이니의 이슬람 원리주의 운동과 비아랍무슬림국가의 사회운동”,『국제정치와 이슬람 원리주의 운동』김정위 외 공저, 민맥.

－－－(1991)『근대 이란정치에서 울라마의 역할』, 박사학위논문, 한국외국어대학교.

전경옥(2000) “북한의 문화정치와 북한문화통합: 문화권력 vs 문화의 자율성”, 장공자 외『분단·평화·여성(Ⅳ)』, 민주평화통일자문회의 북한연구회.

－－－(1999) “근대성과 성찰적 근대화 논의에 대한 페미니스트 비판”,『한국정치학회보』33집 4호, 한국정치학회.

－－－(1997)『정치·문화·이데올로기』, 숙명여자대학교출판부.

－－－(1997) “정치학의 새로운 패러다임: 페미니스트 시각”, 한국정치

학회편, 『한국의 정치학』, 법문사.

전경옥, 노혜숙, 김영란(1999) 『여성의 정치적 권리 인식과 정치참여』, 집문당.

전재옥(1995) "이슬람과 여성", 『한국이슬람학회논총』 제5집, 한국이슬람학회.

---(1991) "이슬람교의 여성관", 『이화여대문화연구원 논총』 제59집 1호, 이화여대 문화연구원.

조희선(1994) "아랍문학에 나타난 자힐리야 시대의 여성상", 『한국이슬람학회논총』 제4집, 한국이슬람학회.

최영길(역)(1988) 『성쿠란』

한국여성개발원(1992) 『여성과 리더쉽』, 한학사.

한상진(편)(1998) 『현대사회와 인권』, 나남출판.

홍영환(1987) 『정치참여의 변수에 관한 연구』, 박사학위논문, 경북대학교.

〈서양어문헌〉

Abrahamian, Ervand(1982) *Iran Between Two Revolutions*, Princeton: Preinceton University Press.

Afshar, Haleh(1999) *Islam and Feminisms An Iranian Case - Study*, London: Macmillan Press Ltd.

Afrachteh, Kambiz(1981) "Iran", in Ayoob Mohammed(ed.) *the Policics of Islamic Reassertion*, London: Croom Helm Ltd.

Ahmed, Leila(1992) *Women and Gender in Islam*, New Haven & London: Yale University Press.

Algar, H.(1980) *The Islamic Revolution in Iran*, London.

Almond, Gabriel A. and Verba, Sidney(1963) *Civic Culture*, Preinceton University Press.

Amudsen, Kirsten(1971) *Silenced Majority*, New Jersey: Pentice Hall Inc.

Arjomand, Said Amir(1984) *The Shadow of God and the Hidden Imam*, Chicago: University of Chicago Press.

Asghar, Ali Engineer(1992) *The Rights of Women in Islam*, London: C. Hurst & Company.

Ashraf, Ahmad(1981) "The Roots of Emerging Dual Class Structure in the Twentieth Century Iran" *Iranian Studies*. 14 Winter-Spring.

Al-Azmeh, Aziz(1993) *Islam and Modernities*, London: Verso

Bakhash, Shaul(1984) *The Reign of the Ayatollahs: Iran and the Islamic Revolution*. New York: Basic Books.

Baruzzi, Arno(1983) *Einführung in die Politische Philosophie der Neuzeit*, (이진우 역, 1991, 『정치철학』, 서광사).

Beck, Ulrich(1986) Risikogesellschaft, (홍성태 역, 1997, 『위험사회: 새로운 근대성을 향하여』, 새물결).

Bobbio, Norberto(1990) *Liberalism and Democracy*, (황주홍 역, 1992, 『자유주의와 민주주의』, 문학과 지성사).

Bourdieu, Pierre(1977) *Outline of a Theory of Practice*, Cambridge: Cambridge University Press.

Bagley F. R. C.(1971) "The Iranian Family Protection Law of 1967", in C. E. Bosworth(ed.), *Iran and Islam*, Edinburgh University Press.

Bowie, Norman E. & Simon, Robert L.(1977) *The Individual and the Political Order-An Introduction to Social and Political Philosophy*, (이인탁 역, 1986, 『사회정치철학-개인과 정치적 질서-』, 서광사).

Buikema, Rosemarie and Smelik, Anneke(ed.)(1993) *Women's Studies and Culture: A Feminist Introduction*, London and New Jersey: Zed Books.

Bystydzienski, Jill M.(ed.)(1992) *Women Transforming Politics-Worldwide Strategies for Empowerment*, Bloonington and Indianapolis: Indiana University Press.

Cantori, Louis J.(1997) "Civil Society, Liberalism and the Corporatist Alternative in the Middle East", *MESA Bulletin*.

Carmody, D. L.(1979) *Women and World Religion*, (강돈구 역, 1992, 『여성과 종교』, 서광사).

Corbin, Henry(1964) *Histoire de la Philosophie Islamique*, (김정위 역, 1997, 『이슬람 철학사』, 서광사).

Darcy, R. & Welch, Susan & Clark, Janet(1987) *Women, Elections, and Representation*, (김현자, 주준희 공역, 1990, 『여성, 선거, 의회진출』, 한국여성개발원).

Deegan, Heather(1994) *The Middle East and Problems of Democracy*, Boulder: Lynne Rienner Publishers.

Diamond, Larry(1999) *Developing Democracy toward Consolidation*, Baltimore and London: The Johns Hopkins University Press.

Ebtekar, Massoumeh(1997) "The Golden Era of Women's Education and Empowerment in the Islamic Republic of Iran", *Asian*

Women, Fall 1997 Vol. 5, Research Institute of Asian Women The Sookmyung Women's University Press.

Eickelman, Dale F. & Piscatori, James(1996) *Muslim Politics*, Princeton: Princeton University Press.

Eshkevari, Hassan Yousefi, (1997) "Fundamentalism and Modernism in the Contemporary Iranian Islam", *Iran Farda*(Monthly), Tehran.

Esposito, John L.(ed.)(1990) *The Iranian Revolution: It's Global Impact*, Gainesville: University Presses of Florida.

Fernea, Elizabeth Warnock & Bezirgan, Basima Qattan(1997) *Middle Eastern Muslim Women Speak*, Austin: University of Texas Press.

Fischer, Michael M. J.(1978) "On Changing the Concept and Position of Persian Women", *Women in the Muslim World*, in Lois Beck & Nikki Keddie(ed.) Cambridge: Harvard University Press.

Geertz, Clifford(1973) *The Interpretation of Cultures*, Basic Books, (문옥표 역, 1998, 『문화의 해석』, 까치글방).

Ghamary-Tabrizi, Behrooz, (1998) *Islamism and the Quest for Alternative Modernities*(Ph. D. dissertation), University of California, Santa Cruz.

Goddens, Anthony(1998) *The Third Wave*, (한상진, 박찬욱 역, 『제3의 길』, 생각의 나무).

Green, Philip(ed.)(1993) *Democracy-Key Concepts in Critical Theory-*, New Jersey: Humanities Press.

Gueramy, Farideh(1998) *Capitalist Development and Religious Orthodoxy: The Impact of the Islamic Ideology on the Role of Women in Iranian Society*(Ph. D. dissertation), Rutgers the State University of New Jersey.

Haddad, Yvonne Yazbeck & Esposito, John L.(ed.)(1998) *Islam, Gender, & Social Change*, Oxford: Oxford University Press.

Haghayeghi, Mehrdad(1993) "Politics and Ideology in the Islamic Republic of Iran", *Middle Eastern Studies*, Vol. 29, No.1, January.

Hall, Stuart &, David Held(ed.)(1995) *Modernity-An Introduction to Modern Societies*, Cambridge: Polity Press.

Hegarty, Angela & Leonard, Siobhan(1999) *A Human Rights: An Agenda for the 21st Century*, London: Cavendish Publishing Limited.

Held, David(ed)(1993) *Prospects For Democracy-North, South, East, West-*, Cambrige: Polity Press.

――――――――(1987) *Models of Democracy*, Cambridge: Polity Press.

Hunt, Lynn(1989) *The New Cultural History*, University of California Press, (조한욱 역, 1996, 『문화로 본 새로운 역사』 소나무).

Hunter, Shireen T.(1992) *Iran after Khomeini*, The Center for Strategic and International Studies Washington, D. C.

Huntington, Samuel P.(1996) *The Clash of Civilizations and The Remaking of World Order*, (이희재 역, 1997, 『문명의 충돌』, 김영사).

Huntington, Samuel P. & Nelson, Joan M.(1982) *No Easy Choice,*

Political Participation in Developing Countries, Cambridge, Massachusetts: Harvard University Press.

Itzin, Catherine and Newman, Janet(1995) *Gender, Culture and Organization Change*, London and New York: Routledge.

Janoski, Thomas(1998) Citizenship and Civil Society, Cambridte: Cambridge University Press.

Janeway, Elizabeth(1980) *Powers of The Weak*, New York: Alfred A. Knopf.

Jordan, Glenn and Weedon, Chris(1995) Cultural Politics: Class, Gender, Race and the Postmodern World, Oxford, Cambridge: Blackwell.

Judith E. Tucker(ed.)(1993) *Arab Women, Old Boundaries, New Frontiers*, Bloominton and Indianapolis: Indiana University Press.

Kambiz Afrachteh, (1981) "Iran", in Mohammed Ayoob(ed.) *The Politics of Islamic Reassertion*, London: Croom Helm Ltd.

Kamrava, Mehran(1992) *The Political History of Modern Iran*, Westport: Praeger Publishers.

Keddie, Nikki(1981) *Roots of Revolution: An Interpretive History of Modern Iran*, New Heaven: Yale University Press.

Kedourie, Elie, (1994) *Democracy and Arab Political Culture*, Frank Cass.

Kia, Mehrdad(1995) "Mirza Fath Ali Akhundzade and the Call for Modernization on the Islamic World", *Middle Eastern Studies*, Vol. 31, No.3, London: Frank Cass.

Kian, Azadeh(1997) "Women and Politics in Post-Islamist Iran: the Gender Conscious Drive to Change", *Britisth Journal of Middle Eastern Studies*, 24(1).

──────(1995) "Gendered Occupation and Women's Status in Post-Revolutionary Iran", *Middle Eastern Studies*, Vol. 31, No.3, London: Frank Cass.

Klein, Ethel(1984) *Gender Politics From Consciousness to Mass Politics*, Cambridge, Massachusetts: Harvard University Press.

Lange, Lynda(1991) "Rousseau and Modern Feminism" in Mary Lyndon Shanley and Carole Pateman(ed.) *Feminist Interpretations and Political Theory*, University Park: The Pennsylvania State University Press.

Lambton, Ann K. S.(1981) *State and Government in Medieval Islam*, (김정위 역, 1992, 『중세이슬람의 국가와 정부』, 민음사).

Larijani, Mohammad Javad(1995) "Islamic Society and Modernism", *The Iranian Journal of International Affairs*, Vol. 7, No.1.

Lewis, Bernard(1995) *The Middle East*, (이희수 역, 1998, 『중동의 역사』, 까치글방)

────────(1978) *The Encyclopaedia of Islam*, Leiden: E. J. Brill.

Macridis, Roy C.(1986) *Contemporary Political Ideologies*, Boston: Little Brown and Company.

Manning, D. J.(1980) *The Form of Ideology*, London: George Allen & Unwin.

Marshall, Barbara L.(1994) *Engendering Modernity: Feminism, Social Theory and Social Change*, Boston: Northeastern University

Press.

Martin, Vanessa(1989) *Islam and Modernism-The Iranian Revolution of 1906-*, London: I. B. Tauris & Co Ltd publishers.

McClosky, Herbert. (1974) "Political in Participation", in David L. Sills(ed.) *International Encyclopedia of Social Science*, New York: The Macmillan Company.

Mehrpour, Hussein. (1996) "Legal Guarantees for Observing Human Rights in Iran", *Rahbord*. Journal of the Center for Strategic Research(Quarterly) Vol. 4.

Mernissi, Fatima(1991) *The Veil and the Male Elite-A Feminist Interpretation of Women's Rights in Islam*-Addison Wesley Publishing Company.

Millani, Mohsen M.(1997) "Political Participation in Revolutionary Iran", in Esposito, John L.(ed.) *Political Islamv Revolution, Radicalism, or Reform?*, Boulder: Lynne Rienner Publishers.

Milbrath, Lester W. & Goel, M. L.(ed.)(1977) *Political Participation: How and Why do people get involved in politics?* Chicago: Rand McNally College Publishing Company.

Mir-Hosseini, Ziba(1996) "Stretching the Limits: A Feminist Reading of the Shari'a in Post-Khomeini Iran", in Mai Yamani(ed.) *Feminism and Islam-Legal and Literary Perspectives-*, Lthaca Press.

Moghadam, Valentine(1999) "Revolution, Religion, and Gender Politics: Iran and Afghanistan Compared", *Jounal of Women's History*, Vol. 10, No.4.

Moghadam, Valentine M.(1993) *Modernizing Women-Gender & Social Change in the Middle East,* London: Lynne Rienner Publishers, Inc.

Moghissi, Haideh(1999) *Feminism and Islamic Fundamentalism The Limits of Postmodern Analysis,* London & New York: Zed Books.

Moore, Wilbert E.(1963) *Social Change,* New Jersey: Prentice-Hall.

Mottahedeh, Roy(1985) *The Mantle of the Prophet: Religion and Politics in Iran.* New York: Simson and Schuster.

Moussali, Ahmad S.(1994) "Hasan al-Turabi's Islamist Discourse on Democracy and Shura", *Middle Eastern Studies,* No.a, January 1994.

Muhazeri, Mashih(1987) *Islamic Revolution Future Path of the Nation,* Tehren.

Nachtwey, Jodi and Tessler, Mark(1999) "Explaining Women's Support for Political Islam: Contributions from Feminist Theory" in Mark Tessler(ed.), *Area Studies and Social Science: Strategies for Understanding Middle East Politics,* Indiana University Press.

Najmabadi, Afsaneh(1993) "Hazards of Modernity and Morality: Women, State and Ideology in Contemporary Iran" *The Modern Middle East,* London: I.B Tauris & Co Ltd.

Nie, Norman H. & Verba, Sideny(1975) "Political Participation", in F. I. Greenstein and Nelson W. Polsby(ed.) *Handbook of Political Sience: NonGovermental Politics,* London: Addison Wesliy Publishing Company.

Okin, Susan Moller(1979) *Women in Western Political Thought*, Princeton, New Jersey: Princeton University Press.

Pakizegi, Behnaz(1978) "Legal and Social Positions of Iranian Women", *Women in the Muslim World*, Lois Beck & Nikki Keddie(ed.) Harvard University Press.

Pahlavi, M. Reza(1976) *White Revolution*, 신상주, 이영림(역)『백색혁명』, 범아협회.

Parvin Paidar(1995) *Women and the Political Process in Twentieth-century Iran*, Cambridge University Press.

Pateman, Carole(1999) *Participation and Democratic Theory*, Cambridge: Cambridge University Press.

――――――――(1989) *The disorder of Women*, Stanford, CA.: Stanford University Press.

――――――――(1989) "God Hath Ordained to Man a Helper: Hobbes, Partiarchy and Conjugal Right" Mary Lyndon Shanley and Carole Pateman(ed.) *Feminist Interpretations and Political Theory*, University Park: The Pennsylvania State University Press.

Price, Daniel Erwin(1996) *Islam, Democracy, and Human Rights: A Cross-National Analysis*(Ph. D. dissertation), State University of New York.

Pye, Lucian W.(1966) *Aspects of Political Development*, Boston and Toronto: Little, Brown & Co.

Ramazani Nasta(1993) "Women in Iran: The Revolutionary Ebb and Flow", *Middle East Journal* Vol. 47, No.2 Summer.

Reischauer, Edwin O.(1965) "Toward a Definition of Modernization", *Japan-American Forum*, Vol. XI, No.1.

Rilley, P.(1982) *Will and Political Legitimacy*, Cambridge: Harvard University Press.

Robinson, Francis(2000) "Islam and Muslim Separatism", Hutchinson, John & Smith, Anthony D.(ed.) *Nationalism: Critical Concepts in Political Science*, Vol. Ⅲ, London: Routledge.

Roche, Maurice(1987) "Citizenship, Social Theory and Social Change", *Theory and Society*, Vol. 16.

Sabbagh, Suha(ed.)(1996) *Arab Women-Between Defiance and Restraint-* New York: Olive Branch Press.

Sabet-Ghadam Shahindokht, (1994) "Gender Analysis: Iranian Women's Empowerment Criteria in Project Planning", *Farzaneh* (Journal of Women's Studies and Research) Vol. 1, No.4, Fall, 1994.

Schneir, Miriam(ed.)(1972) *Feminism: The Essential Historical Writings*, (강기원 역, 1981, 『여성의 권리』, 문학과 지성사).

Sewell, William H.(1985) "Ideologies and Social Revolutions: Reflections on the French case", *The Journal of Modern History*.

Shahidian, Hammed(1997) "Women and Clandestine Politics in Iran, 1970-1985", *Feminist Studies*, Vol. 23, No.1.

Shariati, A.(1979) *On the Sociology of Islam*, (H. Algar 역, Berkeley)

Shepard, William(1986) "Islam and Ideology: Towards a Typology", *International Journal of Middle East Studies*, 19(Summer, 1986).

Sisk, Timothy D.(1992) *Islam and Democracy*, Washington, D. C.:

United States Institute of Peace Press.

Skocpol, Theda(1985) "Cultural Idioms and Political Ideologies in the Revolutionary Reconstruction of State Power: a rejoinder to Sewell", *The Journal of Modern History*.

Sorensen, Georg(1993) *Democracy and Democratization*, (김남흠 역, 『민주주의와 민주화』, 풀빛).

Steuart, Robert M.(1986) *Readings in Social and Political Philosophy*, (박효정 역, 1990, 『정치철학의 제문제』, 도서출판 인간사랑).

Tabari, Azar and Yeganeh, Nahid(1982) *In the Shadow of Islam-The Women's Movement in Iran-*, London: Zed Press.

Tibi, Bassam(2000) "Islam and Modern European Ideologies" Hutchinson, John & Smith, Anthony D.(ed.) *Nationalism: Critical Concepts in Political Science*, Vol. Ⅲ, London: Routledge.

Tohidi, Nayereh(1997) "Modernity, Islamization and Women in Iran", *Women in Action*, No.1.

－－－－－－－－(1991) "Gender and Islamic Fundamentalism-Feminist Politics in Iran", in Mohanty & Russo(ed.), *Third World Women and the Politics of Feminism*, Bloomington: Indiana University Press.

Tucker, Judith E.(1993) *Arab Women-Old Boundaries, New Frontiers-*, Bloomington and Indianapolis: Indiana University Press.

Vahdat, Farzin(1998) *God and the Juggernaut: Iran's Intellectual Encounter with Modernity*(Ph. D. dissertation), Brandeis University.

Vasak, Karel(ed.)(1986) *The International dimensions of Human*

Rights, (박홍규 역, 『인권론』, 실천문학사).

Von Grunebaum, Gustave(1970), *Classical Islam, A History 600-1258*, trans. by Katherine Watson, New York: Barnes & Noble.

Weiner, Myron(1971) "Political Participation", in Leonard Binder(ed.), *Crisis and Sequence in Political Development*, New Jersey: Princeton University Press.

Weiner, Myron & Huntington, Samuel P.(ed.)(1987) *Understanding Political Development*, Boston: Little, Brown and Company.

Weiner, Myron and Banuazizi, Ali(1994) *The Politics of Social Transformation in Afghanistan, Iran and Pakistan*, New York: Syracuse University Press.

IPU(1997) *Men and Women in Politics: Democracy Still in the Making*.

United Nations Study, (1994) *Women in Politics and Decision-Making in the Late Twentieth Century*, New York: United Nations Publications.

〈이란어 문헌〉

Afāri, Janet(1999) *Anjomanhāye Nime Sari Zanān dar Nehzat Mashrute*, Tehran: Nashr Bānu.

－－－－－－(1997) "Gozār az miyān Sakhre va Gardāb(Shifiting Gender Roles in Twentieth Century Iran)", *Iran Nameh A Persian Journal of Iranian Studies*, No.3. Summer, 1997, Foundation for Iranian Studies.

Ashraf, Ahmad(1995) "The Social Framework of Traditionalism and Modernism in Iran", *Iran Nameh*, Vol. 4, No.1-2, A Persian Journal of Iranian Studies.

Behnam, Vida(1995) "Family, Women and Modernization", *Iran Nameh*, Vol. 4, No.1-2, A Persian Journal of Iranian Studies.

Entekhabi, Nader(1995) "Nationalism and Modernization in Iran's Political Culture", *Iran Nameh*, Vol. 4, No.1-2, A Persian Journal of Iranian Studies.

Habibi, Shalla & Musavi, Sadr al-din Ballādi, (1999) *Mabnāye Barnāme rizi bā Ruikard Jensiyati*, Tehran: Moasese Farhangi Honari Rihāne nani.

Hejaji, Banafshe(1997) *Be jir Moqana'e-baresi zaigah Zan-e Irani az qarn avval hezri ta asre safavi*, Tehran: Nashr Elm.

Hejāzi, Banafshe, (1982) *Zan be Zanne Tārikh-Jāighā Zan dar Irāne Bāstān-*, Tehran: Nashr Sharab.

Karr, Mehrangiz(2000) *Zanān dar Bāǰār Kār-e Irān*, Tehran: Enteshārāt-e Roshangarān va Motāle'at-e Zanān.

– – – – – – – (1999) *Raf'e Tab'iz Az Zanān*, Tehran: Sārang.

– – – – – – – (1987) *Hoquq-e Siyasi-e Zanān-e Irān*, Tehran: Enteshārāt-e Roshangarān va Motāle'at-e Zanān.

Khomeini, Ruhollah al-Mowsavi(1978) *Hukumat-e Islami*, Ghom: Entesharat-e Amir Kabir.

Khorasāni, Ahmadi(ed.)(1998-1999) *Jens Dovom*, Vol. I -Ⅳ, Tehran: Nashir Tos'e.

Kousha, Mahnaz & Mohseni, Navid(1997) "Mizān Rezāyat Zanān az

Sharāyet Ejtemā'i(Women and Social Conditions in Iran)", *Iran Nameh, A Persian Journal of Iranian Studies*, No.3. Summer, 1997, Foundation for Iranian Studies.

Mayer, Ann Elizabeth(1995) "Islamic Rights of Human Rights: An Iranian Dilemma", *Iran Nameh, A Persian Journal of Iranian Studies*, No.4. Fall, 1995, Foundation for Iranian Studies.

Mehranghiz, (1997) *Hoquqe Siyasi Zanan-e Iran*, Tehran: Enteshatate Roshangaran va Motalle'at-e Zanan.

Moghadam, Fatemeh E.(1995) "Women and the labor Market in the Islamic Republic of Iran", *Iran Nameh, A Persian Journal of Iranian Studies*.

Mosafā, Nasrin(1997) *Moshārekat Siyasi Zanān dar Irān*, Tehran: Moaseseye Chāb va Entesharāt Vesārat Omur Khareze.

Motahari, Morteza, *Nezām Hoquqe Zan dar Eslām*, Tehran: Entesharāt-e sadrā.

Nouruzi, Ali(1996) *Manzelat Zan Irāni*, Tehran:Entesharāt Zarin.

Safiri, Khadije(1998) *Jāmeshenāsi Eshteqāl Zanān*, Tehran: Moaseseye Farhangi Entesharāti Tabiyān.

Shahidian, Hammed(1998) "Islamic Feminism and the Women's Movement in Iran", *Iran Nameh, A Persian Journal of Iranian Studies*, No.4. Fall, 1998, Foundation for Iranian Studies.

Shams al-din Mohammad Mahdi, *Moshārekat Siyasi Zanān dar Eslām*, Mohsen 'Abedi(역), Tehran: Mo'asese Entesharāt ba'st.

Shils, Edward(1962) *Political Development in the New States*, Hague:

Monton & Co.

Shoja'i, Zarāh(1992) *Moshārekat Siyasi Zanān dar Irān*(Payān Nāme Kārshenāsi Arshad), Tehran: Dāneshghā Azād Eslāmi.

Tolu'i, Mahmud(1996) *Zan bar Sarir Qodrat*, Tehran: Enteshārāt Elmi.

Uchuk, Bariye(1995) *Zanān Farmānravā dar Dolathāye Eslāmi*, Emāmi, Mohamad Taqih(역) Tehran: Enteshārāt Kurush.

〈일반자료: 연감 · 일간지 · 월간지 · 인터넷 등〉

Eropa 96, 97, 98. "Statistical Survey".

Iran Year Book 1993. "Women in Iran".

Directorate-General of International Agreements, (1995), The Constitution of the Islamic Republic of IRAN.

Department of Translation and Publication Islamic Culture and Relations Organization, (1997) The Constitution of the Islamic Republic of IRAN, Tehran: Alhoda.

Center for Women's Participation, (2000) National Report on Women's Status in the Islamic Republic of Iran, Tehran.

Vejārat Ershād Eslāmi, (1983) Rah-e Emām az kalām-e Emām, Tehran.

Markaz Omur-e Mosharekat-e Zanan(1998) *Ghosharesh-e Melli Vaz'iyat-e Zanan dar Jomhuriye Eslami Iran*, Tehran.

Davir Khane-e Majles baresi nahāi Qanun-e Asāsi(1991) *Qānun-e Asāsi Jomhuri-e Eslalāmi-e Irān*.

Markaz Amār Irān, (1999) *Amār*, Tehran.

－－－－－－－－－－－(1991) *Amār*, Tehran.

－－－－－－－－－－－(1983) *Amār*, Tehran.

Keyhan, 1979. 3. 10.

Ettela'at, 2000. 2. 7, 2000. 2. 2, 1986. 3. 3, 1979. 3. 10.

Hamshahri, 1995. 1. 15-16 "Statistics for the City of Tehran"

Resalat 1997. 5. 29 "Statistical Review of Election in Iran(1979-1997)"

Payam-e Emrouz(monthly)(1998. 1)

Zan-e Ruz, 1997. 1. 18, 1994. 5. 4, 1994. 4. 30, 1993, 10. 1991.

http://www.sedona.net(검색일: 2001. 6. 19).

http://www.undp.org1/hdr 2001(검색일: 2001. 6. 1)

http://www.ipu.org/wmn-e/classif.htm(검색일: 2001. 1. 14)

http://www.salamiran.org/women/organisations/go.html

http://www.women.or.ir

http://www.netiran.com.

부록 1 주요 민간 단체 설립목적 및 활동

일련 번호	단체명	설립 년도	설립 목적 . 활동
1	파티마 알 자하러 재단 (Boniād-e Fāteme al-Zahrā)	1993	-설립목적: 문화, 연구, 교육 -활 동: 영화관람회 및 책전 시, 세미나 개최
2	나시리예에 화르자네 (Nashriye-e Farzane)	1993	-설립목적: 여성관련 연구 및 학술지 발간
3	환경보호여성회 (Anzoman-e Mohit-e Jist va Tose-e Paidar)	1993	-설립목적: 환경의 중요성, 그 보호방법과 오염방지에 대한 여성교육 -활 동: 이 취지를 위해 세미나 개최 및 교육프로그램 진행
4	환경오염 투쟁 여성회 (Anzoman-e Zanan baraye Mobareze ba Aludegiha)	1993	-설립목적: 테헤란 기후 오염방지를 위한 투쟁 및 대책마련 -활 동: 이 취지와 관련한 일반위생 교육
5	이란 여성연합회 (Anzoman-e Hambastegi Zanan-e Iran)	1992	-설립목적: 이란과 세계 여성들 간의 정치, 경제 및 문화 영역에 있어서의 단결조성 -활 동: 국제문화박람회 개최, 정보교환 및 이란 여성활 동을 소개하기 위해 외국 여성 혹은 해외거주 이란 여성외교관과의 지속적인 교류
6	파여메 잔(Payam-e Zan)	1992	-설립목적: 문화, 사회사업 -회원자격: 연구 활동을 하는 여성
7	앗시리아여성회 (Anzoman-e Bānovān-e Āshuri)	1992	-설립목적: 자선사업 -활 동: 교육강좌 개설, 문화, 예술, 학술 사업 운영
8	나시리예 자넌 (Nashriye-e Zanān)	1991	-설립목적: 여성 문화, 사회, 예술 간행물 발간
9	이란 산과협회 (Zam'iyat Māmāi-e Irān)	1990	-설립목적: 비영리성을 띤 의학 연구, 일반을 대상으로 한 의학전문 교육, 산의학 발전을 위한 국제산과협회와의 교류 -활 동: 전문학술 세미나 개최, 일반인을 대상으로 한 위생 및 가족건강교육 강좌 개설
10	제이납 협회 (Jame'e al-Zeinab)	1986	-설립목적: 문화, 사회사업 지원 -활 동: 여성들 간의 문화사업 지원

11	이란 이슬람공화국여성회 (Jam'iyat-e Zanān Jomhuriye Eslāmi Iran)	1986	-설립목적: 정치, 문화, 사회, 사상사업 지원 -활 동: 의회의원 후보 추천, 이슬람여성 자질향상을 위한 교육실시 및 간행물 발간, 국제여성회의 등을 통한 여성교류지원
12	여성연구협회 (Markaz-e Motāle'at va Taqiqāt-e Zanān)	1986	-설립목적: 여성문제 관련 대학연구 향상 -활 동: 독자적으로 혹은 타 기관과의 협조하에 여성관련 연구계획 실행.
13	여성 선행단체 (Anzoman-e Bānovān-e Nikukār)	1981	-설립목적: 신체장애자 지원 -활 동: 신체장애자를 위한 재정적인 지원 및 보호시설 설립
14	하디자 재단 (Boniād-e Hazirat-e Khadije)	1980	-설립목적: 문화사업 지원 및 보호대상 여성지원사업 -활 동: 보호대상여성과 그 가족 수용 및 간호사 및 종교교사 훈련 교육실시
15	제이납 재단 (Boniād-e Hazirat-e Zeinab Kabri)	1979	-설립목적: 고아 및 보호대상자 보호 및 이들을 위한 문화 및 교육사업 -활 동: 고아입양사업, 보호대상자에 대한 물질적, 정신적 지원
16	여성연구자 조합(Ta'aboni Moshavere-e Zanān-e Mohaghegh-e Zanān)	비공식	-설립목적: 문화사업 -활 동: 학계에서 연구 활동을 하는 여성 간의 다양한 분야에 걸친 의견교류를 위한 모임 주선
17	하가르 협회(Payam-e Hazer, 이슬람여성회)	1980	-설립목적: 문화, 사회, 정치 간행물 발간
18	여성 동원회 (Vāhed-e Basij-e Khāharān)	1980	-설립목적: 도시와 지방여성을 대상으로 한 방어 및 군사지식 실시 -활 동: 군사문화 강의 개설, 도시와 지방여성 소집
19	여성근로자회 (Vāhed-e Khāharān-Kārgar)	1980	-설립목적: 동업조합, 문화사업 -활 동: 산업현장과 공장 내 근로여성의 근로조건개선 지원 및 문화행사주관
20	여스만 선행회 (Anjoman-e Nikukār-e Yasman)	1971	-설립목적: 사회, 문화, 봉사 활동 -활 동: 나병환자 가족돕기사업, 보호대상 어린이 돕기, 교호원내에서 스포츠 행사 주관, 선행을 위한 바자회개최 등
21	사자디예 누루 자선회 (Mo'asese-e Kheiriye Sajādiye-e Nur)		-설립목적: 자선, 봉사 활동 -활 동: 빈민자 돕기사업, 무료교육강좌 개설

22	자혜단 나르제스 종교학회 (Huze-e Elmniyeh Maktab Narjes Zāhedān)	1966	− 설립목적: 이슬람교육, 문화 활동 − 활　동: 이슬람 강좌, 선교사 파견, 순례 및 교육활동 지원
23	이슬람 의사협회 (Zāme-e Eslāmi ezeshkān)		− 설립목적: 의사 혹은 의학전문인에 대한 의학교육 − 활　동: 학술 및 전문 세미나 개최, 의학 분야 관련 서적 및 간행물 발간
24	파테메 종교학회 (Huzeh-e ElmiyehMaktab-e Fātemiyeh)		− 설립목적: 이슬람의 가르침의 보급 − 활　동: 이슬람 강좌, 학회회원들을 대상으로 한 선교수업
25	이스파한주 여성자선협회 (Anjoman-e Kheiriyeh Bānovan, Ostān Esfahān)		− 설립목적: 종교, 문화, 교육, 자선 활동 − 활　동: 종교 교육강좌 개설, 선교사 파견, 종교학교 강좌, 순례, 일반을 위한 문자해독교실
26	아와즈 아스마티예 여성회 (Moasese-e'Esmatiye Bānovān Avāz)		− 설립목적: 문화, 종교 활동 − 활　동: 교육강좌 개설, 순례 및 선교 파견, 일반을 위한 문자해독교실 운영 등
27	나르제스 사브즈버르 협회 (Maktab-e Narjes Sabzvār)		− 설립목적: 종교, 문화 활동 − 활　동: 선교, 종교학교 강좌, 순례, 문자해독교실 개설 등
28	아르마니아 여성회 (Anzoman-e Zanan-e Armani)	1941	− 설립목적: 자선, 문화 및 예술 − 활　동: 고령층 여성을 대상으로 한 교육, 아르마니안 여성들의 관습보호, 수공예 교육실시
29	교회여성봉사회 (Anzoman-e Khānmhaye Doustar-e Clisā)	1941	− 설립목적: 자선, 종교적 목적 − 활　동: 교회내의 종교의식을 위한 봉사
30	아르마니아 여성자선단체 (Anzoman-e Kheiriye-e Zanān-e Armani)	1941	− 설립목적: 자선사업, 문화사업 − 활　동: 양로원 운영 및 사회봉사 활동
31	하마단 여성 사회문화협회 (Kānon-e Farhangi-e Eztemāi -eBanovān Hamadān)		− 설립목적: 종교, 문화 활동 − 활　동: 선교, 종교강좌 개설, 순례
32	하마단여성종교회 (Huze-e Elmiyeh Khāharān Hamedān)		− 설립목적: 종교, 문화, 교육 활동 − 활　동: 선교, 교육강좌 개설, 순례 문자해독교실 개설

33	유태인여성협회 (Anjoman-e Zanān-e Yahudi)		-설립목적: 교우들에 대한 자선 및 봉사 활동 -활 동: 학술모임 및 순례, 문화행사 개최
34	샤리프 산업대학 졸업생 여성회(Komite-eBānavān-e Fāreqoltahsil-e Dāneshgāh San'ati-e Sharif)		-설립목적: 문화, 교육 활동 -활 동: 세미나 및 다양한 모임 개최, 졸 업생들 간의 교류 및 여성문제에 대한 회 원들 간의 의견교환
35	꼼 파테미예 대학협회 (Dāneshgāh qeir Entefāi Fātemiyeh Qom)		-설립목적: 학술, 문화 활동 -활 동: 대학생 전문교육 향상을 위한 교 육실시
36	수공예품 판매협회 (Markaz-e Bāzāriyābi-e Dakheli va Beinolmellali Barāye Tolidāt-e Zanān)		-설립목적: 상품조사 및 판로 개척 -활 동: 여성이 만든 수공예 상품조사 및 이의 판매를 위한 시장판로(국내외에서) 개척 활동
37	여성 연극협회 (Kānun-e Te'atr-e Bānavān)		-설립목적: 예술 및 사회 활동
38	배화교여성회 (Anjoman-e Zanān-e Zartoshiti)		-설립목적: 문화사업, 자선사업 -활 동: 문화행사주관 및 사회봉사 및 자 선 활동

자료: 북경여성회의 이란보고자료 초안, 북경여성회의 위원회, 1994,
　　　http://www.salamiran.org/women/organisations/go.html

부록 2 이란 여성의 정치의식에 대한 경험적 연구

1. 연구설계 및 분석 방법

1) 분석설계

정치참여는 여러 요인의 영향을 받지만, 본 조사에서는 다른 요인과 더불어 이슬람적 영향을 분석해 보는 데 중점을 두었다. 이 연구에서는 정치참여에 영향을 미치는 요인으로 사회인구학적 변인, 이슬람의 가치관에 대한 인식, 정치의식으로 분류하여 이 요인들이 정치참여의 행태에 미치는 영향을 검토해보려고 한다. 이슬람적 가치관으로는 이슬람의 성역할관, 이슬람에 관한 인식, 쿠란의 재해석 인식, 이슬람에서 기인한 사회관습에 관한 인식을 검토해보고, 정치의식은 여성의 정치참여에 관한 인식과 정치적 관심, 정치적 성향을 보았다. 또한 종속변수로서의 정치참여는 선거참여와 일상적 정치참여 태도로 측정해 보고자 한다.

자료 수집을 위한 조사는 2000년 9 월에서 11월에 걸쳐 설문지를 작성하여 이란어로 번역하는 과정에서 용어선정과 질문의 타당성에 대한 점검과 수정작업을 거쳐 2000년 12월에서 2001년 3월까지 본 조사를 실시하였다. 자료 수집 방법은 질문지형 설문지를 가지고 현지에서 시행하였다. 배부된 설문지 중 최종적으로 분석대상이 된 설문지는 441매이다.

2) 연구대상자의 일반적인 성격

본 조사결과의 조사 대상자들의 일반적 성격은 다음과 같다.

o 성 별 　　　여성: 215명(48.8%) 　　　남성: 226명(51.2%)
o 연령별 　　　16~20세: 94명(21.3%), 　　　20~29세: 291명(66.3%)
　　　　　　　 30~39세: 31명(7.0%), 　　　　40~49세: 12명(2.7%),

<table>
<tr><td></td><td>50~59세: 9명(2.0%),</td><td>60세 이상: 4 명(0.9%)</td></tr>
<tr><td>o 학력별</td><td>초등학교졸: 4명(0.9%),</td><td>중졸: 2명(0.5%),</td></tr>
<tr><td></td><td>고졸: 66명(15.0%)</td><td>전문학교: 24명(5.4%),</td></tr>
<tr><td></td><td>대학교: 259명(58.7%),</td><td>석사 이상: 84명(19.0%)</td></tr>
<tr><td>o 직업별</td><td>무직: 19명(4.3%),</td><td>주부: 17명(3.9%),</td></tr>
<tr><td></td><td>대학생: 313명(71.0%),</td><td>교수 및 연구원: 15명(3.4%),</td></tr>
<tr><td></td><td>교 사: 22명(5.0%),</td><td>기관의 고위직 및 간부: 3명(0.7%),</td></tr>
<tr><td></td><td>전문직: 7명(1.6%),</td><td>고용직원: 43명(9.8%)</td></tr>
<tr><td></td><td>근로자: 1명(0.2%)</td><td></td></tr>
<tr><td>o 결혼상태</td><td>기혼: 86명(19.5%)</td><td>미혼: 352명(79.8%)</td></tr>
<tr><td>o 생활수준별</td><td>上: 20명(4.5%),</td><td>中의上: 219명(49.7%),</td></tr>
<tr><td></td><td>中의下: 111명(25.2%),</td><td>下가 29명(6.6%)</td></tr>
<tr><td></td><td>무응답: 61명(13.8%)이다.</td><td></td></tr>
</table>

위의 응답자의 일반적인 특성은 측정과정에서 빈도에 준하여 다시 재구성하여 사용하였다.

3) 분석에 사용된 통계방법

연구의 분석은 SPSS 통계 패키지를 이용하여 처리하였다. 조사는 회수된 질문지 중 최종분석대상으로 확정된 질문지를 부호화한 후 다음의 3 단계 즉, 첫째 빈도분석(frequency analysis), 둘째 요인분석(factor analysis), 셋째 교차분석(Crosstabs)의 분석과정을 거쳤다. 우선 설문조사자의 사회인구학적 요인 및 이슬람적 가치관, 정치적 인식과 정치참여에 대한 태도를 알아보기 위해 일차적으로 기술통계방법인 빈도분석을 통해 빈도표를 분석했다.

다음으로는 요인분석을 통해 이슬람가치관과 정치인식에 관한 변수들을 관련성 있는 변수들로 재구성하여 변수들의 특성을 파악하고 측정도구의 타당성을 판정해 보았다.

세 번째로 각 변인 간의 관계가 상호 독립적인지, 혹은 관련성을 갖는지를 분석해 보기 위해 교차분석(Crosstabs)을 하여 전반적인 관계를 분석해보았다. 변인 간의 교차분석표(crosstablation)를 작성한 후 카이자승법(χ^2검증)과 유관계수를 통해 상관관계 심도 및 방향을 측정하였다.

2. 개념의 조작화 및 측정

1) 종속변인 측정:

(1) 정치참여

이 책에서는 정치참여 개념을 정치발전과 관련시켜 고찰하고자 한다. 정치적 근대화로서의 정치발전은 그 의미와 내용에서 다양성을 보이고 있지만, 여기서는 정치참여의 확대와 평등화의 확산으로 보았다. 파이(L. W. Pye)는 정치발전에 관한 다양한 정의와 개념들을 정리해서 그중 공통점을 추려냈는데 그중 특히 강조하는 요소로 평등화를 지향하는 일반적인 정신 또는 태도를 꼽았다. 즉 대중의 정치 활동 참여의 증대, 법 앞의 평등으로 법의 적용의 보편화 및 이에 수반하는 참여적 시민에의 변용과 직업주의에 의한 정치적 직위에의 충원 등을 지적했다(Pye, 1966: 45~47). 정치참여 개념은 정치체계의 성격과 참여행동의 분류차원에 따라 혹은 정치문화의 차이에 따라 의미가 다르게 나타날 수 있다. 그것은 정치참여 행위가 정치체계의 모든 과정에서 나타나는 일체의 활동을 포괄하기 때문이다.

이 조사에서 정치참여를 측정하기 위해 투표참여와 일반적인 참여에 대한 태도로 분류해 보았다. 투표참여는 간접적인 정치참여 중 가장 적극적이고 제도화된 형태로서 이란의 경우 혁명 이후 20여 차례의 선거 행사가 이루어진 점을 감안할 때 정치참여를 반영할 수 있는 좋은 실례로 볼 수 있다. 일반적인 참여행태는 이란의 혁명과정에서의 상황을 반영하여, 정치집회와 시위 참여, 또 혁명 이후 유명정치인들의 연설장의 기능도 병행하여 매주 대규모적으로 행하고 있는 금요예배 행사장, 선거유세장 참여 여부를 그 척도로 보았다.

가. 선거참여

1979년 이란 이슬람 혁명 이후 현재까지 20여 차례 이상의 선거가 있었는데, 이는 1년에 1회 이상의 선거를 치룬 셈이다. 이란에는 최근 선거연령을 보다 낮추어 15세 이상이면 선거에 참여할 수 있는 자격이 주어지므로, 현 16세 이상의 응답자들은 최소 1차례 이상 선거에 참여할 기회가 있었다.

응답자들의 선거참여 정도는 다음과 같은 질문으로 하였다: 이슬람 혁명 이후 여러 차례의 선거가 있었습니다. 귀하는 이 선거에 얼마나 참여하셨습니까? ① 매번 참여 ② 대체로 참여 ③ 거의 참여하지 못했다 ④ 관심이 없다 ⑤ 기 타

나. 일상적 정치참여

이 연구에서 정치참여는 포괄적인 개념으로 정의하여 정책의 목표, 전략 및 결과에 관련된 결정과정에 직접 혹은 간접적으로 영향을 미칠 수 있는 행위를 모두 정치참여의 범주로 보았다. 밀브레드(L. W. Milbrath)는 참여의 차원과 유형을 위계적 성격에 따라 구분하여 투표참여와 같은 방관자적 활동 이외에 정치집회나 대회에 자발적으로 참석하는 이행자적 활동 역시 정치참여로 간주했다(Milbrath & Goel 1977, 2~20). 따라서 일상적 정치참여는 공직진출을 통한 적극적인 참여나 투표참여와는 구분되지만, 행위의 결과에 있어 그것이 성공적이든 그렇지 않든 정치에 영향을 미치는 포괄적인 행위에 포함시켰다.

이란의 경우 일상적인 정치참여는 이란의 정치상황을 감안하여 혁명 전후로 빈번하게 행해졌던 시위참여와 정치집회 또 혁명 이후로는 금요일(안식일에 해당)마다 정부고위인사들이 참여한 가운데 대대적으로 치러지고 있는 금요집단예배 행사와, 7회에 걸쳐 치러진 대통령선거, 6회에 걸친 국회의원선거를 위한 선거 유세장 행사 참여여부를 물었다.

다음의 행사 중에서 귀하가 참석해본 곳에 표시해 주십시오.

① 정치집회 ② 시위 ③ 금요예배행사 ④ 선거유세장 ⑤ 전혀 참석해본 적이 없다.

이 질문을 토대로 일상적인 참여는 정치집회, 시위, 금요예배행사, 선거유세장의 참여여부로 측정하여 3개의 범주로 나누었는데, 참여횟수를 중심으로 참여수준을 평가하였다. 여기서 참여수준은 위의 장소에 2곳에서 4곳에 참석한 집단은 일상적 참여수준이 높은 집단(29.3%)으로 또 1곳 이하로 참여한 집단은 일상적 참여수준이 낮은 집단(35.6%)으로 그리고 전혀 참여하지 않은 집단(35.1%)으로 분류하여 분석했다.

2) 독립변인 측정:

위에서 논의한 정치참여에 영향을 미치는 요인을 알아보기 위해 사회인구학적 변인, 이슬람적 가치관, 정치적 인식 등 세 영역에서 독립변인들을 추출하였다.

첫째, 사회인구학적 변인과 정치참여 태도에 미치는 영향을 알아보기 위해 사회인구학적 변인으로 성, 연령, 학력, 직업, 결혼여부, 생활수준 등을 설정하였다.

둘째, 이슬람적 가치관에 대한 인식이 정치참여에 대한 태도를 알아보기 위해 이슬람에서 보는 성역할관, 이슬람에 대한 인식, 쿠란의 재해석에 대한 인식, 이슬람 관습에 대한 인식을 설정해 보았다.

셋째, 정치적 의식에서는 여성정치참여에 관한 인식, 정치적 관심과 정치적 성향으로 세분화하여 질문문항을 작성하였다.

(1) 사회인구학적 변인

정치인식과 정치참여에 미치는 사회인구학적 변인으로는 성별, 나이, 학력, 직업, 결혼여부, 생활수준 등을 들어 각 특성에 따른 인식의 차이나 참여의 정도를 분석해 보았다.

연구대상자의 일반적인 특징은 분석과정에서 빈도별로 다시 재구성했는데, 성별은 여성이 215명(48.8%), 남성은 226명(51.2%)이고, 연령의 경우, 20세 이하인 16~19세가 94명(21.3%)과 20~29세가 291명(66%) 또 30세 이상 56명(12.7%)을 하나로 묶어 세 집단으로 범주화했다.

학력의 경우, 교육수준이 높을수록 사회에서 자신의 위치를 인식하게 될 가능성이 높으며 자신의 권리를 자각하게 될 가능성이 크다고 보고 학력의 측정방법으로 고등학교, 대학교, 대학원 이상 등 3 집단으로 나누었다. 즉 학력은 대부분이 대학생임을 감안하여, 고등학교 72명(16.3%), 대학교 283명(64.2%), 석사 이상 84명(19.0%)으로 묶었다.

또한 직업은 표본은 다양했지만, 분포가 고르지 못하고 대학생 혹은 연구직과 회사원에게 분포가 몰려있어 비직장인 349명(79.1%)과 직장인 91명(20.6%)으로 구분해서 분석해 보았다. 또한 응답자 자신이 느끼는 생활수준은 설문지상에 上, 中上, 中下, 下로 구분했는데, 응답분포상 上, 中上은 上 239명(54.2%)으로 또 中下과 下는 下 140명(31.7%)으로 이분화 분석하였다.

(2) 이슬람 가치관과 정치의식 변인

가. 이슬람 가치관

이슬람 사회에 있어 이슬람은 단순한 믿음과 의식체계 이상이다. 이슬람은 단지 종교라는 범주에 국한되지 않고, 인간사의 총체를 다 포괄할 수 있는 가치체계로서 국가, 사회, 법률, 사상 및 예술에 이르기까지 광범위하게 영향을 미친다. 즉 이슬람을 중심으로 한 문화체계를 형성하고 있다. 특히 이란은 1979년 이슬람 혁명 이래, 이슬람원리에 기초한 이슬람체제를 수립함으로써, 이슬람이 지배이데올로기로의 역할을 하고 있다.

따라서 이란 여성의 정치참여 역시 이슬람의 틀에서 해석되고 정립되는 과정을 거듭하고 있기에 이슬람의 가치관은 여성의 정치참여에 영향을 미치는 중요한 변수요인으로 꼽을 수 있다. 이슬람 사회에서 여성이 정치에 참여하는 근거는 쿠란에 나타난 전통적인 여성관에서는 나타나지 않기에 현대사회에 적응해 나가기 위한 여성의 역할에 대한 재정립과 재해석의 과정을 이슬람식의 발전적 맥락으로 보았다.

이슬람의 가치관에 대한 인식을 파악해 보기 위해 이슬람에서 보는 성역할관, 이슬람의 정치참여에 대한 영향, 이슬람에 대한 인식, 이슬람의 재해석에 대한 인식을 변수로 설정해 보았다.

▶ 이슬람에서 보는 성역할관:
  v1 쿠란에서는 여성에게 가정에서의 의무를 강조 한다
  v2 여성의 사회 활동 참여에 이슬람은 장애가 되지 않는다
▶ 이슬람의 정치참여에 대한 영향:
  v3 이슬람은 국민의 정치참여를 사회의무로 규정하고 있기에 여성의 정치참여에 긍정적인 영향을 미친다.
▶ 이슬람에 대한 인식:
  v4 이슬람을 이란인의 민족적 기반을 형성하는 정체성이라고 생각한다

▶ 이슬람의 재해석에 대한 인식:

　v5 이란은 성직자들에 의한 쿠란의 재해석이 가능하다

등에 대한 답변을 ① 절대 동의 ② 동의 ③ 의견이 없다 ④ 반대 ⑤ 절대 반대로 설정했다.

나. 여성의 정치참여에 관한 인식

여성의 정치참여에 관한 인식을 측정하기 위해 다음의 변수들을 설정하였다.

▶ 정치적 성역할관:

　v1 여성의 사회참여는 사회발전에 기여한다

　v2 여성이 직업을 가져도 좋은 아내와 어머니가 될 수 있다

▶ 여성의 공직수행 능력 및 리더쉽 인식:

　v3 여성은 국회의원으로서 혹은 고위직책자로서 직무를 잘 수행할 있다.

　v4 여성도 대통령이 될 수 있다

　v5 여성도 판사가 될 수 있다

　v6 여성도 종교지도자가 될 수 있다

▶ 남·녀 평등인식:

　v7 여성에게 남성과 동등한 고용기회가 주어져야한다

　v8 정부 부서의 직책임명에 여성도 남성과 동등한 기회가 주어져야한다

▶ 여성 지위향상:

　v9 여성의 지위향상을 위해서는 지금보다 적극적인 여성정책이 필요하다

v10 여성들의 권리를 주장할 수 있는 단체는 많을수록 좋다

등에 대한 답변을 ① 절대 동의 ② 동의 ③ 의견이 없다 ④ 반대 ⑤ 절대 반대로 하였다.

이렇게 변수로 추출한 이슬람의 가치관과 여성의 정치참여 인식에 관한 설문지의 문항들을 측정상의 타당성을 평가해 보기 위해 요인분석(factor analysis)을 시도해 보았다.

〈표 34〉 여성의 정치참여 인식과 이슬람가치관에 관한 요인분석

변 수	요인 1	요인 2	Communality
여성의 고위직책직무수행 능력	.789	-6.6E-02	.627
적극적인 여성정책의 필요	.735	1.858E-02	.541
여성에게 정부직책의 동등한 기회부여	.728	-.132	.548
여성의 정치참여는 사회발전에 기여	.726	8.213E-03	.527
여성의 대통령직 수행 여부	.725	-.267	.597
여성에게 남성과 동등한 고용기회 제공	.712	-7.6E-.02	.513
여성의 공·사 역할 능력	.703	3.248E-02	.496
여성의 판사직 수행여부	.690	-.329	.585
여성단체의 필요성	.681	9.828E-02	.473
여성의 종교지도자직 수행여부	.595	-.223	.404
이슬람이 여성정치참여에 긍정적 영향	.588	.445	.544
쿠란은 여성에게 가정에서의 의무 강조	.100	.671	.460
이슬람은 이란인의 정체성이라고 인식	1.087E-02	.602	.363
이슬람의 여성사회참여에 대한 영향	.462	.559	.527
쿠란의 재해석 여부	.329	.520	.379
Eigenvalues	5.986	1.915	
Pct of Var	0.374	0.119	

〈표 34〉는 독립변수인 여성의 정치참여 인식과 이슬람 가치관에 대한 요인분석의 결과이다. 요인분석은 일련의 관측된 변수에 근거하여 직접 관측되지 않은 요인을 확인하기 위한 작업이기에 조사과정에서 임의로 설정한 차원이 실증적으로 검증되는지를 분석해보고 많은 변수 등에 몇 개의 주요한 요인 혹은 차원으로 축소시켜 다음분석에 이용하

고자 한다. 각 요인의 종렬에 나타나 있는 숫자는 +1부터 -1 사이의 수로서 요인부하량(factor loadion)을 의미한다. 부하량이 크고 플러스(+)일 때는 요인과 변수 사이에 正의 관계가 크다는 것을 의미한다. 이 표에 나타난 15개의 변인은 고유치(eigenvalue)에 의해 2개의 요인으로 응집시킨 결과이다.

위의 요인분석에 의해 선택된 변인들은 요인별로 보면, 제1요인은 여성의 고위직책직무수행능력, 적극적인 여성정책의 필요, 여성에게 정부직책의 동등한 기회부여, 여성의 정치참여는 사회발전에 기여, 여성의 대통령직 수행여부, 여성에게 남성과 동등한 고용기회제공, 여성의 공·사역할 능력, 여성의 판사직 수행여부, 여성단체의 필요성, 여성의 종교지도자직 수행여부, 이슬람이 여성정치참여에 긍정적 영향 등 여성의 정치참여에 관한 인식을 의미하는 변인들로 이루어졌다.

또한 제2요인은 쿠란은 여성에게 가정에서의 의무를 강조한다, 이슬람은 이란인의 정체성이라고 인식, 이슬람의 여성사회참여에 대한 영향, 쿠란의 재해석 여부 등 이슬람과 관련된 내용을 표현하는 변인들로 구성되어 있다. 따라서 제1요인은 '여성의 정치참여에 관한 인식', 제2요인은 '이슬람의 성역할관에 관한 인식'으로 명명(命名)하겠다.

이러한 요인분석하에 다음과 같은 측정기준을 정했다. 우선 이슬람의 성역할관에 대한 인식으로 나타난 제2요인의 4개의 문항에 대한 응답을 점수화하였다. 점수에 대한 기준은 여성의 정치참여에 대한 영향을 기준으로 보았을 때 긍정적으로 작용하는가의 정도를 점수화하였는데 '여성의 사회 활동 참여에 이슬람은 장애가 되지 않는다'와 '이란은 성직자들에 의한 재해석이 가능하다'를 같은 방향성으로 보고 ① 절대 동의(4점), ② 동의(3점), ③ 의견이 없다(0점), ④ 반대(2점), ⑤ 절대 반대(1점)의 점수를 주어 동의 시 긍정적으로 측정하였다. 또한 '쿠란에서는 여성에게 가정에서의 의무를 강조하고 있다'와 '이슬람은 이란인의 민족적 기반을

230

형성하는 정체성이라고 생각한다'에 대해서는 동의할수록 여성의 정치참여에 부정적인 영향으로 작용할 수 있다고 가정하여 앞의 두 문항과는 반대의 점수를 주었다. 즉 ① 절대 동의(1점), ② 동의(2점), ③ 의견이 없다(0점), ④ 반대(3점), ⑤ 절대 반대(4점)를 주어 측정해 보았다.

이러한 점수기준에 의해 4변수를 합한 결과 전반적인 점수분포는 0점에서 15점으로 이를 上 中 下로 나누었고 점수의 중앙치는 7점이었다. 따라서 이를 중심으로 ±1을 범위로 하여 0점에서 5점인 집단을 下의 집단으로 6점에서 8점인 집단을 中의 집단으로 그리고 9점에서 15점인 집단을 上의 집단으로 3개의 집단으로 분류하여 분석하였다. 점수가 높을수록 질문의 내용에 대해 동의하는 것이므로, 여성의 정치참여에 대해 이슬람을 긍정적으로 인식하고 있는 것으로 측정했다.

또한 여성의 정치참여에 대한 인식으로 응집된 제1요인 역시 측정을 위해 응답결과를 점수화하였다. 점수는 ① 절대 동의(4점), ② 동의(3점), ③ 의견이 없다(0점), ④ 반대(2점), ⑤ 절대 반대(1점)로 하였다. 전반적인 점수분포는 0점에서 44점으로 이를 上 中 下로 나누었고 이들 점수의 중앙치는 29점이었다. 따라서 이를 중심으로 ±1을 범위로 하여 0점에서 23점인 집단을 下의 집단으로 24에서 33점인 집단을 中의 집단으로 그리고 34점에서 44점인 집단을 上의 집단으로 3개의 집단으로 분류하여 분석하였다. 점수가 높을수록 여성의 정치참여에 대한 동의하는 것이므로, 여성의 정치참여에 대한 인식이 높은 것으로 측정했다.

이슬람의 가치관과 정치의식변인은 위에서 분류한 이슬람의 성역할관 인식과 여성정치참여 인식 이외에 이슬람 사회관습 인식과 정치적 관심, 정치적 성향을 포함시켰다.

다. 이슬람 사회관습 인식

이슬람가치에 대한 인식으로 나타낸 위의 이슬람의 성역할관 이외에 이슬람 사회내의 관습을 묻는 문항을 설정하였다. 이슬람 사회의 관습은 그것이 이슬람에서 유래되었든 혹은 본래 이 지역 내에서 행해지던 관행이던 이슬람의 문화적 특성에 의해 하위문화로서 자리매김 되어 그 타당성의 근거를 이슬람에서 찾고 있다.

이슬람 사회의 관습에 대한 태도에 대해서는, '가족 혹은 지역적 관습이 여성의 사회 활동에 영향을 미친다고 보십니까?'에 대해 ① 관습은 긍정적으로 작용한다, ② 특정한 관습을 새로운 시각에서 여성의 사회 활동 참여증진에 활용할 수 있다, ③ 관습은 대개 부정적으로 작용한다, ④ 영향이 없다로 측정했다.

이 연구에서는 이란 여성의 정치적 의식을 파악해 보기 위해 위에서 요인분석한 여성정치참여에 관한 인식 이외에 정치적 관심과 정치적 성향에 대해서도 변수를 설정해 보았다.

라. 정치적 관심

정치적 관심의 측정을 위해서는 국내외 정치상황에 대한 관심과 관련한 질문에 의거하였다. 국내외 정치상황에 대해 어느 정도 관심을 갖고 있습니까? ① 적극적으로, 모든 면에서 ② 흥미 있는 문제에 있어서 ③ 간혹 관심이 있다 ④ 정치문제에 관심이 없다로 설정하였다.

마. 정치적 성향

이란사회에는 뚜렷한 진보적, 보수적 성향을 가진 정당이 없다고 보기에 정치적 성향을 인지하기 위한 변인으로 다음과 같은 질문에 의거하였다. 귀하는 2000년 제6회기 국회의원 선거에 참여하셨습니까? ① 예 ② 아니오와 위의 선거에 참여하셨다면 어느 정당을 보다 선호하십니까?에 대한 답변으로 ① 매우 진보적 정당 ② 약간 진보적 정당 ③ 매우 보수적 정당 ④ 약간 보수적 ⑤ 잘 모르겠다로서 유추하였다.

부록 3 이란 여성의 정치참여 태도와 관련된 기타 통계표

〈표 35〉 사회인구학적 변인과 이슬람의 성역할관과의 관계

(단위: 명, %)

	상	중	하	계	통계치
전 체	61(28.4)	77(35.8)	77(35.8)	215(100.0)	
연 령					
16~19세	17(23.6)	26(36.1)	29(40.3)	72(100.0)	$\chi^2 = 3.469$
20~29세	32(28.3)	43(38.1)	38(33.6)	113(100.0)	$df = 4$
30세 이상	12(40.0)	8(26.7)	10(33.3)	30(100.0)	N. S
학 력					
고등학교	20(36.4)	11(20.0)	24(43.6)	55(100.0)	$\chi^2 = 8.389$
대학교 이상	41(25.9)	66(41.8)	51(32.3)	158(100.0)	$df = 2$
					$p < .05$
직 업					
비직장인	49(26.9)	68(37.4)	65(35.7)	182(100.0)	$\chi^2 = 1.727$
직장인	12(37.5)	9(28.1)	11(34.4)	32(100.0)	$df = 2$
					N. S
생활수준					
상	46(28.9)	55(34.6)	58(36.5)	159(100.0)	$\chi^2 = .209$
하	12(28.6)	16(38.1)	14(33.3)	42(100.0)	$df = 2$
					N. S

* 이슬람의 성역할관 인식: 여성의 정치참여에 미치는 긍정적 영향의 정도를 기준으로 하여, 上-대체로 긍정적 中-보통, 下-대체로 부정적

〈표 36〉 사회인구학적 변인과 선거참여와의 관계

(단위: 명, %)

선거참여	매번 참여	대체로 참여	거의 참여 못함	관심이 없다	합 계	통계치
전 체	86(40.8)	62(29.4)	54(25.6)	8(3.8)	211(100.0)	
연 령						
16~19세	33((45.8)	17((23.6)	18(25.0)	4(5.6)	72(100.0)	χ^2=6.762
20~29세	44(40.0)	37(33.6)	26(23.6)	3(2.7)	110(100.0)	df=8
30세 이상	9(31.0)	8(27.6)	10(34.5)	2(6.9)	29(100.0)	N. S
학 력						
고등학교	30(56.6)	10(18.9)	9(17.0)	4(7.6)	53(100.0)	χ^2=12.953
대학교 이상	56(35.9)	52(33.3)	44(28.2)	4(2.6)	156(100.0)	df=4
						p<.05
직 업						
비직장인	76(42.5)	52(29.1)	44(24.6)	7(4.0)	179(100.0)	χ^2=1.543
직장인	10(32.3)	10(32.3)	10(32.3)	1(3.2)	31(100.0)	df=4
						N. S
생활수준						
상	65(41.4)	46(29.3)	40(25.5)	6(3.8)	157(100.0)	χ^2=2.039
하	15(37.5)	14(35.0)	11(27.5)		40(100.0)	df=4
						N. S

<표 37> 이슬람가치관에 대한 남녀 비교

이슬람의 가치관	여	남	통계치
쿠란은 여성에게 가정에서의 의무 강조			
절대 동의	90(40.3)	67(30.5)	
동의	66(31.7)	98(44.5)	$\chi^2 = 14.005$
의견이 없다	39(18.8)	41(18.6)	df = 4
반대	10(4.8)	5(2.3)	p<.01
절대반대	<u>3(1.4)</u>	<u>9(4.1)</u>	
	208(100.0)	220(100.0)	
여성사회참여에 이슬람은 장애가 아니다			
절대 동의	98(45.8)	50(22.5)	
동의	69(32.2)	89(40.1)	$\chi^2 = 29.896$
의견이 없다	19(8.9)	39(17.6)	df = 4
반대	20(9.3)	25(11.3)	p<.001
절대반대	<u>8(3.7)</u>	<u>19(8.6)</u>	
	214(100.0)	222(100.0)	
이슬람은 이란인의 정체성이라고 인식			
절대 동의	30(14.1)	29(12.8)	
동의	58(27.2)	63(29.9)	$\chi^2 = 1.723$
의견이 없다	49(23.0)	43(19.0)	df = 4
반대	39(18.3)	44(19.5)	N. S
절대반대	<u>37(17.4)</u>	<u>47(20.8)</u>	
	213(100.0)	226(100.0)	
쿠란의 재해석 여부			
절대 동의	41(21.4)	41(21.4)	
동의	44(22.9)	52(24.2)	$\chi^2 = 7.707$
의견이 없다	92(47.9)	89(41.4)	df = 4
반대	9(4.7)	13(6.0)	N. S
절대반대	<u>6(3.1)</u>	<u>20(9.3)</u>	
	192(100.0)	215(100.0)	

〈표 38〉 정치의식에 대한 남녀 비교

여성의 정치참여에 관한 인식	여	남	통계치
여성의 정치참여는 사회발전에 기여			
절대 동의	113(52.6)	74(32.7)	
동의	82(38.1)	108(47.8)	$\chi^2=23.336$
의견이 없다	10(4.7)	13(5.8)	df=4
반대	5(2.3)	10(4.4)	p<.001
절대반대	5(2.3)	21(9.3)	
	215(100.0)	226(100.0)	
여성은 직업을 가져도 좋은 아내와 어머니가 될 수 있다.			
절대 동의	103(48.4)	30(13.3)	
동의	79(37.1)	94(41.6)	$\chi^2=79.368$
의견이 없다	9(4.2)	35(15.5)	df=4
반대	17(8.0)	48(21.2)	p<.001
절대반대	5(2.3)	19(8.4)	
	213(100.0)	226(100.0)	
여성의 고위직책직무수행 능력			
절대 동의	91(42.5)	33(14.7)	
동의	90(42.1)	83(36.9)	$\chi^2=71.871$
의견이 없다	22(10.3)	47(20.9)	df=4
반대	7(3.3)	40(17.8)	p<.001
절대반대	4(1.9)	22(9.8)	
	214(100.0)	225(100.0)	
여성의 대통령직 수행여부			
절대 동의	102(47.9)	63(28.3)	
동의	51(23.9)	58(26.0)	$\chi^2=21.305$
의견이 없다	20(9.4)	28(12.6)	df=4
반대	22(10.3)	36(16.1)	p<.001
절대반대	18(8.5)	38(17.0)	
	213(100.0)	223(100.0)	

여성의 정치참여에 관한 인식	여	남	통계치
여성의 판사직 수행여부			
절대 동의	83(38.8)	39(17.6)	
동의	45(21.0)	56(25.2)	χ^2=23.336
의견이 없다	37(17.3)	41(18.5)	df=4
반대	30(14.0)	40(18.0)	p<.001
절대반대	19(8.9)	46(20.7)	
	214(100.0)	222(100.0)	
여성의 종교지도자직 수행 여부			
절대 동의	113(52.6)	74(32.7)	
동의	82(38.1)	108(47.8)	χ^2=23.336
의견이 없다	10(4.7)	13(5.8)	df=4
반대	5(2.3)	10(4.4)	p<.001
절대반대	5(2.3)	21(9.3)	
	215(100.0)	226(100.0)	
여성에게 남성과 동등한 고용기회 제공			
절대 동의	140(65.1)	56(24.9)	
동의	46(21.4)	69(30.7)	χ^2=80.958
의견이 없다	5(2.3)	18(8.0)	df=4
반대	19(8.8)	52(23.1)	p<.001
절대반대	5(2.3)	30(13.3)	
	215(100.0)	225(100.0)	
여성에게 정부 직책의 동등한 기회부여			
절대 동의	86(40.4)	32(14.3)	
동의	62(29.1)	69(30.9)	χ^2=46.719
의견이 없다	31(14.6)	40(17.9)	df=4
반대	26(12.2)	55(24.7)	p<.001
절대반대	8(3.8)	27(12.1)	
	213(100.0)	223(100.0)	

여성의 정치참여에 관한 인식	여	남	통계치
적극적인 여성정책의 필요			
절대 동의	86(40.4)	32(14.3)	
동의	82(38.5)	97(43.5)	$\chi^2=46.758$
의견이 없다	31(14.6)	50(22.4)	df=4
반대	11(5.2)	27(12.1)	p<.001
절대반대	<u>3(1.4)</u>	<u>17(7.6)</u>	
	213(100.0)	223(100.0)	
여성단체의 필요성			
절대 동의	103(48.8)	46(20.7)	
동의	75(35.5)	125(56.3)	$\chi^2=38.369$
의견이 없다	18(8.5)	24(10.8)	df=4
반대	9(4.3)	17(7.7)	p<.001
절대반대	<u>6(2.8)</u>	<u>10(4.5)</u>	
	211(100.0)	222(100.0)	
이슬람은 여성정치참여에 긍정적 영향			
절대 동의	71(33.8)	38(17.1)	
동의	89(42.4)	103(46.4)	$\chi^2=18.290$
의견이 없다	29(14.8)	46(20.7)	df=4
반대	13(6.2)	24(10.8)	p<.01
절대반대	<u>8(3.8)</u>	<u>11(5.0)</u>	
	210(100.0)	222(100.0)	

부록 4 설문지(번역)

ID Number

설 문 지(번역)

안녕하세요. 본 설문지는 이란 여성의 사회 활동과 관련된 학술연구를 목적으로 페르시아어로 마련되었습니다. 바쁘시더라도 협조해 주시면 감사하겠습니다.

o 다음 의견에 대해 귀하의 생각과 가장 비슷한 곳의 번호에 ∨ 표를 해주세요.

실 례:	절 대 동 의	동 의	의견이 없 다	반 대	절 대 반 대
이란 이슬람 혁명의 성공에 여성도 중요한 역할을 하였다.	①	② v	③	④	⑤

	절 대 동 의	동 의	의견이 없 다	반 대	절 대 반 대
1. 여성의 정치참여는 사회발전에 기여한다.	①	②	③	④	⑤
2. 남성들은 일반적으로 여성보다 정치 에 더 적합하다.	①	②	③	④	⑤
3. 여성은 국회의원으로서 혹은 고위 직책자로서 직무를 잘 수행할 수 있다.	①	②	③	④	⑤
4. 여성이 직업을 가져도 좋은 아내와 어머니가 될 수 있다.	①	②	③	④	⑤
5. 이슬람을 이란인의 민족적 기반을 형성하는 정체성(正體性)이라고 생각 한다.	①	②	③	④	⑤
6. 여성에게 남성과 동등한 고용기회가 주어져야 한다.	①	②	③	④	⑤

	절 대 동 의	동 의	의견이 없다	반 대	절 대 반 대
7. 정부부서의 직책임명에 여성도 남성 과 동등한 기회가 주어져야 한다.(할당제)	①	②	③	④	⑤
8. 여성의 지위향상을 위해서는 지금보다 적극적인 여성정책이 필요하다.	①	②	③	④	⑤
9. 여성들의 권리를 주장할 수 있는 단체는 많을수록 좋다.	①	②	③	④	⑤
10. 쿠란에서는 여성에게 가정에서의 의무를 강조하고 있다.	①	②	③	④	⑤
11. 이슬람은 국민의 정치참여를 사회 의무로 규정하고 있기에 여성의 정치참여에도 긍정적인 영향을 미친다.	①	②	③	④	⑤
12. 여성의 사회 활동 참여에 이슬람은 장애가 되지 않는다.	①	②	③	④	⑤
13. 여성도 대통령이 될 수 있다.	①	②	③	④	⑤
14. 여성도 판사가 될 수 있다.	①	②	③	④	⑤
15. 여성도 종교지도자가 될 수 있다.	①	②	③	④	⑤
16. 이란은 성직자들에 의한 재해석이 가능하다(이즈타히드의 문이 열려있다)	①	②	③	④	⑤

다음질문에서 적절한 답에 표시해 주십시오.

17. 이슬람 혁명 이후 여러 차례의 선거가 있었습니다. 귀하는 이 선거에 얼마나 참여하셨습니까?

      _______① 매번 참여   _______② 대체로 참여

      _______③ 거의 참여하지 못했다   _______④ 관심이 없다

      _______⑤ 기 타

18. 귀하가 선거에 참여하는 이유는 무엇입니까?

______① 종교적 의무이므로

______② 국민으로서 권리행사

______③ 특정지역 후보자를 지지하기 위해

______④ 다른 사람들이 하니까

______⑤ 기 타____________

19. 다음의 행사 중에서 귀하가 참석해본 곳에 표시해 주십시오.

______① 정치집회　　　　　　______② 시위

______③ 금요예배행사　　　　　______④ 선거유세장

______⑤ 전혀 참석해본 적이 없다.

20. 현재 귀하가 단체에 가입하고 계시다면 어느 단체입니까?

______① 사회단체　　　______② 정치단체

______③ 종교단체　　　______④ 여성단체

______⑤ 자선단체　　　______⑥ 어느 곳에도 가입하지 않았다.

21. 다음은 이란 내 여성단체입니다. 귀하가 알고 있는 곳에 표시해 주십시오.

______① 대통령 직속기관 여성사무소

______② 이슬람 공화국 여성협회

______③ 내무부 소속 여성업무위원회

______④ 잘 모르겠다

22. 귀하는 초등학교 시절부터 학급에서 대표를 해 본적이 있습니까?

______① 많이 해보았다　　　______② 간혹 해보았다

______③ 해본 경험이 없다　　　______④ 잘 모르겠다

23. 귀하는 소속학회나 단체에서 지도적 자리에 오른 경험이 있습니까?

      _______① 많이 해보았다　　　　_______② 간혹 해보았다

      _______③ 해본 경험이 없다　　　_______④ 잘 모르겠다

24. 국내외 정치상황에 대해 어느 정도 관심을 갖고 있습니까?

      _______① 적극적으로, 모든 면에서 _______② 흥미 있는 문제에 있어서

      _______③ 간혹 관심이 있다　　　　_______④ 정치문제에 관심이 없다

25. 국내외 정치상황을 어떤 방법으로 접하십니까?

      _______① TV와 라디오를 통해

      _______② 신문과 잡지, 서적을 통해

      _______③ 직장 동료 혹은 이웃이나 동네사람을 통해

      _______④ 기타___________

26. 이슬람 사회관습이 여성의 사회 활동에 영향을 미친다고 보십니까?

      _______① 관습은 긍정적으로 작용한다.

      _______② 특정한 관습을 새로운 시각에서 여성의 사회 활동 참여

            증진에 활용 할 수 있다.

      _______③ 관습은 대개 부정적으로 작용한다.

      _______④ 영향이 없다.

27. 이슬람 혁명의 성공이 여성정치참여 증진에 어떠한 변화를 초래했
다고 보십니까?

      _______① 여성의 정치참여가 이전보다 증가했다.

      _______② 여성의 정치참여는 이슬람과 여성들의 역할로 인해 질적
            으로 향상 했다.

_______③ 여성의 정치참여는 과거에 비해 축소했다.
_______④ 변화가 없다.

28. 귀하는 2000년 제6회기 국회의원 선거에 참여하셨습니까?
_______① 예   _______② 아니오

위의 선거에 참여하셨다면 어느 정당을 보다 선호하십니까?
_______① 매우 진보적 정당
_______② 약간 진보적 정당
_______③ 매우 보수적 정당
_______④ 약간 보수적 _______⑤ 잘 모르겠다

29. 귀하는 그동안의 선거에서 여성후보에게 투표하신 적이 있습니까?
_______① 예   _______② 아니오

여성후보에게 투표했다면 그 이유는 무엇입니까?
_______① 여성이기 때문에, 여성의 문제에 관심이 많을 것이다.
_______② 능력과 정치력이 뛰어나기 때문에
_______③ 참신하고 덕망이 높아서
_______④ 잘 아는 사람이라서
_______⑤ 기 타_____________

다음은 응답자에 대한 일반적인 사항에 대한 질문입니다.

<u>각 항목에서 해당되는 곳을 골라 (   ) 속에 ∨ 표를 해주세요.</u>

1) 귀하의 성별은 ? ① 여 자(   ) ② 남 자(   )

2) 귀하의 나이는 ?
   ① 20세 미만(   )   ② 20~29세(   )   ③ 30~39세(   )
   ④ 40~49세 (   )   ⑤ 50~59세(   )   ⑥ 60세 이상

3) 귀하의 최종학력은 ?
   ① 초등학교 이하(   )   ② 중학교(   )   ③ 고등학교(   )
   ④ 전문학교   (   )   ⑤ 대학교(   )   ⑥ 석사 이상(   )

4) 귀하의 직업은 ?
   ① 무직(   )   ② 주부(   )   ③ 대학생(   )
   ④ 교수·연구원 (   )   ⑤ 교사(   )
   ⑥ 기관의 고위직 및 간부(   )   ⑦ 전문가(   )   ⑧ 고용직원(   )
    ⑨ 근로자(   )   ⑩ 기 타(   )

5) 귀하의 결혼상태는 ?
   ① 기혼(   )   ② 미혼(   )   ③ 기타(   )

6) 귀하의 생활수준은 어디에 속한다고 생각하십니까?
   ① 상(   )   ② 중의 상(   )   ③ 중의 하(   )
   ④ 하(   )   ⑤ 모르겠다(   )

시간을 내주셔서 진심으로 감사합니다.

· 저 자 ·

문은영　▌약　력
(文銀英)　한국외국어대학교 이란어과 졸업
　　　　한국외국어대학교 중동지역학과 정치학 석사
　　　　숙명여자대학교 정치외교학과 정치학 박사
　　　　숙명여자대학교 아시아여성연구소 연구교수

　　　　▌주요논저
　　　　「이슬람의 전통적 여성관에 대한 재해석」
　　　　「A Study on the Political Representation of Women in Iran」
　　　　「아시아 여성빈곤의 구조적 요인에 관한 연구」
　　　　「세계의 여성 리더」(공저)
　　　　외 다수

이슬람 문화와 여성의 정치참여
- 이란 사례를 중심으로 -

· 초판 인쇄　2006년 1월 10일
· 초판 발행　2006년 1월 10일

· 지 은 이　문은영
· 펴 낸 이　채종준
· 펴 낸 곳　한국학술정보㈜
　　　　　　경기도 파주시 교하읍 문발리 526-2
　　　　　　파주출판문화정보산업단지
　　　　　　전화　031) 908-3181(대표)·팩스　031) 908-3189
　　　　　　홈페이지　http://www.kstudy.com
　　　　　　e-mail(e-Book사업부)　ebook@kstudy.com
· 등　　록　제일산-115호(2000. 6. 19)
· 가　　격　25,000원

ISBN　89-534-4460-8 93340 (Paper Book)
　　　　89-534-4461-6 98340 (e-Book)